Una Vida Loca

Anécdotas y conversaciones con mi amiga Jenni Rivera.

Por Laura Lucio

Biografía de la autora

Laura Lucio es periodista de televisión, ganadora del Emmy y del Golden Mike (Micrófono de Oro) por Mejor reportaje de investigación. Es productora de televisión y escritora, dueña de una casa productora de medios en donde lleva a cabo diversas labores como presentadora, productora ejecutiva, escritora y consultora. Lucio produjo y condujo "Jenni Rivera Simplemente la Mejor", un especial para la televisión que salió al aire en NBC-TELEMUNDO, en el que destaca la carrera musical de la ícono regional mexicana, Jenni Rivera. Laura Lucio también fue consultora en el guion de la aclamada serie "Mariposa de Barrio," compuesta de 90 capítulos sobre la vida de Jenni Rivera para la audiencia de habla hispana de NBC-TELEMUNDO y NETFLIX. Su experiencia como presentadora de televisión abarca tanto al mercado hispano como al anglosajón.

Lucio inició su carrera periodística como traductora para los corresponsales de CBS News y 60 Minutos en el estado de Texas de donde es originaria. Ha trabajado para KCBS en Los Ángeles, NBC-Telemundo como corresponsal, en dos programas de revista (*news magazine shows*) para la televisión y con una amplia audiencia como lo fueron Ocurrió Así (versión hispana de A Current Affair) y más tarde en Sin Fronteras. Durante su tiempo en Sin Fronteras, el show recibió el premio Dalton Pen, un alto honor a la integridad periodística. También ha trabajado como productora de campo para NBC- Access Hollywood, como corresponsal para la cadena Univisión, y ha sido reportera y ancla de respaldo para el noticiero de KMEX de Univisión en Los Ángeles. Su integridad periodística le ha brindado la oportunidad de entrevistar a personajes importantes en el mundo del entretenimiento, la política y los negocios. Entre ellos Oscar De La Hoya, Ricky Martin, Salma Hayek, José Canseco, Dolores Huerta, Bill Clinton, y George W. Bush.

Como productora-directora, Lucio asesora a empresas y presentadores en el mundo creciente de los medios digitales, la televisión y el cine. Como productora ejecutiva, Lucio ha producido programas musicales para la televisión con Lupillo Rivera, Jenni Rivera, La Banda El Recodo, Horóscopos de Durango, Ramón Ayala, entre otros.

Lucio también produjo "Jenni Rivera from the Kodak Theater", que salió al aire en el canal Telefutura (hoy UniMas), La Diva En Vivo CD y DVD, Mi Vida Loca el concierto, presentaciones en video de Jenni o kits de prensa electrónicos desde 2005 hasta 2012, En la intimidad con Jenni Rivera, Una Estrella en tu casa, dos especiales de televisión que salieron al aire en Azteca América. El Especial de La Boda del Año, que se presentó en las cadenas Telemundo y Mun2 hoy, NBC UNIVERSO.

Lucio estudió en la Universidad de Texas, en el Texas Southmost College, el Hollywood Film Institute, Acting For Life Theater con Gene Bua, y completó diversos cursos en dirección, actuación y producción de cine. Ya en los negocios, ella se especializó en re-ingeniería y administración.

Le encanta leer, cantar y salir de excursión. Lucio habla inglés, español e italiano y participa en el panel de directores del Festival de Cine de Beverly Hills, también respalda programas por los derechos de los niños y de las mujeres. Apoya activamente a diferentes organizaciones sin fines de lucro como Family Promise en apoyo a familias desplazadas y misiones en todo el mundo que buscan empoderar a la juventud, los inmigrantes y los refugiados.

Todo en el tiempo de Dios.

He aprendido a permitir que las cosas fluyan y a confiar en Dios y sus tiempos, especialmente referente a proyectos creativos. Este libro incluye historias y muchas anécdotas que viví y compartí con mi amiga Jenni Rivera a lo largo de los diez años en que tuve el placer de conocerla. Durante nueve años, produje importantes programas de televisión y eventos para su carrera y estuve presente asesorándola al asentar las bases de su estrellato. Incluyo anécdotas detrás de bambalinas de su preparación previa a los conciertos, el drama detrás de algunos programas de televisión, los momentos divertidos, los escándalos, y además, la tristeza y el dolor que hicieron de mi amiga Jenni Rivera una persona única y especial. Como periodista, haré honor a la objetividad, como su amiga compartiré los relatos tal como los vivimos. En mi corazón, la intención es llevar un poco de luz hacia el dolor que Jenni enfrentó durante sus últimos días de vida. Te invito a aprender de las muchas peculiaridades de Jenni, como una persona que amó mucho a sus semejantes y que jamás se avergonzó de usar su vida como ejemplo para ayudar a otros.

Ahora bien, si lo que te interesa es una carrera musical, este libro también es para ti. Te inspirará y quizá incluso te guíe para entender los sacrificios que están en el camino del éxito en la industria musical. Hablaré sobre la "payola," el negocio que se convierte en un obstáculo en el camino para aquellos que tienen talento y poco dinero para invertir en sus carreras. Si bien el talento es importante, si no comprendes el negocio dentro de la industria, no serás capaz ni de rascar la superficie. Creo firmemente que todo lo que vivimos y aprendemos tanto lo bueno como lo malo, nos prepara para los retos y las oportunidades. Si las cosas no están saliendo como lo esperabas, no estás perdiendo tu tiempo, sino aprendiendo una lección.

Las personas con las que te asocias también son importantes porque no todo el mundo piensa en tu bienestar. Jenni tuvo que trabajar arduamente para escalar en su carrera y alcanzar el reconocimiento, la difusión de su música y subir sus ventas. Ella me buscó y la ayudé a darle forma a su marca. Mis años como personalidad de la radio, periodista de televisión, así como productora con conocimientos en Investigación de Mercadotecnia, Publicidad y Promociones desempeñaron un papel fundamental en mi asociación con Jenni.

En el mundo del entretenimiento, hay tres tipos de personas que están íntegramente asociadas con una personalidad: las que están contratadas para cumplir una función, las que fueron fans y se convirtieron en *groupies* y las que creen en el talento de la persona y están dispuestas a ayudarla a pavimentar su camino al éxito. Como Productora Independiente, fui la socia y compañera de negocios de Jenni. Creí en su capacidad de convertirse en una superestrella en su género musical. La empoderé como a una hermana tal como lo he hecho con muchas otras mujeres en su búsqueda del éxito. Invertí tiempo, energía y dinero para ayudar a Jenni Rivera a convertirse en una figura respetada en el ruedo de la música regional mexicana. Siempre tuve un profundo respeto por su talento tal como ella lo tuvo hacia los míos.

Jenni alcanzó un nivel de éxito enorme y especial y su vida, su recuerdo, y legado les pertenecen a sus fans, ya que existe un lazo formado entre un artista y sus fans que no puede romperse ni con la muerte. Los ejemplos son innumerables, Elvis Presley, Michael Jackson, Pedro Infante, Selena y muchos otros. Para las personas

("La raza") que seguían a Jenni y a su música, ella les pertenecía. Y me consta que Jenni Rivera entregó su alma y su corazón a sus fanáticos, y fue esa relación la que la convirtió en su ídolo.

Poco después de que Jenni falleciera, las personas que manejaban Jenni Rivera Enterprises me pidieron que firmara un acuerdo de confidencialidad y no divulgación, pero me negué. Mi integridad periodística, mis convicciones como productora independiente, mi asociación de negocios y mi amistad con Jenni en vida no me permitieron hacerlo. Por ello, no estaría escribiendo este libro si me hubiese prestado a firmar tal cosa.

Los problemas que rodeaban a Jenni durante el otoño del 2012 eran muchos. Jenni sufría como madre, pero también como mujer. Algunos familiares de Jenni no le dirigían la palabra meses antes del accidente que le quitó la vida. Cuando Jenni falleció, me pareció que la rabia que sentían en su contra fue redirigida hacia mí. Me tomó mucha oración, meditación y descubrimiento espiritual para liberar toda esa energía negativa que fue enviada en mi contra. Perdí a mi amiga y compañera de negocios. Perdí a Arturo Rivera, mi amigo periodista de hacía años, a Jacob mi divertido compañero de baile, a Gigi el sonriente embellecedor y a Mario, un abogado allegado a quién conocí muy bien durante el tiempo en que viajé con Jenni a México. Pero eso no es todo, también perdí a la familia de Jenni, en especial a sus hijos a quienes siempre traté como mi propia familia. No entendía el por qué. En medio del conflicto y la incertidumbre apenas enterándome que todos habían perecido, la hija mayor de Jenni, Chiquis, me atacó por las redes sociales. Estaba increíblemente sorprendida porque la noche anterior nos habíamos encontrado en la casa de la madre de Jenni y después de saludar y abrazar a todos, Chiquis me había besado en la mejilla cuando me disponía a empacar porque habíamos planeado un viaje a México para buscar a Jenni. Teníamos la esperanza de encontrarlos a todos con vida. Al día siguiente, todo cambió y no entendía por qué.

Recuerdo haberle dicho a mi madre, "Mami, ahora sé cómo se sintió Jesús cuando sus amigos lo traicionaron". Mi madre, una devota católica que falleció en 2015 (QEPD) pensó que necesitaba orar más. Me recomendó que intentara comprender el dolor que estaba experimentando la familia de Jenni. Lo hice, y recibí los golpes tal como llegaron y llegaron de diferentes direcciones. No soy del tipo que se contiene cuando las personas son injustas. Hablo firme y claro, pero la pérdida de Jenni y de todos mis amigos en aquél vuelo era más dolorosa e importante que tener un malentendido en público, así que mantuve la calma y me quedé callada.

Desde la muerte de Jenni Rivera, su legado musical ha estado nublado de escándalos. De no ser por sus fans que la aman de verdad, esa brillante estrella estaría ahora completamente opacada. Es importante notar que detrás de la hija, la madre, la hermana y la amiga, JENNI RIVERA era la artista. Jenni estaba en la cúspide de su popularidad cuando falleció. Ella merece más respeto del que hasta hoy le han dado ciertos individuos y ciertos medios. Mi estómago se revuelve cada vez que su nombre es enlodado por personas que aprovecharon cualquier oportunidad para ganarse un cinco y mancharon su legado como artista y también por aquellos que la juzgan como ser humano.

Con Dios y muchos colegas en el medio noticioso como mis testigos, mi contribución a la carrera y la vida de Jenni Rivera hizo una diferencia enorme en su carrera al ayudarla a convertirse en la artista femenina mejor pagada de su género, excediendo todas las expectativas. El hecho es que aquellos que intentaron empequeñecer mi asociación e influencia e intentaron borrar mi nombre, se siguen beneficiando de mi trabajo con y para Jenni Rivera hasta hoy. Como decimos en Texas, "Bless Their Heart" (Dios bendiga su corazón)

Jenni tenía la dirección, la compañía discográfica y el equipo que necesitaba para exceder las expectativas en el mundo de la música en español. Su música se vendió más que la de ninguna otra mujer en su género.

No es coincidencia que ya hayan salido unos cinco libros y tres series de televisión acerca de su vida y su carrera. Pero eso no importa porque la única persona autorizada por Jenni para contar su historia soy yo.

Este libro trata del amor incondicional y la amistad, y los muchos retos por los que Jenni pasó para superar el miedo, odio y prejuicio en el proceso de convertirse en una leyenda dentro del género de la música regional mexicana. Un género musical el cual verdaderamente amo y me siento orgullosa de su folklore y cultura. Mi pasión por la música y mi respeto por su padre, Don Pedro Rivera quien me pidió que ayudara a su hija, son las principales razones por las que acepté proteger, guiar y empoderar a Jenni y su carrera tras bambalinas, desde el día en que nos sentamos juntas a platicar de negocios por primera vez en el 2003.

El carisma de Jenni Rivera, sus chistes, su carácter, su risa, su confianza en DIOS y sobre todo su personalidad trabajadora la convirtieron en la estrella que fue. Con orgullo y gracia, muchas veces la vi entrar en el escenario y abrir sus conciertos con su mano arriba haciendo la seña de número uno y gritando: "Esta es mi vida loca", y sí que lo fue… "una vida loca".

Con toda honestidad, amor y luz, espero que disfrutes de este libro.

Laura Lucio

Contenido

Capítulo 1: Pesadilla O Realidad 13

Capítulo 2: Las Estrellas Alineadas 33

Capítulo 3: Y esta es mi vida loca.................. 49

Capítulo 4: La Fama De Una Diva, La Payola y Las Demandas.................... 65

Capítulo 5: Conquistando México de la mano de Arturo Rivera 81

Capítulo 6: Canciones para sus fans 91

Capítulo 7: Belleza externa e interna 101

Capítulo 8: Enamorada perdida 119

Capítulo 9: Consultando a un psíquico 133

Capítulo 10: Una herida que no sana 143

Capítulo 11: Fiasco en el aeropuerto........... 165

Capítulo 12: Detrás de cámaras de un drama televisivo .. 179

Capítulo 13: Hollywood espera 191

Capítulo 14: Amor de juguete 215

Capítulo 15: Amor y el hombre perfecto 221

Capítulo 16: Lo que la movió 223

Capítulo 17: El deseo 245

Capítulo 18: La traición 257

Capítulo 19: El orgullo domina al amor (cambiando el Testamento) 279

Capítulo 20: La despedida y los mejores deseos de J-Units 295

Dedicatoria A Las Personas Que Amo.

Dedicado a mi amiga Jenni Rivera (QEPD).

A todos sus fans y a todas las madres solteras del mundo, especialmente a mi madre, Tomasita Ybarra (QEPD).

Mi madre falleció antes que este libro se imprimiera al igual que mi tío Camerino Ybarra, la imagen paterna en vida y el hombre a quién amé como a un padre. Me siento agradecida por haber aprendido de la independencia y la fuerza de mi madre y por la fe en Dios, el amor y la paciencia de papá Camerino.

Un agradecimiento especial a mi hermana Rosario, a mi hermano Juan Ricardo, y sobrino Kevin, a mis hermanos políticos, Norma Zamorano y Abel Mata por su amor incondicional.

Gracias a mi abuelita Benedicta Herrera (QEPD) cuyas enseñanzas y guía me inspiraron a creer que el amor y el servicio desde el corazón son equivalentes a la riqueza en el cielo. Con su ejemplo, y el de mi familia aprendí que en la vida necesitamos más personas que sirvan y menos que juzguen. A su hermano, mi tío abuelo Feliciano Herrera Flores, el último ser viviente de esta dinastía.

A mis tíos, tías, primos, hermanas y hermanos y amigos que han apoyado mi carrera de corazón. Gracias a mi tía Olga Ybarra, Dahlia Y. Flores, Sam Flores, Justo Emilio González Jr., Alexandra G. Rainey, Jayton Rainey, Joel, Melissa, Joel Jr. Sabrina y Christian Ybarra. José Antonio Ybarra, Janie Ybarra, Ram Espinoza, Danielle Curiel, Izabel Marie, Avett Camerino,

Bay Esperanza Ybarra.

A mis amigos incondicionales a lo largo de los años, Sylvia Villagrán, Leticia Murillo, Sara Cuevas, Otto Padrón, Mario Ruiz, Alberto Santini, Ivan Montero, Lenny Manfred, Gina Goldman, Aymee De Los Angeles y Maggie Garcia.

Gracias a los Jenni Fans que han estado conmigo incondicionalmente, Serio J-2, El Divino, Hector Zapata, Claudia Cachanilla, y Maria Gomez.

Gracias a mis amigos fotógrafos y camarógrafos:

FOTOS DE PORTADA: La fotografía del la portada fue tomada por el camarografo Alvaro Leal y donde esta vestida de novia la tomo el camarógrafo Lenny Manfred, mi amigo quien en cada grabación para Jenni estuvo presente. Esta foto se la amplio Lenny y se la entregue a Jenni como regalo, le encanto y la puso en un lugar especial, ahora la comparto con uds.

GRACIAS

Capítulo 1.

Pesadilla O Realidad

*"Escucha a esa voz interna que llamamos intuición,
si es persistente es porque definitivamente está dando
señales de alerta".*

9, dic. 2012

Son alrededor de las 4:30 a.m., es una noche fría, mi cuerpo se estremece y aun más con un sueño que sentí muy real. Jenni y el equipo se encuentran en un enorme edificio tenebroso en el medio de la nada, están siendo retenidos en contra de su voluntad. Es un bosque oscuro, el deteriorado edificio está pintado de amarillo y blanco desgastado con grietas y ventanas rotas. Sentí una sacudida al pie de mi cama, la habitación temblaba como si hubiese un terremoto. Mi corazón palpitaba muy fuerte como si acabara de correr un maratón. Una escalofriante brisa pasó sobre mí, y no me podía mover. Escuché alta y clara la voz de Jenni gritar: "¡Laura! ¡Laura! ¡Me chingaron por dinero! ¡Me chingaron por dinero! ¡Esto no tenía que pasar así!" Abrí mis ojos y observé mi habitación. Por un momento no sabía en dónde me encontraba, pero cuando mis ojos reconocieron la puerta del closet de mi habitación me sentí aliviada. Había tenido un mal sueño. Revisé mi teléfono para ver si había alguna llamada perdida, pero no la había. Muchas veces desde que comencé a asesorar a Jenni en el 2004, ella me llamaba o me escribía antes de sus presentaciones si necesitaba platicar de algún asunto o solo para hacerme saber cómo iban las cosas en sus conciertos. Tomé el teléfono para llamarla, pero recordé que ella me había dicho que iban a volar desde Monterrey justo después de la presentación. Jenni era jueza en la versión mexicana de The Voice (La Voz) en Televisa y estaban en las etapas finales del programa, Jenni me comentó que tenían que grabar promociones temprano antes del programa que salía al aire por la tarde. Pensé que lo mejor era esperar hasta que llegaran a la Ciudad de México para llamarla nuevamente y preguntarle cómo estaba todo. Lo que no entendía era por qué mi corazón se sentía tan pesado aún cuando me percaté que la voz de Jenni y la cama que temblaba habían sido tan solo un mal sueño. Me senté en la cama durante unos minutos, recé un "Padre Nuestro" para calmarme y me quedé dormida nuevamente.

¿Dónde está Jenni?

Son las 7:45 de mismo día, el 9 de diciembre de 2012. Ese día tenía programado mudarme de mi residencia, así que me desperté temprano para terminar de empacar. Iba a pasar unas pocas semanas en Texas con mi mamá y mi familia. Mis tíos iban a celebrar su aniversario de bodas número 50, y quería estar allá para la fiesta. El plan era que regresaría a Los Ángeles para estar con Jenni durante año nuevo e iríamos a Big Bear o Palm Springs por unos días en enero para trabajar en los muchos proyectos que se lanzarían en el 2013. También planeábamos tener una gran celebración con sus fans en marzo de ese año por el lanzamiento del libro *Mi vida loca*, y porque para entonces ya se habría concretado el divorcio de Jenni y Esteban Loaiza. Ella quería cambiar muchas cosas en su vida, pero solo una continuaría igual: sus fans eran su prioridad. Los fans de Jenni nunca le fallaban, eran y siguen siendo su familia extendida. Sus soldados como ella los llamaba, su cartel, ya que siempre estaban dispuestos a pelear sus guerras.

Me encontraba vistiéndome cuando un investigador del Departamento de policía de Burbank, California tocó mi puerta. Él llegó para concretar los últimos detalles que necesitaba para finalizar un reporte de un allanamiento y unas computadoras hackeadas que había denunciado días antes. Mientras hablaba con el oficial de policía, los mensajes entraban insistentemente a mi teléfono, pero como él me estaba interrogando, lo apagué. Él escribía en una libreta mientras caminaba por toda mi casa revisando las entradas y las ubicaciones de las computadoras. "¿Terminaste con un novio recientemente? ¿Sales con alguien celoso? ¿Tienes enemigos? ¿Qué clase de trabajo haces? ¿Qué tipo de documentos almacenas en tu computadora?   ¿Quién querría meterse tanto en tus asuntos como para llegar a este extremo? ¿Tienes algún socio de negocios?" Estas fueron las preguntas que me hizo el oficial de policía. Los "extremos" a los que se refería eran la clase de virus de suplantación de identidad que se habían enviado o tal vez instalado directamente en mi computadora. Es un *malware* (virus) generado por *hackers* de grandes corporaciones. Mi cabeza daba vueltas; mi mudanza, el viaje, las computadoras hackeadas, este reporte policial y la horrible pesadilla que tuve con respecto a Jenni. Espera, aún hay más, Jenni también había experimentado eventos extraños en su casa, tanto su computadora como su teléfono habían sido intervenidos. ¡Ahora entenderás por qué mi cabeza daba vueltas! No podía esperar a que el investigador terminara, debía llamar a Jenni, los de la mudanza llegarían en unas horas y necesitaba empacar las cosas grandes de mi departamento tan pronto como el oficial terminara. A petición de la policía, no debía mover o tocar las computadoras hasta que el investigador terminara de hacer el reporte.

Como Jenni mencionó que iban a grabar promos temprano durante el día, sentía la necesidad de hablar con ella antes de que fuera a los estudios de Televisa en la Ciudad de México. Cuando el oficial me estrechó la mano y me dijo algo como "tenga mucho cuidado," encendí mi teléfono nuevamente.

Quería ver quién me había escrito. Me quedé en la puerta del edificio diciendo adiós con la mano. Al revisar mi teléfono, leí un mensaje de mi amiga productora Magda Rodríguez quien me escribió: "¿Dónde estás? ¿Estás con Jenni? Por favor contesta Laurita, respóndeme. ¿Estas bien?" Estaba a punto de contestarle a Magda cuando levanté la vista, el oficial de policía apareció ante mi nuevamente, y dijo "¿Esta mujer que mencionaste, cuyos documentos fueron robados de tu computadora se llama Jenni Rivera?, ¿verdad?" respondí que sí, "¿es cantante?", volví a responder que sí. "Acabo de escuchar en la radio que su avión se extravió en México y solo quiero decirte que esta investigación da un giro de 90 grados". Me quedé ahí observándolo incapaz de decir una palabra. Pensé en el mensaje de Magda, mi cuerpo se sentía débil, no podía respirar. El oficial subió a su patrulla y se fue. Di unos pasos hacia la puerta de enfrente del departamento y me quedé ahí con la mirada perdida mientras recordaba cosas de mi sueño de la madrugada. Volví a mirar mi teléfono. Tenía muchos mensajes privados en Twitter de parte de los fans de Jenni y de conocidos en los medios de noticias. Le escribí a mi amiga Magda "Estoy bien" – Magda respondió, "Me alegra que estés bien, pero están diciendo que el avión de Jenni desapareció…", sentí como si alguien me hubiese dado un fuerte golpe en las piernas con un bate de béisbol. Comencé a tambalearme hacia la televisión marcando el número de Jenni, fue directo al buzón de voz. "Respóndeme, Jenni, por favor, respóndeme", seguí intentando. Estaba a punto de marcar de nuevo cuando mi teléfono comenzó a sonar, era un reportero desde México, estaba confundida, sin darme cuenta, mi lágrimas empapaban mi rostro. Moví la boca, pero no emití ningún sonido, no me salía la voz ni para saludar, entonces colgué. Vi los mensajes de texto que llegaban constantemente a mi teléfono al tiempo que encendía la televisión. Pasé por varios canales, y NBC-Telemundo era el único medio que hablaba sobre el avión desaparecido. Mi amigo y principal ancla de noticias, José Díaz Balart y María

Celeste estaban detallando sobre las diferentes posibilidades de por qué Jenni pudo haber sido secuestrada. Los mensajes que llegaban eran principalmente de amigos de los medios pidiéndome salir al aire con ellos en EXCLUSIVA para hablar sobre la carrera de Jenni. Las noticias que leía en las redes sociales eran alarmantes. Mi inclinación por llamar a NBC-TELEMUNDO fue por dos razones importantes. Primero, trabajé en la compañía poco más de nueve años y segundo, NBC-TELEMUNDO era el único canal que demostraba que mi amiga Jenni Rivera era lo suficientemente importante como para interrumpir la programación y dedicar todo su tiempo a dar reportes sobre la desaparición del avión de Jenni y la tripulación. Marqué a Ricdamis García, el productor de Telemundo con quien trabajé en el especial de la boda de Jenni. Apenas pude decir "hola" cuando Ricdamis dijo, "Laura Lucio, me alegra tenerte en línea, aguarda un momento" y envió mi llamada directo al cuarto de control de noticias, y antes de que pudiera decir otra cosa, ya estaba al aire con José Díaz Balart y María Celeste. Había algo que necesitaba dejar en claro, Jenni no estaba involucrada en ninguna relación laboral con los cárteles de la droga mexicana tal como lo estaban sugiriendo los medios que me estaban solicitando entrevistas. La Jenni que conozco no pondría a su carrera, sus hijos, ni a sus compañeros de trabajo en riesgo de esa manera. Ella no necesitaba dinero, ya lo estaba ganando y a manos llenas.

LA CARTA

Semanas antes del trágico accidente, el corazón de Jenni estaba roto. Se sentía traicionada por algunas de las personas en las que más confiaba; la rabia se apoderó de su mente. La feroz mujer de gran corazón cargaba una tormenta en su interior. Un día antes de que Jenni anunciara su divorcio públicamente, me encontraba haciendo mi rutina de meditación de las mañanas. Siempre rezo por un mundo mejor, por los niños, por los ancianos, por la unión familiar, por mis proyectos y por mis amigos. Sabía que tal vez Jenni iba a necesitar de una plegaria especial, entonces empecé a imaginarme a Jenni rodeada de una hermosa y brillante luz, de repente una brisa fría sopló en mi dirección. Me hizo estremecer. Me sentía comprometida a darle indicaciones específicas sobre su seguridad. Desde el 2004 era normal para mí darle a Jenni consejos y asegurarme que ni ella ni su carrera corrieran ningún peligro. Según mi intuición, y de acuerdo a lo que sentía mi corazón, Jenni estaba en peligro, tal vez solo era mi imaginación, pero como estaba rezando por ella, sentí la necesidad de decirle que se cuidara. Asi que le envíe a Jenni el siguiente correo electrónico:

4 de octubre de 2012

Jenni,

Esta mañana mientras rezaba por ti... muchas cosas me vinieron a la mente y pensé que tenía que compartirlas contigo. DEBES tener aún más cuidado con tu SEGURIDAD (sí, Jenni) con tu seguridad y más cuando estés viajando y salgas de casa. Mientras estés en los Estados Unidos no vayas a ningún sitio sola. Cambia de vehículo cuando llegues a las localidades en donde te vas a presentar "cambia tu estrategia usual de seguridad" y te recomiendo que no adelantes detalles a las personas que suelen saber cuándo y cómo llegas a los lugares, ya sea a grabar o presentaciones. Permite que otro grupo de agentes de seguridad te espere y te transporte. Cuando vayas a Televisa, haz lo mismo, NADIE debe saber cuándo llegas a México, nadie debe saber la hora o quién te va a transportar. (SI Arturo no tiene que ir, por favor tampoco le digas). Si necesitas que hable con ellos para contratar a un grupo de seguridad distinto, por favor déjame saberlo. El abogado a quién le has dado tu total confianza, te pido en el nombre de DIOS, que él no sepa los pormenores de tu estadía en México. No estoy exagerando, es muy importante que seas extremadamente cuidadosa mientras esperas la finalización del divorcio. Me llegó un terrible presentimiento mientras rezaba por ti, y sentí que de alguna forma podrías estar en peligro. POR FAVOR CUÍDATE. No dudes en llamarme si necesitas algo.

De esta también saldrás una mejor persona.

Un beso,

Laura Lucio

Jenni respondió inmediatamente "por favor, ven a verme". Lo hice, y la primera pregunta que salió de sus labios fue "¿Qué es lo que te da miedo?" refiriéndose a mi correo electrónico.

"Quiero que tengas cuidado porque no me gustó la energía que sentí cuando estaba rezando por ti", contesté.

Previamente, le había advertido a Jenni de cosas que mi intuición me mostraba, y ella había escuchado y todo salió bien. Esta vez, me dijo "si crees que Esteban tratará de lastimarme, no te preocupes, *él no me lastimaría físicamente,* de todas formas, no le tengo miedo ni a él ni a nadie". Jenni me confesó que estaba en constante comunicación con Esteban y que él no tenía motivos para lastimarla. "Quiere que regrese con él Laura, dice que quiere regresar a casa con su esposa". Yo tampoco creía que Esteban quisiera lastimarla, pero de todas formas pensé que era importante que supiera que debía tomar precauciones adicionales. Esteban, un atleta con mucha disciplina, jugaba béisbol en las grandes ligas desde muy joven, era *pitcher*, y no entraba en el perfil de alguien que quisiera tomar venganza. El tiempo, sin embargo, nos mostró un lado inesperado de Esteban como su asociación directa con los carteles de la droga y el narcotráfico; estas fueron decisiones que él tomó y que no tienen nada que ver con Jenni.

LA PAZ Y EL DINERO

Las noticias sobre la desaparición de su avión eran impactantes. Una de las muchas cosas en mi mente era una conversación que tuvimos unas semanas antes relacionada con su dinero. Había decisiones muy importantes que tomar. Hablamos sobre sus finanzas en los EE.UU y en el extranjero. Por otro parte, la caja fuerte de Jenni había sido infringida y me contó que miles de dólares habían sido robados. Le dije a Jenni que una caja fuerte no era el mejor lugar para guardar tanto dinero en efectivo porque la palabra "fuerte" parecía ser "débil" en cuanto a protección de su dinero se refería. Le dije "es hora de que contrates a una firma privada de inversiones para ayudarte a vigilar la administración de tu hogar y de tus inversiones". Nuestra tarea era conseguir a la más calificada y de confianza. Jenni tomó una decisión; decidió que todo su dinero e inversiones que tenía fuera del país se transfirieran a sus cuentas en los Estados Unidos. Después de las diferencias en cuanto al tipo de moneda que tuvo con Gabriel "Gabo," su representante de giras, Jenni había puesto su confianza en manos de personas que realmente no conocíamos, y eso también lo platicamos.

En junio del 2011, noté que había personas en las que yo no confiaba alrededor de Jenni. Me di cuenta de que se había convertido en un blanco para aquellos que decían quererla y "protegerla" en sus inversiones – pude observar que era pura habladuría. Le recomendé que tuviera cuidado. Mi consejo era por su seguridad. Mientras platicábamos, Jenni se disculpó conmigo. Le dije "No quiero que te disculpes, eres tú la que está perdiendo dinero". "Yo sé amiga, pero no seguí tu consejo," contestó Jenni. "Jenni, debes hacer paz con el dinero", le dije. Eso se lo dije porque Jenni estaba furiosa con muchas personas a su alrededor, y planeaba usar la carta del dinero como una forma de castigo o venganza. Yo no estuve de acuerdo con ella y se lo hice saber.

Empecé a recordar las situaciones desagradables que Jenni había tenido respecto al dinero. Unos meses después de que comenzáramos a trabajar juntas en 2004, Jenni vino a mi casa bastante desanimada porque se le habían perdido 25,000 dólares. El dinero que le pagaron por varias presentaciones en California había desaparecido. Esa fue la primera vez que me senté con Jenni a escuchar los asuntos de sus finanzas. Jenni llevaba los 25,000 mil en efectivo en una bolsa de papel de supermercado y lo puso bajo el asiento del vehículo de la persona que según la ayudaba con las fechas y que la transportaba. Cuando Jenni le preguntó por la bolsa, el conductor y supuesto amigo, dijo que no había visto ni tomado nada. Jenni insistió en que ese era el único lugar en el que recordaba haberla dejado. Muchos años pasaron antes de que el conductor del vehículo dio la cara para devolver la "bolsa de papel" con el efectivo. Jenni no ganaba mucho dinero cuando esto pasó, así que fue un duro golpe para sus finanzas. En 2006, la historia del dinero perdido volvió a repetirse. Un chico que Jenni había contratado para llevar a sus hijos a la escuela y hacer algunas tareas del hogar se llevó miles de dólares de su caja fuerte. Y nuevamente en 2007, un allegado de uno de sus hijos estaba robando de su caja fuerte. Sabía el horario de sus hijos cuando ella no estaba y halló la forma de entrar. Se llevaba pacas de efectivo de 10 a 20 mil dólares en cada visita. Se llevó poco más de 250,000 mil dólares. Y en 2009, me llamó desanimada porque el dinero que su hija iba a llevar al banco para depositar fue robado del baúl de su automóvil en el gimnasio cuando su hija se detuvo para hacer ejercicio antes de ir al banco.

Cuando Jenni me contó que más dinero había desaparecido de la caja fuerte en su nueva casa a pesar de todas las cámaras de vigilancia instaladas, recordé que no era la primera vez que me sentaba con Jenni a hablar sobre el mismo tema y sobre las precauciones que debía tomar. "¿Por qué siempre me pasa esto, Laura?" y yo le dije "Jenni, tenemos que ser precavidas con quiénes están a nuestro alrededor, quizá esa es la lección que debes aprender. Están aquellos que ayudan a plantar el árbol y aquellos que solo quieren arrancar las frutas". Le mencioné, "Dios te ha abierto la puerta de la abundancia, y no eres lo suficientemente cuidadosa". La veía llegar con fajos de efectivo de cada presentación, pero quizá como su carrera estaba avanzando muy rápido, nunca tuvo conciencia de las sumas de dinero que estaba ganando. Le tomó un poco de tiempo para que Jenni entendiera que tenía más que suficiente y se merecía comprarse lo mejor, pues era mucho lo que trabajaba. Al principio, a Jenni no le gustaba gastar en sí misma y parte de insistirle que lo hiciera era para que aprendiera a amar su persona lo suficiente para entender que lo merecía. Era suyo. No hablaré sobre cuánto tenía Jenni, pero muchas veces antes de darle dinero a los miembros de su familia, además de sus hijos, ella me llamaba y me pedía mi opinión o consejo. Recuerdo haberle dicho "Jenni, le das dinero a extraños, ayudas a las personas a comprar sillas de ruedas, pagas por sus operaciones y compras regalos costosos para gente de la radio y otros, ¿pero no te sientes bien dándoselo a los miembros de tu familia?" "¿Qué pasa con eso?" me decía ella, "No quiero que se acostumbren a que yo les dé" o "le doy el 10% a la iglesia", ese no era mi punto. El dinero es una bendición para aquellos con paz interior, agradecidos y compartidos con sus bendiciones. En los últimos meses de su vida, cada vez que hablábamos, era por un asunto relacionado a las finanzas o el dinero.

Así que al parecer mi sueño donde ella grita que la jodieron por dinero parecía tener algo de realidad.

La televisión seguía encendida, yo me senté aturdida y al mirar las noticias y las muchas especulaciones sobre Jenni y el avión desaparecido, recordé la vez que en el 2009 que recibí una llamada telefónica de Univisión, en Miami pues iban a hacer un reportaje sobre los problemas financieros de Don Pedro y que Jenni no estaba dispuesta a ayudarlo. Me preguntaron "¿por qué Jenni no ayuda a su padre? Sabemos que gana mucho dinero por presentación…" la llamada venía de un alto ejecutivo del canal. Mario Ruiz, el VP de talento, me había ayudado muchas veces para posicionar a Jenni en eventos y ceremonias de premiación. Me sentí tan avergonzada y triste como si se estuviese refiriendo a mi propio padre. El problema era que, si sacaban la historia, afectaría la buena reputación de Jenni y su imagen de hija amorosa. Le pedí a Univisión que no lo hicieran, pedí tiempo para tratar de arreglar el asunto. Hablé con Jenni, me di cuenta de que estaba castigándose ella misma y el amor que sentía por su padre porque no quería traicionar a su madre, aunque hacía años que sus padres habían concretado su divorcio. La amargura y la rabia no eran propias de Jenni, pero había cargado con el dolor de su madre. Le dije "ok, no traiciones a tu madre, pero te pido que, por favor, tampoco traiciones a tu padre. Él estaba ahí cuando comenzaste tu carrera, te ayudó a dar pasos firmes en la música, les pidió a muchas personas que te ayudaran, incluyéndome a mi, ¿vas a abandonarlo ahora?" Jenni se sentía herida, parecía estar haciendo las cosas en contra de su propia voluntad. Ella no quería ver a Don Pedro sufrir, me insistió muchas veces "pero amo a mi papi", le dije "no quiero que me digas cuánto lo amas, quiero verlo, no quiero que seas 'un candil en la calle, oscuridad de su casa'" – un dicho muy popular para referirse a personas que son maravillosas fuera de casa y familia, pero la historia cambia por dentro. Era un momento crucial en nuestra amistad, le dije que si no ayudaba a Don Pedro yo dejaría de respaldarla. Yo no estaba en su nómina de pago y no tenía otro interés más que ayudarla a mantener su estatus como la mejor artista femenina de la música regional mexicana y siempre le hablé directo y sin tapujos. Unos días después de nuestra conversación, Jenni le escribió un cheque a Don Pedro y me llamó para hacérmelo saber. El Programa de Univision Premio Lo Nuestro estaba por venir y Jenni invito a Don Pedro a que viniera con nosotros. Ese dia insitio en que pasaramos con ella por la alfombra roja, Jenni quería demostrarle su agradecimiento a su padre y le dio las gracias públicamente dedicándole su galardón.   Senti respeto por su acción, pero a su vez fue una prueba del respeto que ella tuvo por mis palabras, Jenni sabía que más de una vez la ayudé a enfrontar los problemas internos de su carrera para que se mantuviera a flote y su imagen intacta.

CAMBIOS EN EL HORIZONTE

Cada año, en enero después de las fiestas y desde el 2004, Jenni y yo nos reuníamos para revisar los diferentes planes para el año, los eventos, las promociones, las ventas y mucho más. En 2012, Jenni y yo hablamos sobre el hecho de que ella estaba cansada de ir y venir de México. También hablamos acerca de otra cosa que me vino a la mente el día del accidente. Estaba planeando llevar a Jenni a otros países con su música, Jenni estaba emocionada sobre los planes que había para ella en América Latina. Junto con la compañía Lassu Inc. ya estábamos negociando con algunas compañías presentaciones de diversos artistas que llevaban sus espectáculos a países como Colombia, Argentina, Perú, Chile, entre otros, así que cuadrar un tour para Jenni era parte de mi plan y ese era nuestro siguiente paso. Su último álbum "Joyas Prestadas" formaba parte de la gira promocional por primera vez a Latino América. Su música debía ser más "universal". Así que cuando ella escogió las canciones y grabó su último álbum, se enfocó en el sonido pop y canciones de artistas reconocidos. Entre otros planes estaba que Jenni y yo habíamos contemplado la idea de que hiciera un *reality show* en inglés. Quería hacerlo con un artista de música country. Insistía en conseguir a Brad Paisley o a Gretchen Wilson para grabar una canción con ella o con él. Íbamos a lograr que Jenni se presentara con una canción *country* en inglés acompañada de algún músico *country* conocido y movilizar su carrera hacia esas direcciones. Yo ya me había reunido con una productora amiga que fue responsable de juntar a Alejandro Fernández y Beyoncé para grabar juntos en 2010 y estaba dispuesta a ayudarnos. Ella sugirió un dúo con Dolly Parton por ser la reina en la música *country*. Jenni miraba al cielo y sonreía cuando le hablaba de estos planes.

Por otro lado, las enormes sumas de dinero que requerían restar del pago a Jenni por cada presentación en México la incomodaba mucho. Me dijo que le pedían pagar altas sumas de dinero a personas que ni siquiera conocía. Se trataba de una "tarifa requerida" y una práctica que se ha vuelto más común en años recientes. Le llaman "pagar plaza". Jenni no comprendía porqué era necesario enriquecer a personas que no trabajaban directamente con o para ella con el dinero que claramente se esforzaba y ganaba para sus hijos. Me dijo "Quiero dejar de hacer presentaciones cada fin de semana". Y así lo empezamos a planear, pero fue el amor por sus fans lo que la mantuvo en escena. Decidimos que seríamos más selectivos con el número de presentaciones y locaciones por año. Todo esto entraría en acción alrededor del verano de 2012. Sin embargo, la participación de Jenni en LA VOZ MÉXICO cambió nuestros planes.

Por otro lado, Jenni y yo sabíamos que era tiempo de que contratáramos a una agencia administrativa especializada en figuras públicas que pudiera manejar los planes para su carrera y trabajar con nosotros para llevarlos a cabo. En el pasado, muchas se ofrecieron a tomar las riendas de su carrera, pero desafortunadamente, después de reunirnos con ellas era evidente que no entendían como se movía el mercado de la música regional mexicana ni tampoco tenían idea de la importancia de México en esta ecuación. Seguimos adelante, yo pre planeaba y producía aparte de supervisar ciertas promociones y conciertos, Gabo manejaba las giras y presentaciones, Arturo Rivera las relaciones públicas, y su disquera Universal Music la promoción y distribución de la música de Jenni.

ACLARANDO DUDAS

A principios de 2012, fui a México para promocionar a otro artista, y cuando llegué al hotel, Arturo Rivera (el publicista de Jenni en México) fue a recibirme. Había cosas que quería preguntarme, pero tenía miedo de decirlas. Arturo era un verdadero caballero, no quería acusar a nadie y luego meterse en problemas. Así que me pidió que por favor observara de cerca al grupo de viaje de Jenni y estuviese atenta a alguien que podría estar involucrado en actividades ilícitas. Eso fue todo lo que me dijo. El día del accidente me vino esta conversación a la mente. Ese día, recibí una llamada de alguien en Miami que me aseguraba que alguien del equipo de Jenni estaba involucrado en lavado de dinero. Tanto si eso era cierto o no, y si tenía algo que ver con el accidente, jamás lo sabremos. Los eventos que ocurrían alrededor de mi amiga justo antes de su muerte, las computadora hackeadas y las actividades inusuales en su hogar, y su teléfono, me hacían pensar que Jenni y todos aquellos que éramos cercanos a ella fuimos traicionados.

TRASCENDIENDO LA RABIA

Como humanos, cada uno reacciona de manera diferente cuando fallece un ser amado. Era mucho lo que tenía que digerir. Jenni se había ido, pero también mis demás amigos. Jacob, Arturo y Gigi. Mario, mejor conocido como "EL LIC". También conocía al piloto, era muy diligente con su responsabilidad con el avión y sus pasajeros y su joven co-piloto en ese vuelo a quién jamás conocí. Pedí a Dios por sus almas y por sus familias.

Después de que se anunciara que no había sobrevivientes y que la Fiscalía Mexicana en Monterrey pidiera muestras de ADN para poder identificar los cuerpos, las familias de las víctimas que fallecieron con Jenni fueron puestas en una situación bastante precaria. Algunos no previeron tener que volar hasta Monterrey para hacerse la prueba de ADN y recuperar los cuerpos de sus familiares fallecidos. Mi corazón sentía su dolor y pérdida. Inmediatamente llamé al abogado quien por años se había encargado de los asuntos de la familia Rivera. Le dije que los medios en México me habían informado que las familias de algunos miembros del equipo de Jenni no tenían suficiente dinero para ir a Monterrey ni para gastos funerarios. Le pedí que le avisara a la familia de Jenni, para que les transfirieran dinero. Incluso sugerí un monto por familia. Me aseguró que eso se haría y que no debía preocuparme, pero esto jamás ocurrió. Cada una de las familias obtuvo ayuda de otras fuentes en la industria musical. Dios bendiga a quien sin titubear ofrecieron ayuda inmediata. Sé que Jenni habría manejado las cosas de manera distinta.

Para mi gran sorpresa, algunos miembros de su familia optaron por asumir la rabia en lugar del amor y la comunicación. Recibí un mensaje de Rosie la hermana de Jenni a través de mensaje privado en Twitter en el que absolutamente furiosa me pedía cortar toda comunicación con TODOS en la familia de Jenni, en especial con sus hijos y con los medios de comunicación. Rosie olvidó que era amiga de Jenni y su socia de negocios, no su empleada, y que como periodista y productora cuento con amistades de mucho tiempo dentro de la industria y que fue gracias a esta trayectoria que logré ayudar la carrera de su hermana. No iba a cerrarle la puerta en la cara a los medios de comunicación ahora que Jenni y Arturo Rivera, la persona encargada de manejar a la prensa, también se había ido. *La rabia no me intimida porque mis verdaderos escudos son Dios y el Amor.* Mientras ella estaba molesta – quién sabe por qué, Juan Rivera, el hermano de Jenni me llamó para pedirme que fuera a la casa de su madre donde estaban todos reunidos. Le dije que no estaba en condiciones de conducir, así que él se ofreció para enviar a alguien a que me buscara. Le dije que un equipo de noticias que estaba parado frente a mi casa se dirigía hacia allá así que podía pedirles que me llevaran.

En cuanto llegué, entré y saludé a todos los que estaban sentados en la sala de la madre de Jenni. Todos sus hermanos con sus esposas e hijos, así como primos y tíos estaban ahí. Me pidieron que me uniera al pequeño grupo que estaba reunido en una de las habitaciones. Recuerdo que Chiquis estaba ahí, nos abrazamos y lloramos juntas, luego nos calmamos y arreglamos todo para ir a Monterrey a buscar a su mamá. Aún no había salido un anuncio oficial, pero el plan era ir a Monterrey y contratar a un equipo que nos llevara a las montañas de Galeana y encontrarla. Éramos optimistas, ya que Johnny, Jenicka, Jaquie y Mikey tenían muchas esperanzas de que su madre fuera hallada con vida. Yo también tenía algo de esperanza, acordé ir a casa y empacar y luego volver a encontrarnos porque íbamos a tomar un vuelo esa misma noche. Unas horas después de llegar a casa, Chiquis me escribió que los planes habían cambiado y que ahora solo irían sus tíos a México. Para entonces, las autoridades mexicanas pedían que asistiera o el padre o la madre de Jenni para las pruebas de ADN. Esta no era una buena señal, pero aún no se había dado un anuncio oficial acerca de Jenni. Los hermanos decidieron que iban a ir, pero también pasarían por el pueblo de Iturbide en las montañas de Galeana, Nuevo León, México cerca del rancho El Tejocote para ver de cerca dónde tuvo lugar el accidente. Del noticiero de NBC-Telemundo me habían pedido salir en vivo con lo último del accidente de avión. Caminaba como zombi, mi cuerpo presente, mi mente ausente, de no ser por Arlette, una amiga periodista y Lolita otra amiga que estaba de paso en Los Ángeles de la Ciudad de México que se quedaron junto a mí día y noche, no sé cómo habría sido capaz de funcionar. Tomaban todas mis llamadas y contestaban la puerta porque mis amigos de los medios se estaban apareciendo en mi puerta pidiendo declaraciones. Yo sentía que Jenni me enviaba mensajes y estaba atenta a ellas. Cuando tuve un momento a solas, me senté en mi cama para tratar de recordar el sueño de nuevo, y le pregunté a Jenni en dónde estaba. Al mirar hacia arriba, vi unas espinas de pino caer sobre mi cama. Una mitad estaba quemada y otra húmeda. Corrí hacia las escaleras y le dije a Lolita, mi amiga de la Ciudad de México, "Mira lo que encontré cuando pregunté dónde está. ¡Jenni podría seguir viva!" pero en cuanto dije esas palabras pensé que solo un espíritu podría dejar caer una espina de pino en mi cama, porque estaba bajo techo y las puertas y ventanas estaban cerradas porque hacía algo de frío afuera. Seguí sintiendo la presencia de Jenni de muchas maneras. Luego me llevaron a la oficina de NBC NEWS en Burbank, CA y mientras esperaba que arreglaran las cámaras, estaba en el teléfono para contactar a las autoridades mexicanas de aviación. Era domingo, nadie estaba disponible, y así llamé a la oficina del procurador general para ver si había alguna novedad. De repente, mi amiga Lolita que me estaba acompañando cubrió mis hombros con una bufanda blanca y negra. Casi idéntica a una que Jenni me había obsequiado por mi cumpleaños meses atrás. Me dieron escalofríos y sentí la energía de Jenni abrazándome. Me rompí a llorar, al alzar la vista, Marcelo Rey, uno de los productores del programa "Al Rojo Vivo" me dijo "Lo siento mucho Laurita, salieron las noticias oficiales, no hay sobrevivientes, Don Pedro hablará para los medios en unos minutos desde la casa de la familia". Corrí al baño y grité muy fuerte, el dolor que sentí es indescriptible. Alguien me abrazó y me pidió que me calmara pues pronto saldría al aire y debía guardar la compostura. ¡Wow! Mantener la compostura, ¿cómo podía hacer eso? Tenía que encontrar el escudo de protección que siempre usaba cuando cubría noticias tristes como periodista de televisión. Eliza Ross, la productora de noticias, preparó té e insistió en que bebiera un poco para calmarme. Bebí el te, me tomó algunas respiraciones profundas y un poco de oración para calmarme. Hice las entrevistas y me fui. Cuando llegué a casa, tenía un mensaje de Arlette mi amiga diciéndome que debía llamar a su tío, que trabajó para la oficina del procurador general de México, y que solía ser llamado durante casos sin resolver. Tomé el teléfono y lo llamé pensando que estaba llamando a un investigador que me daría más pistas sobre el avión de Jenni, pero él era más que eso, era el maestro que se conectaba con los reinos y dimensiones más allá de nuestra comprensión normal. Me dijo "Jenni quiere que convoques a una conferencia de prensa ahora mismo, quiere que uses los documentos firmados que te dejó para tomar decisiones en su nombre, dice que tú ya sabes el por qué", luego continuó "No la conozco, jamás la conocí. Es un espíritu bastante carismático que no deja de acercarse a mí para decirme que quiere que eso se haga correctamente porque dice que solo tú sabes bajo qué circunstancias hizo ella tales decisiones en vida, y quiere que arregles todo por el bien de sus hijos". Escuchaba pensando si acaso algo de lo que decía era cierto, si Jenni estaría viva, si realmente se estaba comunicando con su espíritu, ¿cómo sabía cómo era Jenni? Me dijo "Jenni quiere que sepas que le gustan los lápices de colores que tienes en tu escritorio". Justo ahí lo supe, ella jamás había visto mis nuevos lápices y él nunca había estado en mi casa. Todo era muy confuso, pero de alguna forma le creí. Iba a hablar con Chiquis, la hija mayor de Jenni en la mañana para contarle de esta llamada telefónica, pero todo cambió en cuestión de unas pocas horas. Al día siguiente fui verbalmente atacada por Chiquis en las redes sociales, en Twitter para ser más específica. Ella le estaba diciendo al mundo que no era una buena amiga de su madre, "bla, bla, bla" pensé, "¿De dónde salió eso? ¿Qué se le metió en la cabeza?" pensé, "yo quiero a todos los hijos de Jenni, siempre los he tratado a todos con respeto, ¿qué pasaba con ella?" Twitter enloqueció; fui atacada por muchos que eligieron estas circunstancias para odiarme, pero me mantuve callada. El recuerdo de Jenni no merecía esto. Pasarían meses antes de que Chiquis se disculpara en privado a través de un correo electrónico. Rosie y Juan también se disculparon dos meses después y culparon a cierto individuo (le llamaré "el mentiroso") por mentirles diciendo que yo hablé mal de Chiquis durante las entrevistas. Eso es algo muy cruel de hacerle a alguien en sufrimiento. Pensé que la familia de Jenni me conocía mejor que eso. Si decidieron creerle al "mentiroso", entonces eso me demostró en dónde estaba su mente y su corazón. Me di cuenta de que la rabia se apoderó de sus mentes. Primero, la extraña nota de Rosie en un mensaje privado de Twitter, ahora Chiquis. Le pedí a Dios con la seguridad de que aquellos que estaban generando tal caos y división estaban en sus manos al igual que la familia de Jenni.

Dejé que Dios se encargara.

Capítulo 2

Las Estrellas Alineadas

*"Nuestras vidas empiezan a cambiar cuando el universo
lo señala".*

Para entender por qué me involucré en la carrera de Jenni, deben saber cómo nuestros caminos se cruzaron en este proceso energético que llamamos vida.

CÓMO CONOCÍ A JENNI

En 2002, Marisela, el ícono de la música pop de Los Ángeles acababa de firmar con Sony Music y de grabar una canción titulada "Voy a quitarme el anillo". Una canción sobre una mujer casada que está lista para quitarse el anillo y encontrar el amor lejos de su esposo. La disquera había contratado a un director para rodar su video, pero cuando Marisela leyó el concepto que la ponía en la vieja mansión de Marilyn Monroe en Los Ángeles vestida como Marilyn Monroe se negó a hacerlo. "De ninguna manera" dijo, "no lo haré". A inicios de su carrera, muchas personas habían comparado sus looks con los de Marilyn, pero esta vez ella quería hacer algo distinto. Quería innovar.

Uno de sus representantes le preguntó a su hermana Carol lo que debían hacer pues tenían poco tiempo; Sony quería un video musical para comenzar a promocionar el *single*. Carol, su hermana, y yo nos conocíamos de tiempo. Ella sabía que yo era productora de televisión, así que me llamaron y me pidieron

33

el favor de escuchar la canción y generar alguna idea, querían algo inmediato porque debía rodarse en dos días. Grabamos en Hancock Park en LA en la casa de mi amigo y camarógrafo Lenny, también en la playa de Malibú. Era un video sencillo, y Marisela estaba contenta. Después de la grabación, Marisela me llamaría para acompañarla a cenar o a eventos de la disquera. Sony Music era la disquera de Marisela, y era la misma que representaba a Lupillo Rivera, el hermano de Jenni.

Lupillo Rivera era conocido en LA mucho antes que Jenni lo lograra. La música de Lupillo se escuchaba en todas las emisoras de radio mexicanas. Parecía que Lupillo había iniciado un culto especial de seguidores, pues su música se escuchaba por todos lados. La canción "Despreciado" la ponían cada 15 minutos en la radio hispana de Los Ángeles. Sony Music Latin quería que Marisela hiciera un dueto con Lupillo y aprovechara sus fanáticos para promocionar su disco de bienvenida. Marisela había estado ausente de los reflectores durante algunos años, y la compañía discográfica pensó que este dúo ayudaría a poner su carrera de regreso en el radar. Hicieron un esfuerzo especial planeando una reunión informal en un concierto de Lupillo. Sony envió una limosina a Marisela e invitados. Así que ella, al igual que su hermana Carol pasaron por mi casa para buscarme e ir al concierto de Lupillo. Ese día, "Jenni," su hermana tendría una presentación especial. Lupillo le dio a Jenni la oportunidad de presentarse mientras él se cambiaba de ropa a la mitad del concierto. Fue todo un éxito. Lupillo dio un excelente espectáculo y la pequeña participación de Jenni fue magnífica, escuché a la audiencia rugir. Estaba impresionada con el amor del público hacia ambos. Nunca había conocido a Lupillo, pero había escuchado la canción "Despreciado" y había visto una entrevista que le hizo Don Francisco en su programa, el programa de variedades que salía todos los sábados por la noche en Univisión. Marisela y yo teníamos asientos de primera fila, pero queríamos apreciar el concierto igual que todas las demás personas, así que nos fuimos hacia la parte trasera para experimentar todos los gritos y la emoción del público. Recuerdo que dijimos "cómo aman a este chico". De hecho, queríamos conocer más su voz y sus canciones para verificar si Marisela estaria cómoda grabando con él.

Una vez finalizado el concierto, hubo una reunión tras bambalinas en el camerino de Lupillo. Cuando Jenni vio a Marisela se emocionó tanto como cualquier otro fanático viendo a su cantante favorita. "Tomemos fotos, quiero tomarme una foto" dijo Jenni, yo cargaba una cámara conmigo así que la saqué y me ofrecí a tomar la foto, Jenni entonces dijo "Quiero que usted esté en la foto, señorita Lucio". Entonces Carol, Marisela, Jenni y yo nos pusimos y alguien nos tomó la foto. No habíamos sido presentadas formalmente porque parecía que ya nos conocíamos. Jenni se sabía mi nombre. Yo había estado en el ambiente de las noticias durante un buen tiempo como reportera local y ancla en KMEX de Univisión y luego como corresponsal para el programa de Telemundo "Ocurrió Así" – un programa noticioso de revista. Era normal para mí conocer a personas que ya sabían mi nombre. Yo también había escuchado hablar de Jenni y ahora la había visto cantar. Fue un concierto memorable.

Después, Marisela me dijo que no creía que su voz y la de Lupillo sonaran bien juntas por el timbre de voz tan delgado que ella tenía, y que le diria a la disquera que no estaba lista para dicha grabación. Le dije "Si no haces nada con él, yo quiero producir un especial de televisión con Lupillo, es un *show man*".

ESPECIAL DEL DÍA DEL PADRE

A inicios de 2003, había pasado de ser productora de campo para NBC Access Hollywood a trabajar como corresponsal/ productora en un programa noticioso de revista titulado Sin Fronteras en Telemundo. NBC había comprado Telemundo y habían cambiado las oficinas de Telemundo en Glendale, California a las de NBC en Burbank. Mi oficina estaba ubicada en el tercer piso en donde estaban las oficinas de noticias de la cadena NBC y del programa Dateline, y ahora Sin Fronteras. Fue en mayo cuando recibí una llamada de una de nuestras productoras en Miami, Maday Rodríguez preguntándome si sabía quién era Don Pedro Rivera. Por supuesto, sabía quién era, desde los años noventa conocía sobre Don Pedro y su sello discográfico. Escuché de él por primera vez cuando trabajé en Ocurrió Así de Telemundo, un programa de noticias, mi amiga Letty Murillo trabajaba en una estación de radio en Riverside, California e insistió en que tenía que conocerlo. Me encanta cantar, canto siempre en la ducha, mientras conduzco, en fiestas, etc. El día que Letty me escuchó cantar me dio un hermoso sombrero de mariachi como regalo porque quería verme cantar profesionalmente. Luego le dijo a su novio, otro locutor de radio, acerca de mi voz. Él lo llevó un paso más adelante, entregó un video a Don Pedro Rivera de mí cantando en el Hotel Hyatt de Guadalajara mientras estaba en un viaje de trabajo. Y fue así como conocí quién era Don Pedro Rivera. Letty y su novio tenían toda la confianza en Don Pedro. Lo veían como un conocedor de la música y como una persona destacada en el mundo de la música regional mexicana en Los Ángeles. Le dije a Maday, "Sí lo conozco, ¿por qué?", ella me preguntó "¿Qué piensas de hacer un especial con él para el día del padre?" le dije que él era el perfecto ejemplo de un inmigrante que triunfó en la escena musical de LA y que merecía tal reconocimiento. Don Pedro era conocido por las producciones y asociaciones que les hacía a nuevos talentos. Además, Lupillo, su hijo, ya era un artista exitoso, pero ahora un programa especial tipo documental le daría un respeto diferente y más atención y reconocimiento a nivel internacional. Fue un especial para el día del padre en nuestro programa de los domingos en donde por primera vez se hablaría de la familia Rivera como una dinastía y Don Pedro ostentaría el título de "El Patriarca".

A finales de mayo, fui a la casa de Don Pedro para comenzar a grabar el especial. Entrevisté a casi todos sus hijos excepto a Jenni quién había arreglado encontrarse con nosotros unos días después. El día designado para entrevistarlos fue imposible entrevistar a Lupillo por diferentes razones. Juan, su hermano, contaba chistes mientras grabábamos y se dieron muchas interrupciones. En un momento en medio de la entrevista, Juan puso un plátano dentro de la oreja de Lupillo, y las risas no pararon. Lupillo no podía concentrarse y por algúna razón, cuando le hacía una pregunta, él no podía mantener la compostura. Pasamos todo el día con los Rivera, mi camarógrafo y yo. Eran relajados y divertidos. No hubo ningún momento incómodo. Tanto Don Pedro como Doña Rosa se aseguraron de que el equipo de filmación y yo estuviésemos cómodos. Lupillo se había divorciado hacía poco tiempo de su primera esposa y compartía la custodia de sus hijas con su ex, María. Después de nuestro fallido intento de conseguir hablar con él en cámara, le dije que su entrevista quizá tendría que ser grabada en otro lugar porque no podía usar el material que tenía de ese día. Le dije "revisaré el material y si es necesario, alguien de mi oficina te llamará para concretar una nueva fecha y ubicación para entrevistarte". Cuando Lupillo me dio su tarjeta de presentación le dije "fui a tu concierto el año pasado, me gustaría que habláramos sobre producir un especial musical de televisión contigo algún día". También me preguntó algo más sobre el evento al que fui mientras intercambiábamos tarjetas. Me dijo que hablaría con su manager y que arreglaría una reunión con su equipo para hablar con más detalle.

El especial del día del padre de Don Pedro salió al aire en junio de 2003 y fue bien recibida por nuestra audiencia. La segunda parte del especial era con Lupillo y trataba sobre cómo era un día normal de un padre soltero cuidando a sus hijas. Lo grabamos en su casa en Playa del Rey, California. En septiembre del mismo año, produje el especial musical "De Bohemia con Lupillo Rivera". Fue grabado en alta definición mucho antes de que las televisoras adoptaran esta tecnología, también el sonido envolvente 5.1 era un sonido a la redonda. Si les gusta la música, sabrán que se colocan diferentes micrófonos para reproducir audio y video y cuando vez el concierto, se escucha como si estuvieras en el evento en vivo. Lupillo y yo trabajamos en cada detalle para producir un buen show. Practicó muchos días la música con su banda y como siempre con los Rivera, el elemento familiar fue incluido en el programa. Salió al aire el 20 de septiembre de 2003 por Telemundo como un especial musical del mes de la Herencia Hispana. Los *ratings* llegaron hasta el techo. Tanto que la primer parte del programa superó al programa de Don Francisco que entonces era el programa de mayor *rating* en la televisión de habla hispana. Al día siguiente estaba sorprendida de recibir tantas llamadas de muchos artistas en la industria latina que habían visto el programa. Ahí me di cuenta de cuán importante había sido el especial. Una mujer, como productora ejecutiva, produciendo independientemente un programa de hora y media de música regional mexicana para la televisión hispana cuando hasta el momento solo los canales producían sus propios programas y casi nadie le prestaba mucha atención a la música regional mexicana. Recuerdo que Juan Gabriel, uno de los artistas más queridos de la música latina le dijo al director técnico "le entregaron el alma a Lupillo". Eso significaba que lo hicimos ver muy bien, pero él no sabía de las muchas horas de práctica que Lupillo y sus músicos habían dedicado antes de la grabación del programa. La mejor parte fue la audiencia y su participación durante el concierto.

Jenni había pasado el fin de semana en Nueva York cuando el programa salió al aire, pero lo vio desde allá. Me llamó al teléfono de la oficina y me dijo "señorita Lucio, ese programa fue excelente, nunca vi nada igual en la televisión. ¿Cuándo producirá mi show? "Pronto Jenni, pronto" contesté. La verdad era que los canales aún no estaban preparados para darle a Jenni tanto tiempo al aire. Cuando vendí este programa, hablé directamente con el presidente de la cadena de televisión, Jim

McNamara y le dije que la música regional mexicana siempre traía buenos *ratings*, según mis producciones en el programa "Sin Fronteras" y accedió. Lupillo vendía mucha música en ese entonces. Jenni era conocida, pero no tenía record de ventas en eventos ni música todavía. Lupillo era quién tenía todo posicionado para triunfar, su equipo administrativo, promociones en la radio, agentes que le vendían las fechas y un sello discográfico, mientras que Jenni luchaba por darse a conocer en otros mercados fuera de Los Ángeles. Lupillo ya tenía hits en México, Jenni no.

El programa de televisión fue magnífico en todos los sentidos, pero, aun así, Lupillo y yo peleábamos como perros y gatos. Él creía que yo era muy exigente y mandona y yo pensaba que él era un terco, un *macho man*, decía "con razón le dicen el toro", cuando le pedía que hiciera las cosas de cierta manera, él se ponía a la defensiva y cuando yo le preguntaba por qué, su respuesta era "no estoy acostumbrado a que una mujer me mande". Yo le decía, "¡Acostúmbrate!" y él respondía, "cásate conmigo y haré lo que quieras y mandes" y yo le decía "esto son solo negocios, nada personal", a lo que él contestaba "llevemos los negocios a otro lugar". De pronto, escuchaba sus carcajadas y me hacía reír. Luego peleábamos nuevamente. Yo no quería involucrarme en una situación "amorosa". Mi nombre estaba en medio de todo y estaba en plena producción de un programa de televisión y mi prioridad era eso, lograr el mejor programa. Así que estaba atenta a cada detalle. El especial de televisión era mi prioridad. Lupillo siempre divertido, todo lo convertía en chiste, siempre me hacía reír, pero yo manejaba con cuidado nuestra asociación en este negocio. Lupillo se sentía muy cómodo mezclando negocios con placer. Yo estaba exhausta porque él nunca le presto atención al hecho de que este programa en particular lo posicionaría en una nueva luz como artista. No creo que él lo vio claramente, él insistía en otro rollo y yo quería que el programa fuera bueno. Pasaría mucho tiempo antes de que volviera a producir otro programa como "De Bohemia con Lupillo Rivera". No era nada fácil producir de manera independiente estos programas, además era costoso. El especial musical se posicionó como el gran evento de la televisión en el mes de la Herencia Hispana, pero también fue una estrategia para mantener a Lupillo enfocado en su música y no tanto en su divorcio de su primera esposa. Lupillo se mantenía a flote después de la terrible publicidad durante el divorcio de su primer esposa, ciertos medios lo marcaron como golpeador de mujeres, y este tipo de publicidad es destructiva para un artista. Recuerdo haber estado en una reunión con sus *managers*, Martín Fabián y Marisa Caballero, Lupillo insistía en explicar el asunto del divorcio y darme detalles. Le dije "estamos haciendo algo entretenido, no vamos a discutir nada relacionado con el divorcio durante la promoción, pre-producción o producción del show, este asunto del divorcio es asunto muerto". Le hablé firme, tanto que su manager Marisa me dijo que nunca nadie se había atrevido a hablarle así a Lupillo. Le pregunté "¿Así cómo? ¡Yo siempre hablo así!", ella se rio. Le dije "es hombre, puede aguantar". Honestamente, yo tenía muy en mente el bienestar de su artista. El programa era mi manera de regresarlo al camino del éxito y conseguirle patrocinadores interesados en su carrera nuevamente. Quería que la cadena lo tratara bien, y quería probarme a mí misma que podía producir un programa de televisión musical con aspectos técnicos avanzados. Todo debería ser tranquilo y sin escándalos. Algunas personas creen que el escándalo o la mala publicidad es buena publicidad porque obtienes atención y cobertura de los medios. No es así, eso no ayuda a la buena imagen de un artista ni tampoco vende música. Gracias al especial televisivo, conocí más a fondo a Los Rivera incluyendo un futuro muy cercano con Jenni.

JENNI Y SUS INDIRECTAS

Jenni y yo nos volvimos a ver en la fiesta de cumpleaños de Angélica – Angélica es la hija menor de Lupillo con su primera esposa. Tuve una fascinante conversación con Jenni aquella tarde mientras veíamos el atardecer del balcón de la casa que Lupillo tenía vista hacia la playa. Ella quería saber si ya había recibido un nuevo auto por parte de su hermano. Volteé a verla sorprendida cuando ella me hizo esa pregunta. "¿Qué?" dije, "¿Por qué recibiría un nuevo auto de él? Tengo uno propio". "Porque a mi hermano le gusta regalarles autos a las reporteras" me contestó Jenni. Recuerdo mirarla fijamente a los ojos mientras le decía, "Con el dinero que tu hermano ganó en el show que le produje estoy segura de que puede comprar muchos autos, camionetas y hasta barcos si lo desea". En un estallido de risa Jenni contesta, "eres cabrona – me caes bien". Luego procedió a invitarme a tomar un trago con ella y sus amigas en un club. Era una noche durante la semana y tenía que trabajar al día siguiente, así que decliné la invitación, pero Jenni insistió en que su hermano Lupillo no me daba permiso. "Te regaña ", me dijo tratando de llamar mi atención. Yo solo sonreí.

LA PETICIÓN DE UN PADRE

Unas semanas después de esta fiesta en casa de Lupillo, me encontraba en mi oficina; NBC-TELEMUNDO ubicada en la calle Alameda en Burbank, CA. El guardia de seguridad de la entrada me informó que Don Pedro Rivera estaba en el lobby deseando verme. Don Pedro quería mostrarme el material de un concierto de Jenni que había sido grabado en el Ford Theater de Los Ángeles. Don Pedro quería que lo re-editara y lo vendiera a la cadena. Nos sentamos y revisamos el concierto juntos hablando de todos los detalles. Don Pedro me pidió que le diera a su hija Jenni atención refiriéndose a su música y su carrera. Me dijo "sé que Jenni tiene la voz y que será mucho más exitosa de lo que ya es". Luego me pidió que me encontrara con Jenni en persona y la ayudara a enfocarse y a guiar su carrera. Don Pedro me dijo que como padre estaba limitado en ayudar a crecer las carreras de su hijos, pero sabía que con la guía apropiada la carrera de Jenni escalaría a otro nivel. Recuerdo decirle algo como "estos últimos meses han sido difíciles". Había tenido que lidiar con su hijo que tenía problemas a la hora de ser dirigido por una mujer y más aún al recibir instrucciones de ella. Don Pedro dijo "Jenni si la escuchará". Así que prometí que ayudaría a Jenni y le dije que le diera a ella mi número de celular. Unos días después Jenni estaba en mi casa cenando, comíamos una ensalada de espinacas con manzana verde, nueces y queso de cabra. Esa noche hablamos de su carrera, su divorcio con Juan López su segundo esposo y cómo estaba enfrentando el estrés y los asuntos legales pendientes relacionados a López que estaban afectando su carrera. Parecía que había mucho potencial y a la vez desorganización en el equipo de Jenni. De cualquier forma, la luz y ganas que vi en sus ojos me dijeron que Jenni estaba lista para dar los pasos necesarios para triunfar.

Cuando decidí asociarme a la carrera de Jenni, básicamente estaba honrando el deseo de Don Pedro de ayudarla. Yo estaba feliz con mi trabajo como corresponsal/productora en NBC-Telemundo y produciendo proyectos independientes. Aun así, el trabajo de convertir a Jenni en superestrella no fue algo que comencé y luego dejé atrás. Estuve involucrada en todo, tanto si la gente lo sabía como si no. Preferíamos que no se hiciera público. Si Jenni se sentía insegura con algo relacionado a su vida personal, su equipo, su salud, o su carrera, me llamaba a cualquier hora, cualquier día para hablarlo. Todo comenzó antes del día de acción de gracias en el 2003 hasta que falleció en diciembre de 2012. Jenni sabía que podía contar conmigo para tener una opinión objetiva. La aconsejé y la presenté a cazatalentos de casinos en el área de California. Además de producir los videos de Jenni y los kits de prensa electrónicos, los conciertos grabados y los discos en vivo, también velaba por los planes de promoción que debían seguirse después de que salía cada disco. Preparé un plan para que Jenni pudiera venderse como una marca y también manejé muchas situaciones en las que Jenni tuvo que enfrentar a la prensa. Además, le di a Jenni ideas sobre marketing, logos y tomaba las reuniones escuchando diferentes ofertas que incluían diseños para camisetas, productos para el cabello, zapatos, películas, series de televisión y mucho más. Un gran numero de artículos lanzados a la venta después de su muerte eran cosas que Jenni y yo habíamos comenzado juntas. Mi propósito era ayudarla a estar en donde ella quería estar, y lo hice todo, sin importar el título que tenía. Siempre he sido una fiel creyente de que *mientras más ayudamos a una persona a alcanzar sus metas, más logramos nosotros mismos cómo seres humanos.* El gran presidente Ronald Reagan dijo una vez, *"no hay límites para la cantidad de bien que puedes hacer si no te importa quién se lleva el crédito".* Cuando el crédito te es negado, solo recuerda que DIOS sabe la verdad. Para ayudar a Jenni, tenía que creer en su comerciabilidad y su talento, así que me sumergí en su música y preparé planes de proyección para que "Jenni, la artista, pudiera ser la mejor en su género".

MARIPOSAS REBELDES

En 1995, Jenni estaba luchando por ser reconocida, apenas empezaba su carrera. El fallecimiento de Selena a finales de marzo de ese mismo año la afectó mucho, era el tema de conversación a donde quiera que iba como ocurrió en un caluroso domingo de verano. Jenni había sido invitada para presentarse en un evento al este de Los Ángeles llamado "Domingos alegres". Este evento se llevaba acabo en el parque Belvedere al este de LA. Solían invitar a artistas locales para entretener a las familias que iban al parque a pasar el día.

El coordinador de talento y productor del evento era Manuel Monroy. Un joven amante del arte y de la música que llegó a Los Ángeles desde Tijuana. Él contrataba a todo el talento local para llevarlos al evento. Monroy llamaba a Cintas Acuario, la discográfica de Don Pedro Rivera, así como a muchas otras para buscar talento para sus eventos. El padre de Jenni tenía a diferentes artistas en su sello. Manny llamaba regularmente y platicaba con Jenni quien en ese entonces trabajaba como recepcionista en la compañía de su padre. Un día, cuando resolvían sobre qué artista podría asistir el domingo, él le pidió a Jenni que le cantara algo, la idea era conseguir a una mujer que fuera al evento para cantar pues la mayoría de los artistas invitados solían ser hombres. Jenni comenzó a cantar "El Rey" acapela, la canción que hizo a Don Vicente Fernández famoso. "Sentí escalofríos" me conto Manny. "Le dije que me gustó y que prepararía a unos mariachis si ella decidía cantar el domingo". "Lo haré" le contestó Jenni. Esta vez, Jenni estaba feliz y se sentía mucho más segura para cantar. En eventos previos como en 1993, Jenni fue invitada a un concierto musical en el que le prometieron publicidad por participar, sin embargo, los artistas conocidos del momento, en su mayoría pop, se llevaron toda la atención. Había un cantante con el nombre de Franco con una canción llamada "Toda la vida", Camilo Sexto, y muchos otros. Un amigo periodista, Arturo Campa recuerda que Jenni estaba muy triste sentada sola en la zona de espera. Su actuación fue muy corta y el público apenas si la escuchó y Jenni pasó desapercibida. Arturo se sentó con ella y ella le dijo "me prometieron dar a conocer mi nombre y mi música, pero eso no pasó". Jenni dudaba mucho de sí misma. Arturo quería hacerla sentir mejor, así que le preguntó "¿Me dejarías tomarte una foto para mi revista?" en ese momento el ceño fruncido de Jenni se convirtió en una sonrisa. Se levantó y se dejó tomar fotos. (Adjunto Fotos Exclusivas) Pero en Domingos Alegres, Jenni tenía una actitud diferente, sabía que iba a ser bienvenida porque era una audiencia a la que le gustaba la música ranchera. Jenni llegó temprano y vio a todos los artistas presentarse antes que ella. Veía a una banda norteña tocar, su nuevo amigo Manuel Monroy "Manny", el productor se sentó junto a ella. Se sentía agradecido de verla ahí y quería hacerla sentir cómoda. Jenni estaba inquieta, pero no nerviosa. Mientras platicaban, una mariposa revoloteaba cerca de ellos; Jenni no dejaba de mirarla. Manuel Monroy, el productor, le dijo "¿Sabías que es una señal de buena suerte ser seguido por una mariposa?" Jenni le sonrió y dijo "¿De verdad?" "Sí" continuó Manny. "En la cultura tolteca es un símbolo de divinidad, feminidad y es la Diosa del Amor". Jenni siguió sonriendo. Seguro pensaba en las mariposas que sentía en el estómago y que alguna se la habría salido. Este incidente se quedó en su mente durante muchos años.

Mientras Jenni comenzaba a vivir su sueño de cantante, yo era corresponsal/productora de Ocurrió Así, un programa de Telemundo. Por esos tiempos conocí a Luis Donaldo Colosio Murrieta antes de que fuera candidato a la presidencia de México. Entonces él era líder de SEDESOL (Secretaría de Desarrollo Social) que cubría el desarrollo urbano y ecológico. Fue durante una investigación sobre la calidad del aire contaminado en la zona limítrofe entre México y el sur de Texas que se creía era la cause de que nacieran bebés con discapacidades congénitas que llegué a entablar conversación con el señor Colosio. Entre los asuntos que discutimos estaba la extinción de aves y tambíén de la mariposa monarca debido a la mala calidad del agua y del aire. Me apasionó el tema. Un día, en 1993, recibí un libro del señor Colosio con hermosas fotografías de los tesoros ecológicos de México. Uno de ellos era una reserva de mariposas monarcas. Quería ver más, planeé el viaje a Colima y Michoacán a inicios de diciembre porque las mariposas llegan desde la parte norte de EE.UU. y Canadá hasta México durante el invierno y se van a inicios de la primavera. Era un espectáculo ver a las verdaderas mariposas monarca volar a mi alrededor. Me enamoré de la belleza de las mariposas que cuando Jenni me trajo el boceto de una mariposa para su logotipo, yo estaba muy emocionada y consumida por el amor y pasión que había desarrollado por la mariposa monarca.

El amor de Jenni por las mariposas se convirtió en su inspiración para escribir y lanzar la canción "Mariposa de Barrio" en 2007 – una hermosa metáfora que Jenni cantaba con mucho sentimiento. La canción es su vida tal como ella la describe, una mariposa de barrio que poco a poco obtiene sus alas para volar. La letra dice que finalmente lo logró y ha encontrado el verdadero amor, el verdadero amor es lo que siente cuando está en el escenario y siente el aplauso del público. Un amor que persiste hasta el día de hoy. Jenni tiene fans honestos y feroces que harían lo que fuera por ella incluso después de su muerte.

En julio de 2007, me preparaba para producir el concierto de Jenni para "Mi Vida Loca", los diseñadores de escenario trabajaban diligentemente preparando las alas de mariposa que acompañarían a Jenni cuando cantara "Mariposa de barrio". Era inspirador para mi ver los detalles en papel y luego el colorido resultado en el escenario durante los ensayos. El diseño con luces combinaba perfecto con su vestido fucsia, las alas habían sido diseñadas para aparecer detrás de ella como una mariposa lista para volar durante este concierto. Este tema de la mariposa me gustó aún más porque salió de mi experiencia con las "monarcas" en México, era muy satisfactorio dar a esta especie la atención que merecía lo cual fue aparente cuando Jenni extendía sus manos que ya eran alas al cantar. Era una manera sutil de honrar a la mariposa monarca en un día en el que muchos medios mexicanos habían sido invitados.

Volviendo al evento de "Domingos Alegres", fue la primera vez que Jenni superaba su miedo escénico. Ganó confianza, aunque en el momento no se dio cuenta, fue desde ese día que las cosas comenzarían a desarrollarse profesionalmente en su carrera musical. Un paso a la vez, lo más importante era que ella ya estaba lográndolo. Tal vez la mariposa trataba de decirle eso, o tal vez solo apareció para desearle a Jenni buena suerte.

Ese día Jenni asistió al evento acompañada del señor Sergio Ivo, un consultor de marketing y ventas que para entonces trabajaba para Liberman Broadcasting. Él fue la primera persona en la industria que ayudara y le diera ánimos a Jenni de seguir su sueño de ser cantante. Jenni siempre recordó eso. Ivo fue instrumental para que personajes importantes de la radio prestaran atención a la música de Jenni especialmente en Qué Buena Radio de Los Ángeles; si alguien merece recibir el crédito por "descubrir a Jenni aparte de Don Pedro Rivera, " tendría que ser Sergio Ivo. De no ser por él, a Jenni jamás le habrían abierto la puerta en la radio. Sin embargo, Ivo, no podía ser su manager porque trabajaba tiempo completo en Liberman Broadcasting, para ser precisos en el departamento de ventas. De todas formas, no sería hasta años después que Jenni tendría managers formales para vender sus fechas. En enero de 2001, Ariel Rivas y Gabriel Vásquez se convertirían en parte integral de la carrera de Jenni. Estos dos jóvenes profesionales además de amar la música habían estado ganando experiencia con Don Matías Meza, un promotor de eventos y dueño de "La Sierra" Records en Los Ángeles. Trabajaban como promotores de radio y agentes para muchos artistas. Jenni me dijo que ella pensaba que parte de sus problemas en su matrimonio con Juan López, su segundo esposo se debía al hecho de que él estaba muy inmerso en tomar decisiones de su carrera, así que ella comenzó a buscar quién vendiera sus fechas por fuera. Fue un locutor de radio llamado Gerardo Tello, mejor conocido como "El Carnalillo" quién introdujo a Jenni con Ariel y Gabriel.

Las primeras dos presentaciones de Jenni arregladas por sus nuevos agentes fueron en El Patio en Rialto, California y la otra en Hacienda Corona, en North Hollywood. A Jenni le pagaban $3.000,00 por presentación. Ariel y Gabriel también harían sus promociones en la radio. Jenni estaba a punto de ser tomada en serio en la industria puesto que hasta entonces muchos se habían burlado de ella por querer ser como su hermano Lupillo. Él era el que estaba de moda en aquel momento, pero pronto, los papeles cambiarían.

Capítulo 3

Y esta es mi vida loca

"Aquellos que creen en nuestros sueños son quiénes más
influyen en nuestra vida".

"¡Y esta es mi vida loca!" grita Jenni Rivera con su mano derecha y su dedo índice apuntando hacia el cielo. Este gesto era la forma en la que mi amiga Jenni abriría muchos de sus conciertos, especialmente en 2007 y 2008. Ver a miles de personas dispuestas a pagar por verla, hacía a Jenni sentir que estaba en la cima del mundo – y en el mundo de la música regional mexicana, de hecho, ella sí lo estaba, era la artista número uno y también la artista femenina que más música vendía hasta el día de su muerte.

Aunque Ricky Martin hizo la canción "Livin' la vida loca", un tema bastante popular todavía hoy en día, "Mi vida loca" de Jenni es su canción de rebeldía usando un término popular en los barrios con los miembros de pandillas en Los Ángeles. El refrán vivir "La vida loca" se usaba por aquellos que amaban las actividades callejeras y protegían a su "familia", que era como vivían los miembros de esa área, territorio o clan. Realmente vivían "la vida loca".

Escuché esta frase por primera vez a mediados de los noventa. Como reportera de investigación, logré filtrarme entre la pandilla femenina más peligrosa de Los Ángeles y, con su permiso, hacer un reportaje sobre sus actividades. Recuerdo que una de las chicas tenía tres puntos tatuados en su mejilla bajo su ojo formando un triángulo como manera de expresar "la vida loca". Recién llegada de Texas, estaba aprendiendo

49

de la vida de la gran ciudad de Los Ángeles y los códigos de barrio mientras producía y presentaba el reportaje. Estas mujeres eran *gangbangers* (cargaban armas), y las usaban si tenían que hacerlo, ellas salían de noche y hacían lo necesario para protegerse, no le temían a nada.

Jenni siempre demostraba no temerle a nada, pero nunca fue parte de una pandilla ni mucho menos fue *gangbanger*, Jenni era un chica normal del barrio que además era una estudiante inteligente y de altas calificaciones. Aun así, cuando comenzó a cantar, fueron las chicas del barrio quienes la animaron a continuar, así que siempre se identificó con "Las Malandrinas" que era como se hacían llamar. Ellas iniciaron sus clubs de fans y la seguían a todas partes donde se presentaba. Sus canciones, "mi vida loca", una y dos, eran dedicadas a mujeres que no tenían miedo de vestir como quisieran, beber y soltarse el cabello. Jenni se comprometió durante estos días a no dejar de cantar para ellas jamás sin importar qué tan grande se volviera en su carrera. Ella estaba siempre orgullosa de ser de West Side del barrio de Long Beach, lugar donde creció. Así que las muchas veces que nos sentamos a platicar en mi sala yo le decía "tú sí que vives una vida loca".

PROPUESTA INDECENTE

"Estaba lista para renunciar, nada me importaba " exclamó Jenni al expresar su ira. "Me sentía muy insultada, solo quería dejar la industria y jamás volver a cantar", continuó. Esto ocurrió en las primeras etapas de su carrera a inicios de los noventa. Jenni había sido invitada para cantar en Baja California, México, en un festival de carnaval. Cuando Jenni caminaba al escenario, escuchó a un supuesto amigo de la familia decirle al promotor del evento que había cometido un error contratando a Jenni para el evento. Dijo que era una terrible cantante y que tenía mala actitud. Sus palabras le dieron a Jenni la energía para probarle lo contrario, dio lo mejor de sí. Al terminar el evento, Jenni fue a pedir su pago porque tenía que conducir de regreso a Los Ángeles y quería salir lo antes posible de ahí. El hombre estaba dentro de una oficina montada con madera y cortinas a un lado del escenario. Cuando Jenni pidió su dinero, él intentó violarla; le dijo que le daría su dinero solo si ella se acostaba con él. "Desgraciado" relató Jenni sobre este episodio. "Sus insinuaciones me hicieron desear no volver a cantar, ya no confiaba en la gente dentro de la industria".

Jenni y yo fuimos a Century City invitadas por Billboard Music donde ella, su padre y Lupillo estuvieron como invitados especiales. Ese día, compartió su historia en el seminario de Billboard Music. Fue esta devastadora experiencia la que le dio a su carrera un giro, todo gracias a la visión musical de su padre.

CANTAR CORRIDOS: LA VISIÓN DE SU PADRE

Don Pedro me contó que Jenni estaba llorando cuando fue a contarle lo del incidente. "Me dijo que ya no quería saber más nada de la industria musical, que estaba harta" dijo Don Pedro. "Le contesté que la comprendía y me puse a llorar con ella", agregó su padre. Don Pedro no quería que su sueño de ver a Jenni convertida en una cantante exitosa muriera de esta forma, así que le pidió a Jenni un favor antes de que dejara de cantar. Don Pedro le pidió que grabara un álbum de puros corridos que el escogería para ella. "Hazle ese favor a tu padre" le pidió a Jenni y ella accedió. El hecho de que se prestara a grabar corridos como "La Chacalosa" y "Reina de Reinas" cambió por completo el giro de la carrera de Jenni. Se convirtió en la primera mujer dentro de la música regional mexicana en cantar esta clase de corridos. Los corridos cuentan historias de mujeres fieras que traficaban drogas, algo que nadie quería mencionar ni aceptar a inicios de los noventa. Jenni cantaba estos corridos con pasión y sin miedo. Esto la hizo diferente, pegajosa e interesante a los promotores de concierto en el mundo de la música regional mexicana. Fue la visión de Don Pedro lo que la ayudó a continuar. Pero lo más importante es que las mujeres comenzaron a seguir los pasos de Jenni en su carrera. Se volvieron sus seguidoras y la inspiración de Jenni para seguir cantando. Al ver este logro, Jenni se olvidó de dejar la carrera.

¿Cuándo comenzó Jenni a cantar? Algunos ya conocen la historia, pero para aquellos que no, Jenni me contó que todo comenzó en 1980. Don Pedro tomaba clases de canto en una escuela cerca de Echo Park en LA, y un día la llevó con él. Jenni me dijo "solo estaba acompañando a mi papá, pero ese día el maestro Franco le dijo a mi papá 'esta niña tiene lo que se necesita para ser una cantante profesional". Los ojos de Jenni se iluminaban cada vez que recordaba a su padre decir "no importa lo que los medios digan de mi hija, mi Jenni fue la primera en la familia en cantar". Jenni platicaba que cuando los amigos de sus padres iban a la casa en días de fiesta a ella la ponían a cantar y bailar.

A la tierna edad de 11 años, Jenni y Don Pedro estaban caminando por la calle tomados de la mano cuando escucharon a una banda tocar en un bar local. Don Pedro recuerda haber visto a Jenni y le dijo "¿quieres cantar?" "¡Sí!" contestó Jenni. Entraron, él registró a Jenni para cantar en el concurso. Don Pedro también participó. La competencia era entre adultos, pero ahí estaba Jenni al lado de su padre. El premio no importaba, lo que importaba era que cada uno tendría la oportunidad de cantar frente a un público. Don Pedro pagó una tarifa por él y por Jenni. Ahora, ellos debían decidir qué canción cantar. Dos de las canciones que Jenni había aprendido de su madre eran de la famosa cantante mexicana Chayito Valdez. Una titulada "son habladas" y la otra "besos y copas". Jenni fue presentada y decide cantar "besos y copas," ganó muchos aplausos de la multitud en su mayoría hombres que se fijaron en una linda niña de cabello castaño con la voz muy fuerte y madura. Jenni disfrutó el aplauso y empezó a cantar con entusiasmo hasta que se distrajo mirando los rostros de la multitud. Esto la puso muy nerviosa, recuerda que bajó la cabeza y la voz hasta que ningún sonido salía de su boca. Su mente se puso en blanco, olvidó la letra de la canción. Empezó a llorar y corrió fuera del lugar mientras la multitud gritaba y chiflaba. Era de esperarse del lugar lleno de borrachos. Su padre se puso furioso. Jenni salió y se puso a llorar mientras esperó que su padre terminara de cantar. No hubo helado antes de llegar a casa ese día. Jenni tuvo que soportar el regaño de su papá todo el camino de vuelta a casa sobre su presentación fallida ese día. Durante una entrevista, Don Pedro recuerda risueño el regaño y la reacción de Jenni. Justo antes de entrar a la casa, Jenni miró a su padre a los ojos y le dijo "te prometo que jamás volveré a tocar un micrófono. No soy cantante y jamás lo seré", Jenni siempre contaba esta historia con una gran sonrisa. Estaba muy orgullosa de haber mantenido su promesa durante doce largos años. Don Pedro me dice con lágrimas en sus ojos "mi hijita, siempre con su carácter fuerte".

Le digo a su padre, "Pues cómo la regañaría Don Pedro, al punto de que ella no quisiera cantar más nunca". Don Pedro se aclara la garganta, limpia sus lágrimas y empieza a reír . "Soy un buen padre, pero cuando estoy molesto no puedo contener mis reacciones" dijo.

LA SORPRESA

Jenni amaba mucho a su padre por esa razón; ella decidió grabar una canción como sorpresa para su padre en 1992. El título del disco era "Somos Rivera", Jenni no estaba pensando entonces en una carrera seria, lo veía más como un hobby.

Jenni trabajaba como recepcionista en la disquera de su padre y ella me contaría entre risas "un día uno de los clientes de papá, una señora que venía muy arreglada para verlo porque quería que mi padre produjera su música le dijo a papá que yo sonaba horrible cuando mi padre le mostró mi música" "¡Ay Dios! ¡Suena horrible!" la escuchó decir Jenni, pero su padre no reaccionó ante tal comentario. Jenni pensó que a su padre no le importaría la opinión de esa mujer, él solo estaba feliz de que su "Reina de Long Beach" que era como llamaba a Jenni, estuviese cantando nuevamente.

Jenni siguió grabando. Fue afortunada pues tenía todo lo que necesitaba, gracias al estudio musical de su padre, pero por otro lado ella ya estaba desarrollando activamente su carrera en el mundo de bienes raíces con la esperanza de tener una mejor vida para ella y sus hijos. Janney "Chiquis" Rivera Marín, Jacqie Rivera Marín y Michael Rivera Marín. Don Pedro secretamente anhelaba que se tomara el canto más en serio. Un día le pregunté a Jenni por qué decidiste en bienes raíces y ella me dijo "sabes Laura que cuando tuve a Chiquis, terminé viviendo en el garaje de mi hermano Gustavo después de que Trino (su primer marido y Papa de sus tres primeros hijos) nos echara de la casa una noche. Estaba embarazada de Jacqie y tenía trabajo en un banco, fue entonces cuando vi a un cliente que siempre venía a depositar grandes sumas de dinero, así que un día le pregunté a qué se dedicaba y me dijo "vendo casas". Justo ahí me dije a mi misma que no volvería a trabajar en un banco más nunca, que buscaría mi licencia de bienes raíces". Jenni obtuvo su licencia de bienes raíces, pero Don Pedro siempre creyó que Jenni podía llegar muy lejos en el mundo de la música. Quería que ella siguiera cantando. En 1994, Don Pedro escogió una locación hermosa para la foto de portada. Jenni traía una chaqueta de cuero roja con la playa de fondo. Fue el mismo lugar, Cherry Beach, en Long Beach donde Jenni jugaba cuando era niña. Respecto a esa foto, una vez me dijo "La amo, me la tomó mi papá, es de mis favoritas".

ADIOS SELENA

Después de que la famosa cantante Selena falleció el 31 de marzo de 1995, Jenni grabó una canción tributo para ella "Adiós Selena". Don Pedro Rivera inmediatamente sacó la producción a la venta. El primer álbum de Jenni había sido un regalo para su padre pues sintió que él sería el primero en apreciar su esfuerzo después de que amenazó con nunca volver a cantar. El segundo fue hecho por diversión, aun así, debido a la popularidad de Selena y su trágica muerte, la canción que Jenni grabó como tributo fue la primera en salir a la venta. "Volé a Texas para ver si podía llegar al funeral", me dijo Jenni. "Sentía mucho respeto por Selena y por su talento. Admiro sus logros artísticos". Jenni me contó que visitó el hotel en donde le habían disparado a Selena. También fue a algunas de las estaciones de radio para mostrarles su canción. El sur de Texas no estaba preparado para la música de banda a inicios de los 90. "Jamás me sentí tan rechazada. Nadie tocaba mi canción excepto un chico que fue amable conmigo. Desearía poder recordar su nombre porque fue el único que me hizo sentir bienvenida". Jenni dijo que él tocó su canción en su programa de radio. "Desearía poder recordar cuál estación era porque quiero decirle cuanto aprecio que se tomara el tiempo y que a lo largo de mi carrera siempre recuerdo el favor que me hizo". Durante el vuelo de regreso a Los Ángeles, ella pensó "este homenaje me salió del corazón, no entiendo por qué la gente no lo siente. ¿Por qué fueron tan crueles conmigo?" Jenni pronto se daría cuenta de que no era una artista grupera ni de Tex-mex y que ella había llevado música de banda de viento algo que no se tocaba en sus estaciones en ese tiempo.

Los discos "Adiós Selena" y "Chacalosa" fueron rechazados por EMI Latin, el sello discográfico de Selena y en el que Don Pedro Rivera había firmado a varios artistas, incluyendo a Graciela Beltrán. Esto le dio a Jenni el impulso para trabajar aun más fuerte. También se plantó una semilla en la mente de Jenni de que tenía que irse a una disquera diferente en donde la apreciaran como artista.

TIEMPO DE GRAMMY

En 2002, fue nominada a mejor álbum de banda por "Se las voy a dar a otro", lo que le dio la confianza de darle con todo a su carrea musical.

La decisión hecha por Jenni de firmar su distribución con Fonovisa Música, la disquera de Televisa en los Estados Unidos fue quizá la mejor de todas. Su hermano Lupillo había firmado con Sony Music, y Don Pedro quería que Jenni se quedara con Sony. Jenni me dijo que era complicado convencer a su padre de cambiar de sellos, pero ella sabía que tendría más atención como artista con Fonovisa que con Sony. Jenni estaba en lo cierto. La disquera luego fue vendida a Univisión Music y luego a Universal Music, pero Jenni siguió lanzando sus producciones distribuidas por ellos.

Todos en la disquera que trabajaron en el proyecto Jenni Rivera pudieron constatar la determinación que ella poseía. Las veces que me senté en las reuniones en Universal Music Latin, Jenni era siempre halagada por su dedicación y sus ganas de promover y dar todo para que su música se vendiera. Sabía que tenían razón en alagarla pues vi a Jenni despertarse a las 5 y 6 de la mañana para empezar a trabajar. Jenni sabía que no había otra forma, ella siempre me decía "las características trabajadoras que tengo vienen de mi padre Laura". Y eso le daba mucho orgullo.

ASESORANDO A JENNI

Tal vez la cualidad más grande de Don Pedro Rivera fue el ser capaz de reconocer que la carrera de Jenni necesitaba ser fuertemente estructurada para que ella pudiese destacar en la siguiente fase. Él sabía que Jenni había tocado muchas puertas y ya estaba preparada para entrar en grandes ligas o subir a los más grandes escenarios. Don Pedro estaba convencido que yo era capaz de ayudarla y guiarla. Una vez me dijo que su decisión la tomó según sus observaciones, pensó que yo estaba haciendo importantes entrevistas y producciones en la televisión que divulgaban la música y el talento nuevo en la industria y sabía que yo podía ayudar a Jenni. Tendría que ser, una mujer fuerte e inteligente para guiar a otra mujer fuerte a tomar importantes decisiones en su carrera. El mundo regional mexicano estaba dominado por hombres y pronto una mujer tomaría las riendas.

Tomen nota.

En 2005, Jenni, la mariposa rebelde había hecho a todas sus seguidoras malandrinas muy orgullosas. Había sido verbalmente insultante en televisión nacional mientras visitaba el programa de chismes y entretenimiento El Gordo y la Flaca de Univisión. Unos dos días después del incidente, Jenni pasó a verme.

Yo estaba sentada en el piso de mi sala comiendo una manzana, revisando videos y tomando notas preparándome para escribir un guion del proyecto en el que estaba trabajando cuando Jenni me llamó y me preguntó si podía llegar a saludar. Tan pronto como entró, empezó a contarme sobre el incidente en El Gordo y La Flaca.

"Laura, estaba molesta porque Univisión me cortó cuando estaba intentando defender mi punto de vista sobre Mariana Seoane. Nos pusieron a ambas al mismo tiempo en pantalla dividida para que ella pudiese defenderse diciendo que yo tenía palancas por mi hermano Lupillo y yo defendía mi punto de que ella tenía palancas porque algunas personas en la disquera la respaldaban. Pero cuando yo hablaba, ella me hacía muecas; yo no podía verlo porque no tenía monitor frente a mi, y eso enojó a mis fans porque ella me estaba haciendo quedar como una tonta. Mi hija me contó y mis fans estaban muy molestos.

Ahora que regresé al programa, yo aún molesta por lo que hicieron al cortarme mientras hablaba, les dije que se fueran a chingar a su madre", Jenni hablaba muy rápido a medida que contaba su historia, yo hacía lo que podía para seguirla.

Mi primera reacción fue reírme, pero empecé a explicarle que los programas de televisión tienen reglas a seguir. Le dije que tenían que segmentarse para permitir pausas comerciales entre cada segmento, que muchas veces las personas que aparecen "en vivo" desde otra ciudad no saben lo que ocurre en el cuarto de control de la ciudad de donde sale el programa. Finalmente, le dije que no era nada de otro mundo que cortaran a las personas cuando se están pasando del tiempo estipulado para su segmento o si hay noticias importantes. Jenni no quiso entender, tampoco le importaba. Ella sentía que había sido una falta de respeto hacia ella. Así que hizo lo que creyó correcto y luego regresó y los insultó, pero olvidó un detalle muy importante. La cadena Univisión era en aquel momento el canal en idioma castellano con mayor influencia y tenían el poder de elevar o hundir a un artista.

Cuando me vio reír, se rio también, pero de repente su expresión en el rostro cambió. Me dijo "Estoy preocupada Laura, algunas personas de la disquera me dijeron que lo que hice fue muy grave para el desarrollo de mi carrera, no me importa, no me arrepiento de haberlo hecho, pero quiero seguir cantando, quiero crecer como artista, quiero mantener a mis hijos. ¡Ah, pero gocé haciéndolo!" Ambas reímos.

Yo ya sabía que esta reacción por parte de Jenni no había sido bien recibida por los ejecutivos ni en Univisión ni en Telemundo. Cuestionaban cómo iban a confiar en que no volvería a decir malas palabras de nuevo en televisión y en vivo. Una cadena de televisión tiene que acatar ciertas reglas y estándares, uno de ellos es no usar lenguaje inapropiado al aire. Si esto ocurre se enfrentan con la FCC (Federal

Communications Commission) y pueden llegar a perder su licencia operativa. Tal vez pueda darse en los *late night shows*, (programas de media noche) donde puedes llegar a escuchar una o dos groserías, pero durante el día es inaceptable.

El reto desde ese momento en adelante fue crear una estrategia para que el talento de Jenni como artista opacara todas las cosas negativas, lo que en el momento incluía los procedimientos de divorcio y su desliz en la televisión. Su meta era promover su último álbum "Parrandera, rebelde y atrevida" y estos problemas dificultaban este proceso. Ese día, dejé lo que estaba haciendo y me senté en la mesa, hablamos de la importancia de mantenernos "humildes" sin importar lo que pasara. Jenni tenía muchas dudas, contrario a lo que la gente veía de su persona pues por dentro, era vulnerable e insegura. Le dije "si la gente tiene o no influencia en la industria no es algo de lo que tú te tienes que preocupar. Tu concentración tiene que estar en dar lo mejor de ti misma". **"Deja que otros artistas sigan su camino, tú tienes que hacer el tuyo"**, le dije a Jenni. "¿Cómo saldré de este desastre?" me preguntó Jenni.

"Si Dios quiere que seas una superestrella, él nos guiará" contesté. "Necesito tu ayuda amiga, sé que conoces personas influyentes", me dijo.

Ese día le hice muchas preguntas, como lo haría cualquier buena reportera, pero esta vez quería lograr que se pusiera a pensar. Quería que entendiera por sí misma el punto en el que se encontraba como artista y a dónde debía enfocarse a dirigir su carrera. Jenni no estaba preparada para contestar ninguna de mis preguntas en ese momento, así que le di una tarea. Tenía que escribir las respuestas en cuanto tuviese oportunidad, y las discutiríamos en nuestro siguiente encuentro. Le hice las siguientes preguntas: "¿Te sientes feliz con lo que estás creando como artista? ¿Ganas lo suficiente para pagar tus cuentas? ¿Estás feliz con las personas que te administran?

¿Cuánto control tienes sobre tu carrera? ¿Qué estás dispuesta a hacer para levantar tu visibilidad? ¿Estás involucrada en el internet? Si es así, ¿Cuánto? ¿Cuánto tiempo y contacto tienes con tus fans de manera directa? Cuando le pregunté cuánto estaba ganando por presentación, me menciona de $3000 a $8000 por noche. Le dije "En este momento, el año que viene, estarás ganando $65,000 mil dólares o más". Jenni me miró con los ojos muy abiertos y me preguntó "¿Cómo?" sonreí, "Nos tomará mucho trabajo y disciplina". Le dije que prepararía una estrategia, pero que ella y su equipo tenían que trabajar en conjunto para que todo resultase bien. También le pedí que enlistara todas las cosas en su vida y en su carrera que la hacían sentir incómoda. Sentí que la única manera en la que ella iba a crecer era dejando ir estas cosas, personas o situaciones.

Cuando Jenni se fue de mi casa, era tarde. Ella solía conducir por largas horas desde mi casa en Toluca Lake hasta Norco o Corona, CA en donde ella vivía. Cada vez que lo hacía, le pedía que me llamara en cuanto llegara a su casa. Esta vez, en el momento en que me llamó, yo ya había escrito una guía de lo que sería su presentación en video. Muchos lo llaman Kit de Prensa Electrónico (KPE), pero este era parte de la estrategia que Jenni debía seguir, no estaba diseñada solo para la prensa, también serviría para vender a Jenni a los cazatalentos de casino, los patrocinadores y los ejecutivos de los medios. Estaba preparando el nombre de Jenni Rivera como toda una marca. *Para nosotros, fue el inicio del cambio de imagen de Jenni, el nacimiento de una estrella.*

Jenni ya llenaba los lugares donde se presentaba, pero si quería crecer como artista, teníamos que seguir un plan específico. Las estrellas de Jenni comenzaron a alinearse, después de todo, **el éxito es producto de una planeación adecuada.** Durante nuestra conversación sobre el incidente con Univisión, Jenni preguntó, "¿Crees que acabó de arruinar mi oportunidad de venderles un concierto?" Para entonces, se refería a Telemundo y Univisión. Había visto eso en 2003, cuando produje y vendí "De Bohemia" de Lupillo Rivera y detrás de cámaras el concierto para Telemundo, y Jenni quería intentar hacer lo mismo. Le dije "llamaré a las personas que conozco en Univisión y les ofreceré tu último concierto". Jenni recién había dado un concierto con localidades agotadas en el Kodak Theater (hogar de los Oscars, ahora Dolby).

Me miró y me dijo, "Laura, quiero que me paguen bien".

"Puedo intentar venderlo, pero yo ya sé lo que piensan", contesté. "Yo solo quiero que no me cuelguen en cuanto mencione tu nombre", Jenni se reía a carcajadas.

Unos días después, llamé a mi buen amigo Otto Padrón, quien para entonces era el VP de Programación en Univisión. Otto trabajó una vez en Telemundo en el departamento de Promociones y Programación cuando era corresponsal para Ocurrió Así. Siempre había sido muy directo y había asumido la cultura mexicana como ningún otro ejecutivo de ascendencia cubana que yo conociera. Tanto que se casó con la hija de la novia de México, Angélica Vale.

"Otto", le dije, "estoy asesorando a Jenni Rivera", apenas terminé de decir su nombre cuando él reaccionó. " Oh no, Laurita, ¿así que fuiste tu quién la mandó para acá a que le mentara la madre a todo el mundo?", inmediatamente respondí "No, Otto, tú me conoces mejor que eso, por favor, ponte en sus zapatos. Lo que le hicieron a ella no estuvo bien y, vamos, ella les trajo buen *rating*, no te quejes". Podía oír la risa de Otto al otro lado del teléfono, así que me relajé y continué. "Otto, tenemos grabado un concierto en el Kodak Theater (DOLBY) en Hollywood. Es vivaz, grabado en alta definición y queremos vendérselos". Hubo silencio en el otro lado. Su tono de voz cambió, "Laura, esta mujer mandó al diablo a nuestro canal y ¿tú quieres que yo intente pedir dinero para un concierto con ella? Escúchame, ella es agradable y lo que tu quieras, aparte ha estado en algunos programas divertidos con Don Francisco, pero no es una superestrella". Ese fue un duro golpe, yo ya estaba convencida de que Jenni se convertiría en una superestrella en la música regional mexicana. Al escuchar sus palabras, pensé, *"Ella será una superestrella"*. Luego Otto cambió su voz de nuevo, "Tiene el potencial Laurita, pero si continúa hablándole así a las personas, no tendrá una carrera muy duradera. Veré qué puedo hacer". Sabía que Otto era de buen corazón, sentí que a él le agradaba Jenni y mis deseos junto con mis pensamientos positivos eran que él nos pudiera ayudar a que Jenni volviera a pisar Univisión.

Semanas después, en febrero de 2006, Univisión anunció que Otto Padrón estaría ausente un tiempo porque como oficial de la reserva del ejército, había sido llamado para servir en la guerra de Irak. Estas no eran buenas noticias ni para Jenni ni para mí. Nuestro único cuasi-aliado en Univisión se iba. Cuando llamé a los ejecutivos en Telemundo para ofrecérseles el concierto de Jenni, lo rechazaron. ¿Qué íbamos a hacer? Cuando llamé a Otto para desearle buena suerte y para tener alguna idea de lo que pasaría con la propuesta del concierto, él mencionó que Univisión no estaba interesado en proyectarlo, pero que había una posibilidad con Telefutura (actual UNIMAS); aun así, sería proyectado sin costos para el canal. El concierto sería regalado a Telefutura, él dijo que ayudaría a la imagen de Jenni.

Cuando le di las noticias a Jenni, estaba muy decepcionada. Me preguntó "¿eso me va a ayudar?" "¡Claro que sí! Primero, les demostrarás que les puedes dar *ratings* cantando y no maldiciendo a nadie, y segundo, tu música será escuchada en todos lados donde se transmite Telefutura, eso es bueno." Entonces, Jenni estaba promoviendo Parrandera, Rebelde y Atrevida y haciendo todo lo posible para darse abasto con los viajes, la promoción, mantener su oficina, hablar con los abogados sobre su apelación para dejar de apoyar monetariamente a Juan López, su ex esposo además de mantener su casa. Eran muchas cosas de las que tenía que ocuparse a la vez. El canal pidió que les entregáramos un especial de una hora, completamente editado y listo para salir al aire. No estaba segura de cómo íbamos a hacer esto. Jenni había invertido en la producción, le pagaba a su ex una mensualidad, y su subsistencia con la de sus hijos era costosa. Sentí pena por su preocupación y decidí invertir en ella, me encargué de revisar el material y producir el show. Yo no había estado involucrada en la grabación, así que había mucho trabajo por hacer. La televisión es un medio mágico, pero muchos no se dan cuenta de que, por cada minuto visto al aire, hay unas seis u ocho horas de trabajo detrás de cámaras. Jenni seguía preocupada porque había pagado por la producción y grabación del concierto y ahora debía darlo gratis. Me encargué de hacerle ver que como estaban las cosas era una inversión en su carrera. "Lo produciré sin ningún costo, como parte de mi inversión, pero con una condición: por favor, sé leal, Jenni, porque las personas tienden a olvidar quiénes los han ayudado cuando logran tener éxito", le dije a Jenni.

"Yo no, amiga, yo no soy así", contestó Jenni.

Mi editor y yo trabajamos revisando el material, seleccionando las canciones, trabajando en la estructura del show, a su vez lidiando con el departamento legal de Univisión para obtener todos los acuerdos legales, y con la disquera para los derechos musicales aparte la edición definitiva adjunto con las peticiones del canal en cuanto a calidad se refiere. Todo esto tomó varias semanas para completarse. Nuestra mayor satisfacción fue que Telefutura programó el especial musical para el 30 de julio de 2006, una tarde de domingo a las 2 p.m. – lo que es tal vez uno de los peores puestos para cualquier especial de televisión - ¿Y adivinen qué? El programa tuvo una buena recepción de la audiencia, tuvo buenos *ratings*. Lo que realmente me hizo feliz fue que esta fue la primera vez que Jenni era vista en otros países en los que Telefutura salía al aire cantando su música. Recibí mensajes y llamadas de Colombia y República Dominicana pidiendo a Jenni para eventos y presentaciones. Recibimos felicitaciones y unas enormes gracias de parte de Univisión y Telefutura. Fue una bendición. Para algunos, el acuerdo podría verse como una pérdida de dinero, pero para nosotras fue algo importante para restablecer la imagen de Jenni. Ella en cada momento me agradecía después de que el programa salió al aire pues abrió las puertas de la comunicación nuevamente con Univisión para una relación duradera. La carrera de Jenni iba de nuevo con paso firme.

Capítulo 4

La Fama De Una Diva, La Payola y Las Demandas

"Los sacrificios te permiten probar los frutos de las semillas que plantas".

En 2005 cuando planeábamos llevar a Jenni a un nuevo nivel de popularidad, había dos grandes dificultades por sobrepasar. Uno, Jenni apenas había tocado la superficie para entender y aceptar las negociaciones que se requerían para lograr que tocaran su música en la radio de los Estados Unidos, una práctica conocida como "payola" (sobornos). Dos, necesitábamos dinero para lanzar las promociones en México, montos con los que Jenni no contaba. Así que comenzamos a planificar la estrategia.

Cuando revisamos las muchas respuestas de las preguntas que le di, Jenni parecía una colegiala, tomando notas en un cuaderno pequeño. Yo no intentaba ser su maestra, pero Jenni dijo algo que me hizo darme cuenta que mis preguntas tuvieron el efecto que quería. "Laura, nunca nadie me había hecho pensar tanto en mi vida", me dijo Jenni. Procedimos a revisar cada respuesta que trajo escrita para encontrar soluciones para cada una de mis preguntas. Fue entonces cuando la determinación de Jenni, su dedicación y su sed de fama tomaron nuevos niveles. También quería que le demostrara a su hermano Lupillo que había cometido un error cuando no siguió los acuerdos de negocios que yo le había presentado porque después de que se comprometió con ellos, cambió de opinión a último minuto. Se aprende una gran lección cuando *alguien no está preparado para aceptar las bendiciones de Dios y sabotea su propio éxito.* No era nada personal ni tampoco venganza, pero estaba segura que si Jenni se acataba a un plan, sobrepasaría a su hermano en popularidad.

Yo crecí practicando el hecho que mi palabra es honor, gracias a mi bisabuelo por parte de mi madre, Don Feliciano Herrera Quintanilla, de Monterrey, Nuevo León, él decía "el peso de tu valor es lo que tu palabra tiene de honor". Sus palabras están siempre conmigo. Le pregunté a Jenni "¿qué tan buena eres para honrar tu palabra?" "Amiga, no te defraudaré, te lo prometo", dijo Jenni.

LA DIVA

"Fui la primera en cantar en mi familia", Jenni amaba contarme esta historia, supongo que era porque cuando ella comenzó Lupillo era el famoso y todos dirían que ella solo lo seguía. Eso la fastidiaba. Jenni era la que nació para ser la Diva de la música regional mexicana. Sus padres de alguna forma la formaron para convertirse en eso. Don Pedro, su padre, sabía cuándo ella era niña que tenía la voz y el carisma para estar en un escenario. Su dedicación, su pasión, y su transformación, luego la ayudaron a alcanzar sus metas. El sobrenombre "la Diva de la banda" le fue dado oficialmente por su primer publicista, Yanalte Galván Kent, quién, a inicios de los 2000, envió actualizaciones que etiquetaban a Jenni como una "Diva". Una de las definiciones del diccionario Urbano (Urban Dictionary) dice que diva es: "una mujer malévola que debe obtener lo que desea a como dé lugar. Muchas veces es grosera y mira a los demás por encima del hombro". Otra definición en Merriam Webster dice que suele ser una artista femenina glamurosa y exitosa.

Jenni era una cantante famosa y talentosa, pero también defensiva, aunque no realmente malévola a no ser que, claro, le tocaras una cuerda débil, y muchas veces las personas lo hacían. Aun así, en privado, a ella no le gustaba ser llamada

Diva. Para sus amigos cercanos era solo Jenni. Y si le enviabas notas o escribías sobre ella era mejor que escribieras Jenni con una "I" porque si no, ella haría un escándalo. Así que obtuvo el título de "Diva", pero Jenni seguía aprendiendo de todo en la industria musical, en especial la radio. Sabía que tenía el talento y el carisma, pero eso no era suficiente para lograr que tocaran su música. La promoción cuesta dinero.

LA PAYOLA

Payola es un pago en efectivo privado y secreto para hacer que promuevan tu música. Es una práctica común desde que existen sellos discográficos. Cada sello tiene su música y sus artistas para promover, pero, son los programadores en las estaciones de radio quienes controlan las carreras de muchos artistas con el pulso de su rotación. Controlan qué música suena, sin embargo, los sellos discográficos ejercen su influencia en quién debe sonar. Fueron ellos los que iniciaron la corrupción de los locutores y la programación radial al darles "regalos y dinero en efectivo" para promover a cierto artista o cierta canción. El talento era la crema en el pastel si aparte tenías dinero o un sello musical que se encargara de este asunto. Si no estaba en las estrellas que te convirtieses en un astro en la música, los locutores se asegurarían de que el universo escuchara tu música. Con algo de lana claro. Muchos artistas talentosos se alejaban de su profesión porque no tenían un sello ni dinero que los respaldase. Hablo en pasado porque esta práctica ha disminuido con los años. Gracias a Dios por las redes sociales que han ayudado a cambiar este aspecto de la industria. Con las redes sociales, puedes ir tan lejos como te permita tu talento. También puedes ser visto por cualquiera en cualquier parte del mundo a poco costo. Siempre hay alguien importante buscando los nuevos actos musicales en todos los géneros.

La carrera de Jenni se asentó y quedó claro en ella por lo que yo entendía y le explicaba sobre las payolas en los Estados Unidos dentro de la industria de la música hispana. Creo firmemente que *todo lo que aprendemos en la vida nos es útil en algún momento*. En los 90 como corresponsal de Univisión, trabajé en un reporte de investigación en el que el FBI traía en la mira a ciertos sellos discográficos hispanos y a las estaciones de radio de Los Ángeles. La práctica de la payola se había salido de control al punto de que la IRS (Hacienda) abrió una investigación que llegó hasta el sello hispano de música regional más grande de la época que era FONOVISA. Tan fuera de control estaba la situación que reaccionaron reportando sus propias prácticas al FBI. Era común para las disqueras enviar pagos en efectivo a los programadores de radio y los programadores en diferentes ciudades de los EE.UU. A cambio, la canción se convertiría en un hit o al menos alcanzaría el Top 10 en popularidad en radio y también en billboard debido a su rotación. FONOVISA era el sello en el que Jenni estaba, y un juez federal les ordenó detener la practica de dar 'regalos caros' después de que dos o tres de sus más grandes ejecutivos se declararan culpables de practicar "la payola".

Recuerdo que durante nuestras primeras reuniones para hablar sobre su carrera y planear su estrategia, Jenni me llevó el acuerdo de contrato que la compañía de su padre había firmado con Fonovisa para la distribución de su música. En ese momento le dije, "los artistas que esperan que la disquera continúe haciendo su trabajo promocional sufrirán las consecuencias a largo plazo porque la industria cambia todos los días". "No soy psíquica, pero te puedo decir que FONOVISA tal como la conocemos dejará de funcionar y debemos estar preparadas", le dije. Mi sugerencia para Jenni era que ella debía SIEMPRE tener el control de su carrera y de sus campañas promocionales. Le dije "si no te haces cargo del negocio dentro del negocio no lograrás nada". Ella no podía depender de nadie más para que hiciese su trabajo por ella. Le dije que yo no apoyaba la práctica de la payola porque aparte de ser ilegal, según las leyes federales si no se informa a los oyentes o si el programador no informa a los dueños de la radio que han recibido un pago para tocar una canción o artista entonces se está engañando a los oyentes y a los superiores y eso es penado. Como ejemplo le dije, que, si en la política al hacer promoción dices "este mensaje ha sido pagado en la campaña de Laura Lucio para el congreso", entonces debe hacerse lo mismo con la música. Jenni dijo, "Laura, puse a todas mis amigas malandrinas a llamar a la estación para que toquen mi canción pensando que mientras más llamen, más la tocarían". Me reí, "bueno, algunas veces les importa el público y le hacen caso".

Aprendí sobre los sobornos o la payola a una edad muy temprana y por accidente, me sorprendí. Trabajaba como locutora de una radio en Texas, en KGBT Panamericana. Tenía 17 años. Recibí una pasantía con paga después de ganar una beca entre casi mil aplicantes, fueron eliminando candidatos hasta llegar a 200, luego eliminaron más hasta dejar solo 10 y de ellos tuvimos que disputar a base de debates sobre asuntos actuales en el mundo y solo 4 obtuvimos las becas para estudiar Comunicaciones de Tichnor Media Systems, los dueños de un grupo de estaciones de radio y televisión en el país. Fui una de esos cuatro. Gracias a Dios porque le facilitó el camino a mi madre con mis gastos universitarios. Mi pasantía pagada comenzó durante mi primer año en la universidad. No era tímida ante el micrófono, a lo largo de la escuela, como capitana de las porristas, tenía que cantar los himnos, las plegarias y hablar ante el público. Ocurría lo mismo en la radio y la televisión. Pronto me convertí en ancla de noticias para la radio recitando los titulares cada media hora y las noticias cada hora. También presentaba segmentos en televisión y entrevistas especiales en un programa semanal que salía los domingos.

Un día, el director de programación de la radio me dijo que iba a suplir a otro locutor mientras este se iba de vacaciones y pronto tendría mi propio programa de radio regular, pero primero debía de entrenar los jueves de 2 a 3 p.m. ese día era cuando diferentes celebridades y cantantes se aparecían para grabar y promover su música en el programa de televisión. Debido a mi amor por la música, estaba encantada de recibir esas noticias. Todo iba bien hasta que los representantes de los sellos discográficos y los músicos comenzaron a hablarme sobre cómo ayudarlos a hacer arreglos para tocar su música. Fui a comentarle a mis colegas. Ellos nunca admitieron que estaban practicando "payola", pero se rieron y bromearon, "nos va a quitar nuestro negocio". Hice tantas preguntas que pude aclarar a mi mente que había otro negocio del que no se hablaba.

En el transcurso del tiempo, entendí el lado del artista al igual que el lado de la estación y de los programadores. Si estas esperando que toquen tu canción 20 veces al día, te recomiendo que arregles un contrato promocional como se hace en México, porque nadie esta obligado ha convertirte en estrella. Nadie esta obligado o "tiene que" tocar la música que traes. Así como intentas que te paguen por presentación, la estación de radio hace dinero vendiendo su tiempo. Si presentas tu música y no la ponen en rotación, debes conseguir otras maneras de promover tu trabajo. Hoy en día hay "acuerdos promocionales" que van desde conciertos hasta grabaciones en las que cada quién toma el porcentaje que le toca y todos salen ganando. Estos acuerdos pueden ahora estipularse en un contrato así que entiendes lo que recibes por lo que pagas o el tiempo que inviertes. Cuando haces acuerdos con una estación de radio o una personalidad y ellos ayudan a que tu música y tu nombre se haga popular lo menos que debes hacer es agradecer y honrar tu palabra. Las radios son un negocio, no son de beneficencia pública. Aunque por ley tienen que "servir a la comunidad" según la comisión federal de comunicaciones.

Le dije a Jenni "hagamos suficiente dinero para comprar nuestras estaciones de radio", riéndose contestó "entonces nos los chingamos a todos". Nunca comprendí si se refería a que "eliminaríamos a la competencia radial" o "nos tendrían que pagar a nosotras por tocar la música".

Ella venía de la escuela de Don Pedro Rivera que creía en el talento y en comprar promociones, pero nunca en la payola. Sin embargo, Jenni pronto aprendió que si no estaba en sintonía con lo que ciertos programadores de radio querían, su música no sería escuchada y su carrera acabaría.

Hicimos un compromiso:

1) Jamás llevarle la contraria a los programadores que la ayudaban a tocar su música. Si requerían su presencia en eventos de promoción de la radio, ahí estaría siempre.

2) Haríamos promociones cruzadas en México así que cuando Jenni pisara ese país tendría cobertura en la radio, la televisión y los medios impresos. Su nombre debía de saturar los titulares y su música las ondas de transmisión. ¿De qué otra forma se volvería común su nombre?

3) Su relación de uno a uno con sus fans era prioridad y parte fundamental de este plan. En 2004, había un fórum en el internet llamado "MySpace", pero en ese tiempo era la red social más activa y Jenni estaba ahí, así que no había que preocuparse mucho de la cobertura digital. Seguimos un plan para personalizar su relación con sus fans. Esto significaba, contestar sus cartas, llamarlos, y que fuera más activa entre ellos.

ASUNTOS LEGALES Y LA COMERCIABILIDAD DE JENNI

Las cuestiones legales no eran el fuerte de Jenni, gracias a Dios yo había tomado cursos sobre las leyes del mundo del entretenimiento y entendía contratos, formas y procedimientos judiciales. Una de las primeras cosas con las que ayudé a Jenni entre 2005 e inicios del 2006 era estructurando un documento que sería usado por su nuevo abogado en su defensa para dejar de pagarle a su ex esposo Juan López más dinero de los $1,173 dólares que le había estado dando mensualmente en los últimos tres años. Al recibir los documentos exigiéndole más dinero me pidió que la visitara en su casa en Norco/Corona. Cuando llegué, fuimos a una casa de huéspedes anexa que había convertido en oficina. "¡Mira esto!" me dijo ella. "No sé qué hacer, no quiero darle más dinero a este hombre, no se merece que le de nada, está pidiendo más, piensa que estoy barriendo el dinero". Jenni estaba trabajando, pero mantener una enorme casa y educar a cinco hijos le quitaba todos sus ingresos, así que, agregándole la pensión a su ex, era demasiado gasto. Revisé todos los documentos y me di cuenta de que Jenni había perdido el caso de la pensión en la primer demanda porque no se había presentado suficiente evidencia al juez sobre sus gastos domésticos en comparación con sus ganancias y otros importantes gastos y hechos. Así que nos pusimos a trabajar en preparar los documentos. El nuevo abogado de Jenni se preparó muy bien para eliminarle esa pensión a su ex de una vez por todas y liberó a Jenni de tener que mantener a su ex toda la vida. Cuando esto ocurrió, lo celebramos.

En 2006, luego de unos meses de presentaciones, enfrentamos otra batalla legal. Esta vez Gabo, el manager de gira de Jenni, acordó que ella se presentaría en Oxnard, California en un evento de Cinco de Mayo producido por Telemundo KVEA en Los Ángeles. Gabo se encontró con el productor del evento y firmó un acuerdo donde Jenni ganaría $20,000.

Todo estaba bien hasta que recibí una llamada de alguien que dijo que yo estaba tratando de sobrevender a Jenni. Recién había enviado una presentación de Jenni al departamento de programación de Telemundo en Miami y había sostenido una breve conversación con la persona que estaba a cargo de los especiales de entretenimiento. Queríamos vender el concierto por aproximadamente $300,000 (trecientos mil dólares), pero cuando me llamaron, me dijeron que quería vender a Jenni por ese monto, y que ellos la consiguieron por solo $20,000 (veinte mil). Como productora del especial y socia de Jenni no me hacía ver bien, y obvio que me molestó. Jenni y yo firmamos un acuerdo donde yo sería la única persona autorizada para negociar cualquier presentación, acuerdo de cine o televisión en su nombre (Ve exhibición de documentos). Asi es, Jenni confiaba en mí de esa forma. Le llamé a Jenni para preguntarle si sabía de que el concierto en Oxnard iba a ser grabado para Telemundo; Jenni, no sabía nada, e inmediato le marcó a Gabo y le pidió que le mostrara el contrato que había firmado. Gabo, quién no sabía leer bien en inglés, firmó el acuerdo de la grabación de su presentación autorizando que podría salir al aire en todas partes del mundo. Jenni se puso furiosa. Le dijo a Gabo que les informara que no habría show si el evento se televisaba. Gabo explicó que él no sabía que eso iba a ocurrir, pensó que era solo el evento del 5 de mayo. Cuando Jenni se rehusó a presentarse bajo ese acuerdo, la estación de Telemundo en Los Ángeles amenazó con demandarla. Inmediatamente me puse al teléfono con muchas personas del canal que conocía explicando que Gabo no entendía lo que firmó porque no leía muy bien el lenguaje. Lo bueno era que Telemundo me conocía, sabían que no era algo que Jenni y yo estábamos inventando ni tampoco una excusa para no presentarse. Tan solo se trataba de un malentendido. El evento se dio, pero no fue transmitido por televisión como lo tenían planeado. Ese mismo fin de semana, mis amigos de la cámara de comercio del Huntington Park, California me llamaron para reservar a Jenni para otra celebración de Cinco de Mayo por $35,000. Esto reafirmaba que las fechas y el cobro por presentaciones de Jenni estaban en ascenso.

Jenni me preguntaba "¿por qué no es bueno que me vean en televisión?" yo le decía que podían verla, pero que mientras más se le pudiese ver gratis cantando, menos pagarían por sus conciertos y programas especiales. Esta situación ayudó a Jenni a entender que **ser muy visible en televisión no necesariamente le da buenas ventas a un artista.** Yo le decía **"Jenni hazte valer"**.

Mientras tanto, produje una presentación en video de Jenni que envié a muchos cazadores de talentos en todos los casinos cercanos. Quería que todos supiesen quién era ella. También se lo envié a muchos contactos que tenía en el mundo de las marcas y patrocinios. La idea era conseguir un patrocinador para el tour nacional de Jenni. Yo había producido la presentación del grupo Montez de Durango. También estuve presente en varias reuniones donde el equipo de Montez consiguió $600,000 de patrocinio con la cervecería Coors. Quería conseguir algo similar para Jenni. La respuesta fue única – aquellos que no conocían a Jenni me dijeron que seguirían su carrera de cerca para posibles acuerdos futuros, mientras que otros pensaron que, si ella había agotado las localidades del Kodak Theater, podía llenar los teatros de los casinos. Yo disfrutaba cada minuto de ser productora de entretenimiento y de ser capaz de abrirle puertas a Jenni de lugares nuevos y diferentes. La presentación en video que produje incluye los conciertos donde la audiencia es casi enteramente femenina y el hecho de que agotaron las bebidas alcohólicas en el Kodak Theater asombraba a todos. A los casinos les fascinó esto, querían que Jenni se presentara regularmente. Me alegraba mucho por ella. Me aseguré de leerle cada comentario y reseña que recibí. Siempre creí que todo esto le daría más seguridad en el escenario.

En abril de 2006, después de muchos meses de conversaciones, recibí un correo electrónico de Michael Dixon de Harmony Artists Inc., la compañía que contrataba el talento en nombre de Pechanga Resort and Casino.

Harmony Artists, Inc.

7 de abril de 2006

Querida Laura,

Esta es una oferta para que JENNI RIVERA de un show aproximadamente a las 8:00 p.m. el viernes, 7 de julio de 2006, en el Pechanga Resort and Casino en Temecula, California, por una tarifa plana de $65,000 (sesenta y cinco mil dólares) más hospedaje.

El resto del correo incluía detalles del evento, costos de los asientos, información de la producción y estaba firmado por Michael Dixon. Estas eran las mejores noticias que Jenni había recibido en mucho tiempo, además de que le estaban reafirmando que estaba en el camino correcto en cuanto a su carrera se refería. Las personas más importantes de la industria finalmente se habían fijado en ella. Durante ese tiempo, recibí una oferta del casino, también la llamada que estaba esperando: dos grandes patrocinadores querían asociar su marca con la de Jenni. Una era una compañía de cerveza y la otra una gran tienda departamental. Estaba muy feliz, todo iba viento en popa. Tener patrocinadores nos ayudaría a aliviar los costos de la carrera de Jenni.

Hay quienes piensan que cuando un artista es descubierto, automáticamente se vuelve famoso y empieza a ganar montones de dinero. **En realidad, si la carrera no está bien planeada y si los agentes, managers, promotores de radio y publicistas no están en su lugar, no habrá estrella.** ¿Y quién paga por todo eso? En el caso de Jenni, todo venía directamente de las presentaciones y los avances del álbum que obtenía de la compañía discográfica.

FAMA Y JUSTICIA

Jenni tomó decisiones basadas en lo que sentía en su corazón. Mientras estábamos a punto de conseguir estos dos grandes patrocinadores, lo que Jenni más deseaba era que su primer esposo, José Trinidad Marín, quien supuestamente había abusado sexualmente de sus hijas Janney "Chiquis" Marín y Jacqie Marín y de su hermana, Rosie Rivera, fuese llevado ante la justicia. Así que Jenni decidió usar su popularidad para obtener la atención del público para que su ex – esposo fuese arrestado y llevado ante la justicia. Cuando Jenni apareció en televisión nacional con su hermana y sus hijas discutiendo el caso, las propuestas de los patrocinadores desaparecieron.

Aun así, le dije a Jenni que era mejor que sucediera antes de que firmáramos o nos comprometiéramos legalmente o de otra forma tendríamos que devolver el dinero de avances a patrocinadores. En los Estados Unidos, y en algunos otros países, cuando los artistas o los atletas representan a una marca, tienen una responsabilidad mayor. Cualquier cosa que digan o hagan está siendo vigilada. El público los reconoce aun más por su asociación con la marca y viceversa, así que su imagen y sus acciones deben permanecer impecables.

Para Jenni, llevar a José Trinidad Marín ante la justicia era más importante que todo el dinero que los patrocinadores pudieran pagarle. Pensé que era admirable de Jenni pues aun sabiendo que el dinero nos ayudaría en su carrera y promoción porque todavía no era una superestrella optó por denunciar a su ex públicamente pues ella llevaba una carga por 9 largos años.

Las críticas bombardearon a Jenni, fue acusada de usar el escándalo del abuso sexual para llamar la atención. Sé muy bien que eso no fue así. Esta era la primera vez que veía a Jenni hacerse fuerte y tomar las riendas de algo que era prioridad personal. Ella no dejaría que ninguna crítica la detuviera. Las personas que la criticaban no sabían lo que había estado viviendo durante esos nueve años, desde que se enteró del incesto. Jenni esperaba que las personas aprendieran de ella en lugar de señalarla con el dedo y pasar por alto las realidades en sus propias vidas.

El primer día del juicio, Jenni quería que yo estuviese ahí con ella. La corte de Long Beach, California, estaba hasta el tope de reporteros y cámaras. Era 26 de abril de 2006, cuando el juez leyó los cargos de abuso infantil perpetrados por José Trinidad Marín sobre Jacqie Marín, Janney Marín y Rosie Rivera. La fianza fue de un millón de dólares.

Le dije a Jenni que me sentaría en las filas de atrás, para no ser vista por las cámaras, no estaba allí como reportera, sino como apoyo a Jenni. Pero no funcionó, las cámaras hicieron lo que se llama disparo panorámico, y estaba mi rostro en todos los canales de noticias. Recibí llamadas de personas que me decían que me querían mucho y se preocupaban por mí y me sugerían que me alejara de Jenni y de la familia Rivera. Me dijeron que eso iba a afectar mi carrera y mi imagen como una respetada periodista. Escuché atentamente, pero Jenni era mi amiga, y si alguien hubiese escuchado la historia que me contó sobre cómo se enteró del abuso, entendería el dolor y la rabia y la impotencia de una madre y una hermana como las sintió Jenni y buscaría justicia para sus hijas y su hermana. ¿Quién era yo para juzgar su dolor, sus sentimientos o incluso a su familia? Este era el inicio de muchos días en la corte con Jenni.

También el inicio de llamadas y amenazas hacia Jenni. Le sugerí que cambiara de número, cosa que hizo inmediatamente después de que leyeron los cargos a su ex esposo.

Cuando a José Trinidad Marín "Trino" le fue permitido salir bajo fianza, Jenni me llamó llorando, "Debes hacer algo Laura, porque creo que va a escaparse de la ciudad, lo ha hecho antes". Llamé a la oficina del abogado del distrito y hablé con Mark Burnley, el DA (Procurador) a cargo del caso. Le expliqué que había un precedente de que Trinidad ya había engañado a las autoridades en años anteriores y que se había estado prófugo durante nueve años y que si lograba escapar a México, sería catastrófico para la familia que estaba tratando de conseguir justicia. El Procurador habló con el juez y José Trinidad Marín, mejor conocido como Trino, regresó ante los tribunales, su condicional fue revocada, y fue retenido durante el juicio hasta el día de su sentencia. Creo que fue mejor para él porque por la forma en que las familias peleaban fuera de la corte, corría el riesgo de ser agredido en cualquier momento por cualquiera de los hermanos Rivera.

José Trinidad Marín fue sentenciado a 31 años de cárcel por seis cargos de abuso sexual, violación y actos lascivos. Jenni se sentía aliviada y la justicia se había hecho presente, pero eso no le quitó ni el dolor ni la culpa de encima. **"Laura, si mi caso puede servir como ejemplo para mujeres y hombres que están sufriendo cualquier tipo de abuso de manos de su pareja, padre o quién sea, el mensaje que quiero enviar es que no se queden callados", me dijo Jenni un día.** Es interesante que hoy en día, muchos estén alzando la voz contra el acoso y abuso sexual. Respaldé la decisión de Jenni de hablar porque sabía que **cada vez que alguien se guarda algo relacionado con abuso, terminan convirtiéndose en cómplices del abusador.**

En medio de todas las legalidades alrededor del caso con su ex – esposo, Jenni también estaba intentando cerrar un capítulo de otra denuncia contra ella y la compañía de su padre. Decían que una de las canciones que escribió tenía la misma música de otro corrido muy famoso que un muy renombrado grupo de música regional mexicana había grabado. Así como las letras tienen derechos de autor, también los tiene la música. Muchos compositores escriben una canción y cometen el error de usar la música de otras canciones famosas con sus nuevas letras. Esto es precisamente lo que se decía en contra de Jenni. El caso no llegó a mayores. Sin embargo, unos años después vuelve a suceder lo mismo cuando "la mentada contestada" se convirtió en un hit, Jenni fue demandada por plagio de música por el cantautor original de "la mentadita". El caso también se arregló fuera de los tribunales.

Capítulo 5

Conquistando México de la mano de Arturo Rivera

"Haz lo correcto no por fama ni reconocimiento, hazlo para que la verdad triunfe".

Cuando escribí la estrategia para Jenni en México, llamé a la mejor persona para ejecutar el plan con los medios de prensa, mi amigo Arturo Rivera. Jenni se había presentado en México antes, y tuvo la ayuda de muchas personas dentro de su entorno y también personalidades en Monterrey, Nuevo León como Jesús Soltero, el presentador del programa "Órale primo", él siempre estaba dispuesto a ayudar a los Rivera cuando llegaban a Monterrey. Jenni no era aún tan conocida. Cuando se presentó por primera vez las personas preguntaban "¿Quién es la que está cantando?" Sin embargo, obtuvo una buena respuesta del público con canciones como "Las Malandrinas" y "Querida Socia", Jenni había estado grabando y lanzando música a través del sello de su padre Cintas Acuario desde 1992, álbumes como "Somos Rivera"; "No vuelvo ni de chiste"; "Collar de penas"; "Adiós Selena", entre otras.

Pero lo que yo buscaba para Jenni estaba más allá de lo que ya había logrado. Se trataba de aventurarse a territorios desconocidos en México; las semillas tenían que plantarse para cosechar cosas sólidas y duraderas. Alguien me dijo una vez, "el éxito llega a los 15", lo cual significaba que después de 15 largos años de arduo trabajo y de andar tocando puertas. Después de tanto tiempo, sentí que era el momento de Jenni y comprendí por qué Don Pedro me solicitó ayuda.

81

Conocí a Arturo mientras trabajaba como reportera y presentadora de noticias para KMEX en Univisión Los Ángeles a finales de los 80, siempre un caballero muy educado y con un gran sentido del humor. En aquel entonces, Arturo trabajaba para Televisa y previamente había trabajado para El Universal, uno de los principales periódicos de México, pero fue en Televisa que Arturo se familiarizó con el mundo de la música regional mexicana, su ritmo como reportero lo llevaba a hacerle cobertura a artistas de regional mexicano – muchos de ellos se convirtieron en sus amigos personales. Cuando Arturo decidió abrir su propia compañía de relaciones públicas, algunos de los artistas que una vez entrevistó contrataron sus servicios de Publicista. En México, él sabía, como personalidad de los medios que había sido, cómo conquistar a la prensa. Arturo y yo nos mantuvimos en contacto durante años, y fue con su ayuda que, como corresponsal y productora del programa Sin Fronteras en Telemundo, llegué a entrevistar a renombrados personajes de la industria, como Pepe Aguilar, La Banda El Recodo, y otros artistas.

Cada vez que veía a Arturo, estaba trabajando con la publicidad de alguien. Era una de las personas más trabajadoras que he conocido, siempre lo respeté mucho por eso. Cuando lo llamé y le conté de Jenni, Arturo fue sincero. Lo primero que me dijo fue "Laura, no es una tarea fácil, debemos estar conscientes de que Lupillo Rivera ya tiene un nombre establecido como artista, y que los medios los compararán de inmediato". "Lupillo tiene su carrera y Jenni tiene la suya", le contesté. "Lupillo canta sus canciones, Jenni canta sus canciones. Lupillo tiene a sus fans, Jenni tiene a los suyos. Confió en ti, Arturo. Además, Jenni tiene una buena estrategia para lanzar en la radio de México. Gabo, quien le maneja las giras ha estado trabajando con el sello discográfico preparando un plan de acción para la promoción radial de la música de Jenni en México".

Es imposible solamente promover en la radio para crear una

estrella, se tiene que tener a todos los medios acaparados con promoción. "Lo que necesitamos es una promoción cruzada o *cross promotion*", le expliqué a Jenni. Con "promoción cruzada" me refería a que el nombre de Jenni debía ser visto en revistas, medios impresos y televisión en todo México al mismo tiempo para que las personas la conocieran de verdad. "¿Podrías preparar una propuesta para que Jenni y yo podamos revisarlo y decidir?" le pedí a Arturo.

Unos días después, recibí un correo con la propuesta de Arturo para Jenni. Ella y yo revisamos y platicamos los detalles y acordamos en que era perfecto para nuestro plan de entrada a México. Asimismo, se podría ampliar la invitación de presentaciones y eventos en dicho país. Mi visión se hizo un hecho, Jenni me dice, "llama a Arturo y contrátalo, Laura". Le dije "Jenni, Arturo trabajará directamente para ti, así que debes ser tú quién lo contrate". Jenni quería mi apoyo moral cuando lo hiciera, se sentía intimidada porque una vez que revisamos su plan de acción, Jenni supo que Arturo era un hombre preparado, con mucho conocimiento y contactos en la industria. Llamamos a Arturo desde la oficina de Jenni, y me senté al lado de Jenni durante la llamada de conferencia. Arturo le dijo a Jenni que empezaría inmediatamente.

Para cuando Jenni puso un pie en México para cantar en 2006, su música ya la tocaban en las estaciones de radio más importantes del país. Los representantes de la disquera en México también estaban trabajando tan diligentemente como Gabo, que no tardó mucho para posicionar a Jenni en eventos específicos e importantes.

Arturo ejecutó un plan de acción con la prensa. Arturo y yo siempre estábamos comunicándonos acerca de Jenni desde el primer momento. Eso jamás paró. Hubo momentos en los que ambos debíamos guiar a Jenni para que no se pusiera a la defensiva con la prensa. Jenni decía lo que pensaba y muchas veces eso la metía en problemas. Arturo fue siempre amable y dulce y un excelente comunicador; pero, muchas veces trataba a Jenni con pinzas, porque no quería ofenderla ni ponerla de mal humor, así que recurría a mí. Solía ser yo quién le tocaba decirle a Jenni las cosas que no deseaba escuchar, pero, era más fácil para ella oírlas de mí que de cualquier otra persona. Yo no estaba en la nómina de sueldos de Jenni, yo no trabajaba para Jenni. Empecé a ayudarla sin ningún tipo de compensación. Jenni sabía que me importaba su carrera y que, si le llamaba la atención, era siempre por su bien.

Uno de los problemas a los que Arturo y yo nos tuvimos que enfrentar pasó en junio de 2008, cuando Jenni fue arrestada en Carolina del Norte por golpear a un fan con un micrófono. Alguien arrojó una cerveza al escenario y golpeó a Jenni en la pierna. Así que ella detuvo su presentación y dijo "Quién sea que haya lanzado esta cerveza, alce su mano y tenga las agallas de venir acá arriba conmigo". Un hombre ebrio al final del salón de baile no escuchó lo que Jenni dijo, pero pensó que había pedido que alguien se subiera al escenario con ella a bailar, así que alzó su mano y el equipo de seguridad del evento le permitió subir. Jenni pensó que se trataba del fan que lanzó la lata de cerveza, así que le preguntó "¿Sabes lo que se siente que te golpeen?", el hombre no respondió, y Jenni lo golpeó con rapidez en la cabeza con el micrófono. Esto fue un banquete para la prensa. Jenni fue arrestada por agresión. Jenni pagó una fianza de $3,000 (tres mil) dólares y volvió a California. La persona que fue golpeada con el micrófono inmediatamente amenazó con demandar, pero el caso se resolvió sin acudir a tribunales.

El problema no era que Jenni había sido arrestada, ni siquiera el riesgo de una demanda, el problemas era que las personas importantes de la prensa dijeron que las acciones de Jenni estaban totalmente fuera de lugar. Arturo me llamó muy preocupado. "Laura, alguien me ha informado que Don Francisco está cuestionando si Jenni hizo esto porque es una alcohólica". "Yo ya no puedo hacer mucho, ella no se ayuda" me dijo Arturo. Le contesté que no se preocupara, que hablaría con Jenni. Cuando Jenni me dijo que el incidente tuvo lugar en medio de su concierto y que ella no estaba borracha, llamé a Univisión y les pedí que por favor verificaran sus hechos antes de sacar información que pudiese dañar la carrera de Jenni. Le dije a Jenni que necesitaba aprender a controlarse a sí misma porque se había convertido en un blanco fácil para cualquiera que buscara una reacción de ella. Le di muchos de los mejores consejos que he aprendido en la industria, muchos de los cuales aún intento poner en práctica como, *el que se enoja, pierde*.

Las batallas se ganan con estrategias no con ira ni reacciones impulsivas.

El siguiente problema que enfrentamos estaba relacionado a una barrera cultural, aunque ni Jenni ni yo lo comprendimos, no porque fuésemos tercas, sino porque nuestras costumbres México – americanas en los Estados Unidos son muy diferentes a la de las personas que crecieron en México. Para tener una idea de cuan perplejas estábamos, déjenme anotar que la manera en la que promovemos música, películas, programas de televisión y otros productos artísticos en los Estados Unidos es promoviendo en todos los canales. Incluso si el show va a ser transmitido en ABC, un actor tiene permitido ir a la competencia a promoverlo como visitar el *late night show* de Jimmy Fallon en NBC, la cadena competidora. En los Estados Unidos, todo se promociona en todos los canales sin ningún tipo de problema. Es por esto que lo que estoy a punto de narrar nos tomó por sorpresa.

Arturo, como muchas otras personas que he conocido en Televisa, era extremadamente leal a la cadena, incluso años después de haberse marchado. Muchos me han explicado que Televisa es de los mejores lugares para trabajar, y de ahí vienen sus lealtades. Otros dicen que no quieren estar en la lista negra de la industria misma, y eso mantenía a raya a sus ex – empleados. Creo que el caso de Arturo era de lealtad, que venía del corazón. En todo caso, cada vez que Arturo nos decía "Jenni no puede ser entrevistada en TV Azteca porque eso no le gustará a Televisa", Jenni y yo lo mirábamos sin comprender. No entendíamos por qué a Televisa le importaría lo que Jenni hiciese o dejase de hacer con su carrera. Yo, pensando como una mujer de negocios, contestaba "Televisa no nos ha enviado un contrato de exclusividad por Jenni, ¿por qué se molestarían?" y Arturo me contestaba "TV Azteca no ha invertido dinero en Jenni tampoco". Yo contestaba "No queremos que ninguno invierta, queremos que le hagan cobertura en eventos y así promover su música. Queremos que conozcan a Jenni y no podemos cerrarle las puertas a nadie. Debemos abrirnos con Televisa, Azteca, Multi Medios, quién sea". Yo le decía esas cosas a Arturo. Él me respondería con cosas como, "Televisa es Televisa, y los necesitamos, debemos mantenerlos contentos". En este punto, Jenni diría un chiste, "Ok, Arturito, ¿tu que los conoces cómo los ponemos contentos?". Arturo tenía sentido del humor, y podíamos reírnos constantemente en medio de serias conversaciones estratégicas. En ocasiones se frustraba con nosotras, aunque no lo hacíamos con mala intención.

La verdad es que otro amigo mío, Alberto Santini, quién era la cabeza de programación de Azteca América, se había convertido en un máximo ejecutivo de Azteca en México, y fue muy instrumental a la hora de darnos cobertura televisiva para Jenni en sus programas de entretenimiento semana tras semana, pero en realidad, ambos canales en México fueron fundamentales para ayudar en el crecimiento de la carrera de Jenni. Cada reportero, productor y locutor de radio que entrevistaba a Jenni y tocaba su música fue vital en su éxito. Incluyendo a aquellos que la criticaban y le decían apodos horribles. Jenni sabía de esto, y durante nuestros últimos momentos juntas, mencionaba cuán agradecida estaba por toda la atención que se le estaba dando y por todo el amor y respeto que recibía de los medios. Durante su carrera y su camino hacia la fama, Jenni llegó a amar a Televisa y también a TV Azteca.

Muchos artistas de habla hispana siempre han sabido que si logran triunfar en México les es más fácil entrar a cualquier otro país en Latino América. ¿Por qué? Porque la calidez, la emoción y la lealtad del público mexicano son incomparables, sin mencionar que los conglomerados mediáticos más prominentes en español están en México. Pero en México, no es común para los artistas de habla hispana provenientes de los Estados Unidos establecerse de manera homogénea. México siempre ha sido conocido por sacar muchas estrellas en idioma español, pero si no empezaste tu carrera en México, probablemente no irás muy lejos. Jenni fue parte de las pocas personas que rompieron estas barreras, aun así, el camino era difícil.

Aunque amo mucho a México, su cultura y su gente, tengo que admitir que sigue habiendo discriminación hacia su comunidad indígena y personas de la clase trabajadora. Mi mayor preocupación era que Jenni no fuese tratada adecuadamente porque era una chica del barrio nacida de padre inmigrantes que trabajaban en los Estados Unidos. Nos habíamos encontrado con algunos comentarios derogatorios en la televisión mexicana, personajes que creen que son superiores a la clase trabajadora mexicana, imagínense cómo se sentirían sobre los inmigrantes mexicanos de clase trabajadora que viven en los Estados Unidos.

Le recordé a Jenni que ella siempre debería sentirse extremadamente orgullosa de quién era y de cantar con Mariachi y Banda porque es parte de la verdadera cultura mexicana y, además, es la música para las masas. Siempre le dije **"si estos personajes que te critican no están orgullosos de ser mexicanos, vamos a demostrarles cómo se debe amar su cultura y su música"**.

En mis conversaciones con Arturo Rivera, él tenía que tratar de evitar malos ratos con todo aquel que tuviese una inclinación a faltarle el respeto a Jenni o a su música. Arturo fue muy cuidadoso y exitoso a la hora de exigir respeto para Jenni.

Sin embargo, cuando un artista crece, sus necesidades cambian.

En junio de 2012, la relación de Jenni con Arturo sufrió sus propias caídas. Me había ido a Ciudad de México para presentar a un artista de Los Ángeles cuya familia tiene una de las bandas más fabulosas, "La Banda Aspiricueta". Mientras estábamos allí, Arturo agendó entrevistas para Guty Meza, el cantante principal en aquel momento. Un día, cuando nos reunimos para almorzar, noté que Arturo estaba algo triste y no sabía cómo responder a las llamadas que usualmente recibía de la prensa que pedían entrevistar a Jenni. Le pregunté si había algo mal. Desde el día que Jenni lo contrató, si Arturo tenía problemas con ella o si su pago mensual estaba retrasado, él me llamaba para que lo discutiera con ella. Era raro, pero sí llegó a suceder algunas veces. Pensé que era uno de esos meses, aun así, él dijo "¿Jenni no te dijo? Laura, la semana después de los Premios Billboard este año, Jenni me escribió para decirme que ya no ocupaba de mis servicios". Le dije "¿Qué?", así que Arturo continuó "Pensé que esa era la razón por la que me estabas enviando trabajo, creí que ya sabías y querías ayudarme". Contesté, "Arturo, te doy trabajo porque eres un buen publicista, y respeto tu experiencia. Hablaré con Jenni cuando vuelva a Los Ángeles" y así lo hice. Tan pronto me vi con Jenni, saqué el tema a colación. Le dije, "Jenni cuando dejas ir a un empleado que te ha acompañado durante cinco años, como Arturo Rivera, debes hacerlo en persona y con una compensación. También debes decirle a el por qué ya no necesitas de sus servicios y agradecerle por su tiempo. A no ser que, por supuesto, él haya hecho algo terrible que te haya afectado en tu carrera. ¿Por qué despediste a Arturo?"

Jenni me explicó que ella quería recibir cobertura en medios diferentes a los de siempre y que pensaba que Arturo no lo haría. Le dije que me parecía injusto pensar que él no podía hacerlo cuando ella jamás se lo había expresado. Una de las muchas cosas que valoraba de mi amistad con Jenni era que cuando las cosas eran puestas en perspectiva, ella escuchaba. Así que dijo "quiero cambiar todo Laura, y quiero cambiar muchas cosas en mi sistema de negocios, ¿recuerdas que hablamos de esto en enero?" Le dije a Jenni que mientras yo estuve en México Arturo constantemente recibía llamadas para solicitarla a ella y que **el trabajo de un publicista debe ser respetado porque representa a una personalidad en todo momento este presente la persona o no.** Su trabajo no comienza ni termina en las conferencias de prensa, deben estar "prendidos" y atendiendo las peticiones de entrevistas del artista a todas horas. Le expliqué que cualquier otra persona que ya no estuviese prestando sus servicios le habría contestado a los medios con un simple "llámele a su oficina", pero en lugar de eso él los trataba con cordialidad. Jenni escuchó con atención. Luego me prometió que hablaría con Arturo. Unos días después, Arturo llamó y me dijo que estaba de vuelta en el equipo y que todo estaba bien. Pensé que era maravilloso que continuaran trabajando juntos.

A lo largo de las visitas de Jenni a la Ciudad de México para grabar La Voz, Arturo se aseguró de que ella estuviese cómoda y que todas sus necesidades fueran cubiertas durante sus visitas a Televisa para grabar el programa. También lidió con la prensa a lo largo de los eventos de Jenni en México. Después de que Jenni apareciera en La Voz, su popularidad se incrementó – por esta razón, Arturo organizó la conferencias de prensa después de su última presentación en la Arena de Monterrey. Había muchas solicitudes para entrevistar a Jenni. Nadie sabía que esta sería la última vez que Jenni se reuniría con la prensa y también la última conferencia de prensa que organizara Arturo Rivera.

Arturo admiraba a Jenni, pero sobre todo él disfrutaba de su trabajo. Muchas preguntas pasaron por mi mente cuando escuché sobre el accidente. Así como veo cómo las cosas se desarrollaron meses después, pensé que, si Arturo siguiese vivo, estaría lidiando con la prensa de la forma en la que ellos merecen ser tratados, con respeto y dignidad, porque todos a su manera veneraban a Jenni.

Capítulo 6

Canciones para sus fans

"Complace a la audiencia cantando lo que ellos quieren escuchar, no solo lo que a ti te gusta".

El 9 de septiembre de 2008, Jenni sacó su álbum JENNI. Un mes antes, nos sentamos en su auto estacionado en el patio de su casa en Norco-Corona para escuchar la cinta pre-masterizada del álbum que le habían entregado a Jenni la noche anterior. Cuando escuché la canción "Los ovarios", me di cuenta de algo muy importante, Jenni no solo se sentía segura de sí misma y de su carrera, sino que estaba cantando sobre eso, de una forma cruda y agresiva. Sabía que esto causaría controversia porque había artistas femeninas en la música regional mexicana que habían recibido los títulos de Reina y Jefa en las promociones de su música. Esta canción es como una burla a las reinas y las jefas. La canción no solo se trataba de ser "la mejor" como "simplemente la mejor", era una indirecta muy directa. Jenni me dijo "no se la estoy dedicando a nadie, pero si el zapato les queda, pónganselo". Eso me recordó a sus palabras cuando la había entrevistado al promover la canción "las mismas costumbres," le pregunté que si la dedicaba a su ex esposo y me contestó lo mismo. Y de nuevo, Jenni insistía en que no buscaba ofender a nadie con "Los ovarios", "la canción es para mis fans", me dijo.

Le recordé que en 2005 habíamos quedado en que si ella triunfaba en su carrera tal como habíamos planeado, haríamos una gira de puras artistas femeninas y esta canción no nos ayudaría a lograrlo. El line-up incluía a Graciela Beltrán,

91

Alicia Villarreal, Horóscopos de Durango, Marisela y a Jenni. Diana Reyes y Jenni aún no se conocían oficialmente cuando hablamos de esto. Jenni me decía "yo no comencé el odio". Yo le decía que solo le estaba echando más leña al fuego, también acordamos que promoveríamos el amor, y esto sonaba como si buscase pelear. Jenni me decía entre carcajadas "por eso te lo estoy mostrando ahora porque si la hubieses escuchado antes me habrías disuadido de grabarla".

La canción sigue sonando y cuando la escucho me imagino a Jenni con una sonrisa, "Jenni siendo Jenni".

HONRANDO LA MÚSICA DE MARIACHI

Desde el día que conocí a Jenni, le insistía en que grabara un álbum de pura música de mariachi. Sus grabaciones eran principalmente con un grupo norteño, luego pasaron a un estilo de banda sinaloense o lo que se conoce como "banda de viento" debido a sus raíces. A mi me gusta mucho la música de mariachi. Es uno de los estilos musicales más elegantes a escuchar, es clásico. Es verdad, las personas se emborrachan con esas canciones, se ponen emocionales, pero los violines, las trompetas y el sentimiento general es otro rollo, como dicen en México. Cada vez que yo decía esto, ella contestaba "todavía no es el momento Laurita, quiero asegurarme de que me acepten cantando lo que canto primero". Pero, cuando estábamos preparando la producción del concierto de 2006 en los Ángeles, insistí de nuevo. " Ya las tengo", me dijo un día. "Voy a cantar esas canciones de Juan Gabriel que siempre cantas en el auto". Fue una agradable sorpresa. Jenni y yo teníamos eso en común, hacíamos cosas la una por la otra que harían a la otra sonreír. Un día, ella me vio puesto un collar de plata con una estrella y un diamante en el medio (el logotipo del estado de Texas) (The Lone star state). A ella le gustó mucho y me preguntó dónde lo compré. Así que, en su cumpleaños, ordené uno exactamente igual para ella. Jenni sabía que yo era texana, y muy cómodamente uso la ropa vaquera, Jenni se esmeraba por conseguirme los cinturones gruesos de brillantes que quedan lindos con jeans y botas. En uno de sus viajes, Jenni vio un cinturón color oro con brillantes del mismo color en una tienda del aeropuerto de Houston y lo compró, después al arribar de su viaje, condujo hasta mi casa para llevarme el regalo porque sabía que me iba a fascinar. Y así fue. Además, ¡me encantan las botas! Y Jenni lo sabía, en septiembre de 2012, recibí unas botas color marrón como regalo. Este sería el último regalo que recibiría de Jenni.

Siempre nos teníamos en mente una a la otra, especialmente por lo que estábamos planeando. El hecho de que ella practicara y estuviese lista para cantar esas canciones que me gustaban fue una prueba más de la lealtad a nuestra amistad. Le prometí conseguirle al mejor ingeniero de sonido de la ciudad para grabar el concierto en 5.1 de sonido envolvente, que era la última tecnología en aquel entonces. Para aquellos que no saben de sonido envolvente, es cuando colocas micrófonos en los lugares importantes durante un concierto como en cada instrumento específico, la audiencia, el cantante, en este caso, Jenni, y cuando lo reproduces, te da la sensación de que estás en el concierto en vivo.

Entrevisté a varias personas para lograr encontrar a un buen ingeniero de sonido, y después de platicar con algunos candidatos, terminé seleccionando a Carlos Vázquez quién resultó ser el hermano de Gabo, el representante de fechas. Me aseguré de que todos los instrumentos tuvieran su micrófono durante el concierto, incluso puse micrófonos para la audiencia para obtener el mejor sonido posible de ellos cantando y de sus reacciones. Quería que todo sonara perfecto. Jenni y yo estábamos enfocadas y ocupadas en ser productivas. Ella tenía muchos ensayos antes de los conciertos y luego antes del evento para calar sonido. Cuando su amiga Vanessa, de la radio Qué Buena, estaba en la audiencia viendo la prueba de sonido, Jenni haría referencias al hecho de que Vanessa le pidió grabar la canción "Me siento libre" para el álbum Parrandera, Rebelde y Atrevida. Jenni abre la canción diciendo "Allá vas, Vane, tu traes la música y yo el tequila". Es una canción sobre una mujer que prefiere salir de fiesta para demostrarle al amor que la abandonó que no está quedándose sola en su casa extrañándolo ni esperándolo. La verdad, Jenni estaba en sintonía con lo que las personas querían escuchar, en especial las mujeres. ***Como artista es importante que cantes no solo para ti misma grabando las canciones que te gustan sino complaciendo a tu audiencia.*** Ella escuchaba, estaba conectada y, sobre todo, Jenni asistiría a todo concierto que pudiera de cualquier género. Español, inglés, country, pop, regional mexicana. Le sugerí que, al ir a estos conciertos, también debía prestarles atención a sus producciones. Era como una esponja que observaba todo y absorbía lo mejor. Mientras se preparaba para el gran concierto para el Kodak Theater, pasó por mi casa un día para hacerme preguntas sobre el vestuario, le dije, "Jenni, busca lo que los artistas grandes visten y emúlalo". Cuando Jenni me trajo el video del concierto, la vi llevando un traje como el de Michael Jackson con el sombrero, el guante blanco y todo para abrir el concierto, me dio ternura y risa por su atrevimiento. "orale!" "wow!" reaccione.

Sus conciertos en Los Ángeles eran co-producidos con la radio Que Buena. Eddie León, el director general de la estación, y Ernesto Morales, productor y coordinador de conciertos, estaban siempre a la mano para asegurarse de que todo saliera bien.

Manny Gutiérrez, el diseñador de escenario, llegaba con las mejores ideas para los conciertos de Jenni. Jamás olvidaré cuando creó un set para Jenni en el que ella salía del techo en lo que parecía una burbuja de cristal. Los dos cables que sostenían la burbuja eran tan delgados que yo tenía miedo de que Jenni se lastimara. Él seguía asegurándome que no había nada que temer. Jenni hizo un chiste en el ensayo y me dijo "¿por qué crees que uso overoles, amiga?" le contesté, "¿por qué?" y ella dice "en caso de que me haga en los pantalones si esta burbuja se cae". En medio del concierto, cuando primero entra el grupo de mariachis, el letrero con el nombre de Jenni bajaba con unos focos brillantes espectaculares, se veía hermoso desde el punto de vista de la audiencia. Nos gustó tanto que cuando el concierto terminó, Jenni no quería que se lo llevaran ni lo destruyeran. Preguntó si se lo podía quedar. El letrero era gigante, imagina letras de marquesina. Le pregunté "Jenni, ¿qué vas a hacer con eso?" a lo que ella respondió "lo voy a poner junto a la piscina en mi casa, me gusta mirarlo, nunca habían hecho algo tan lindo para mí". Me reí pensando "madre mía, qué loquera". Pero esa era Jenni. Un día fui a su casa, y ahí estaba el enorme letrero que decía JENNI.

LA DIVA EN VIVO

Y así, nació "La Diva en Vivo". Me fui al estudio para escuchar el material del concierto. Estaba gozando cada momento. Llamé a Jenni desde ahí, "debes venir y escucharte a ti misma, estoy muy orgullosa de ti. ¡Esto es increíble!" Cuando Jenni llegó, y escuchamos algunas de las canciones, me dijo "¡Esto es genial!". Nos dimos palmaditas en la espalda mutuamente. Estábamos creando, y la energía que emanábamos contenía las tres "P": Productiva, Positiva y hecha con Pasión. Jenni insistió en que fuéramos a negociar con los ejecutivos de Universal Music para sacar este álbum. Ella dijo " Tú sabes lo que tenemos, vamos a ver si ellos entienden lo que queremos hacer". La idea era sacar un CD y un DVD. Había muchas personas diferentes en la reunión, cada una tenía su propia opinión para el proyecto. El presidente en aquel momento, Alfonso Larriva, Ricardo Villaescusa de mercadotecnia,

Martha Ledesma de promociones y publicidad, Peggy Dold, una agradable mujer del departamento legal eran las personas con las que más teníamos que lidiar para preparar el proyecto. Jenni estaba muy emocionada y orgullosa. Nuestra recompensa fue cuando el álbum fue nominado para un Grammy por Mejor Álbum Ranchero, bailamos de alegría.

LO NUESTRO

Cuando Jenni llegó a Miami para los Premios Lo Nuestro en 2007 fue que recibió lo que ella consideró un regalo muy especial. Además de sus tres nominaciones, Jenni me llama y me dice, "Laura, quiero agradecerte, me están tratando como una reina todos aquí, sé que este es tu regalo, esta es la primera vez que tengo un camerino privado, alguien ha sido asignado para asistirme en lo que necesite, y yo sé que es gracias a tus amigos influyentes de aquí". Jenni se estaba refiriendo a Otto Padrón y Mario Ruiz. Otto, VP de programación era amigo mío desde hacía años desde que fui corresponsal y productora para Ocurrió Así en Telemundo y Mario Ruiz que también se volvió aliado. Mario era el VP de talento en la cadena, y siempre apoyó la carrera de Jenni. Se aseguraron de que Jenni estuviera cómoda y fuera bien recibida por todos. Ese año estaba nominada por tres categorías y ganó Mejor Artista Femenina del Año. Bromeamos, y yo dije "Jamás te volverás a quejar de que no tienes palancas". En mi mente y mi corazón, Jenni se merecía cada reconocimiento porque se los había ganado a pulso. Platicamos sobre lo que había decidido vestir, yo estaba preocupada por cada detalle. Quería que Jenni brillara.

Para esta ceremonia en particular, Jenni decidió usar un vestido negro entallado que la hacía ver preciosa y esbelta – unos meses antes ella había tenido una liposucción y estaba muy concentrada en hacer ejercicio.

Yo opté por quedarme a ver la ceremonia de premiación en televisión. La primera vez que salté fue cuando Jenni ganó el premio. Al dar su discurso de agradecimiento mencionó "quiero agradecer a Laura Lucio" y de ahí ya no escuché el resto porque mi corazón se detuvo. Fue realmente inesperado. Su gesto me dio escalofrío y me puse llorosa. Estaba feliz por ella, pero no creí necesario que me agradeciera en televisión nacional. Estaba feliz, honrada y halagada, pero ella no tenía por qué hacer eso. Mi teléfono comenzó a sonar sin parar. Fue un gran momento, pero mi satisfacción más grande venía de saber que ahora Jenni iba a tener un lugar permanente en el mundo de la música regional mexicana. Puedo contar con mis dedos el número de mujeres que han alcanzado ese nivel, como lo fueron Lucha Villa, Lola Beltrán, Chelo, Roció Durcal, Paquita la del Barrio, pero ahora era el turno de mi amiga Jenni.

El año siguiente La Diva en Vivo estuvo nominada por mejor álbum ranchero del año por la Academia de Artes Mediáticas y Ciencias, los Latin Grammys. Jenni estaba muy orgullosa de todas sus nominaciones, pero Premio Lo Nuestro para ella era muy especial, pues era la audiencia la que votaba y elegía al ganador.

CUANDO MUERE UNA DAMA

Un artista que quiere darle lo mejor a su público, no se detiene, siempre esta creando y reinventándose. Jenni continúo escribiendo canciones y preparando lo que sería su siguiente álbum, "Mi Vida Loca". El álbum estaba muy influenciado por todo lo que estábamos haciendo en el momento – grabando y escribiendo los momentos memorables de su vida. Le dije que deberíamos lanzar un audiolibro por la manera en cómo se expresaba. Muchas veces no puedes traducir en papel lo que escuchas en la propia voz de alguien. Así que para "Mi Vida Loca" el álbum, decidió contar su historia presentando verbalmente cada una de sus canciones y compartiendo un poco de la historia de su vida. Cuando llegó la hora de prepararse para el concierto de Mi Vida Loca, la idea era de nuevo, que la historia de Jenni se expresase de forma musical y visual. Produje el concierto de Jenni que fue promovido por Qué Buena radio en Los Ángeles. El concierto era especial porque contábamos su historia con canciones y visuales, desde su nacimiento hasta cuando canta "Cuando muere una dama". La primera vez que escuché esta canción me congelé, sentí una tristeza enorme. Algo me dolía en el interior. Le pedí que por favor no cantara esto en vivo, pero Jenni dijo "todos nos vamos a morir, Laura".

"Sí", le conteste, "Pero para mí, cantar sobre "morir" es también una manera de afirmarlo y no quiero que proclames lo que ocurrirá cuando mueras, no debes pensar en esas cosas". A lo que Jenni contestó "voy a dedicársela a una fan que acaba de morir de cáncer". Jenni y yo acordamos que solo cantaría esta canción cuando las personas la pidieran como homenaje para alguien que acabara de fallecer. Jenni estaba conmovida por las muertes de Chalino Sánchez, Adán Sánchez, Valentín Elizalde y otros. Fue después de la muerte de Valentín que escribió "Cuando muere una dama".

Recuerdo que los medios habían viajado hasta Los Ángeles desde México para estar presentes para el concierto de "Mi Vida Loca" y todos estaban muy emocionados. Jenni no solo cantó, sino que dio un súper show.

Se volvió costumbre que cada vez que yo producía un show o la iba a ver cantar, al final de cada presentación me preguntaba "¿Le gustó, señorita Lucio?" a lo que yo respondía con un "Sí me gustó, señorita Rivera". Pero esta vez, cuando terminó al final de la noche, le dije "Estás casi lista para Las Vegas". Jenni me miró maravillada y sonriente. Era mi manera de plantar semillas en su cabeza sobre lo increíble que era, pero que podía alcanzar cosas mejores. Si algo hice para ayudar a Jenni, fue empujarla a ser mejor, la mejor en su género. *"Siempre más, siempre buscar lo mejor, nunca conformarse con menos".*

LA REINA DE LOS MEXICANOS EN LOS ÁNGELES

El titular del periódico Los Angeles Times del día siguiente decía: Jenni Rivera, Reina de los mexicanos en Los Ángeles. "Viste amiga, lo lograste, los medios de habla inglés están escribiendo sobre ti, y tan solo el año pasado pensabas que a nadie le importabas". Jenni sonrió. El año anterior, a inicios del 2006, la hija de mi amiga Letty, Crystal, tenía una asignación para el periódico escolar. Era reportera para el periódico escolar de Norco, California, y me preguntó si podía ayudarle a coordinar una entrevista con Jenni. Cuando le dije a Jenni, ella me dice, "¿En inglés?, ellos no saben quién soy". Contesté, "Jenni, esta niña no te estaría pidiendo una entrevista si no supiese quién eres". Así que Jenni accedió a hacer la entrevista y le dedicaron un cuarto de página contando la historia de su vida, su carrera y su música. Fue la primera entrevista que Jenni dio para un medio en inglés, luego le siguió otro periódico estadounidense, The Orange County Register y tan solo un año después, el más fuerte e internacional, el periódico Los Angeles Times fue a su concierto y sacó un reportaje muy extenso sobre su éxito.

El LA Times quedó impresionado, y también lo estaban los medios mexicanos especialmente después de haber sido invitados a un evento tan extraordinario. Los titulares en México también fueron grandiosos. Los reportajes sobre Jenni Rivera y su música ayudaron a incrementar su popularidad, visibilidad y valor en México. El sello lidiaba con la promoción en radio de la mano de Gabriel Vázquez

"Gabo", quién también organizaba fechas para Jenni. El calendario de presentaciones estaba lleno. La máquina estaba en movimiento en la dirección correcta, la Diva de la música regional mexicana, Jenni, la mariposa de barrio, como decía una de sus canciones, pronto estaría en la cima.

Capítulo 7

Belleza externa e interna.

"Para tener éxito en la vida, acéptate como eres realmente,
mírate al espejo diciéndote "te amo" y siéntelo".

El éxito de Jenni tomó por sorpresa a muchos. No entendían qué era lo especial en ella. Aquellos que conocíamos a Jenni sabíamos que tenía los pies sobre la tierra y no era pretenciosa. "No soy una artista, yo solo soy una mujer que canta", Jenni me decía, cada vez que hacía sugerencias sobre ejercicios, vestimenta y maquillaje. Pero ella entendió sobre la importancia de darle a sus fans lo mejor incluso si eso significaba hacer algunos sacrificios.

El miércoles, 14 de febrero de 2006, Jenni y yo no encontramos para almorzar, celebrar el Día de San Valentín y planear un viaje a Miami. Jenni había sido invitada para el programa de entretenimiento, Escándalo TV, conducido por Charytín en Telefutura (ahora UniMas) la otra cadena de Univisión, y me pidió que la acompañara. Jenni quería hablar conmigo sobre la producción de un infomercial, y de un programa de televisión que estaba planeando relacionado a una línea de cosméticos. Volamos hacia Miami el siguiente día que era jueves, y el sábado, Jenni y yo nos despedimos en el aeropuerto, ella se dirigía a otro lugar para su próximo concierto.

Durante la grabación del programa, Jenni estaba coordinando con los músicos su entrada, aún no estaba al aire, estaba detrás de cámaras, todo parecía estar saliendo bien, cuando de repente, unos segundos antes de su segmento, mientras presentaban a Jenni, ella empezó a maniobrar con las manos haciendo señas

101

a las cámaras. Yo le indicaba que se detuviera, pero mientras más se lo pedía, más seguía haciéndolo. Me imagino que el coordinador de piso la vio porque enfocaron la cámara hacia otro lado regresando a ella justo en el momento cuando su canción empezó a sonar, Jenni cantó y todo salió bien. Después de que finalizara el segmento, viene y me dice "solo estaba jugando contigo, esta W con mis dedos significa West Side, y estos dos dedos hacia abajo significan que estoy lista". (I'm down) Le dije "Jenni, casi sales al aire haciendo esas muecas, por favor recuerda que no todos entienden lo que haces, pareces loquita". Jenni se reía, pero yo estaba enfocada en pulir su imagen, así que le pedí que no hiciese eso de nuevo en televisión. Le expliqué que para ser una artista exitosa requería de asumir aún más responsabilidad y que habría veces en las que tendría que comportarse como una dama así no quisiera. En especial porque la gente joven la admiraba y debería ser un ejemplo que seguir. "Sí, señora" respondió Jenni. Recuerda *si quieres ser vista y admirada, debes dar lo mejor de ti"*. Ella sabía que le decía por su bien. Yo NO quería que fuese juzgada o que la discriminaran, quería que alcanzara las estrellas. Más que todo deseaba que fuese vista y admirada como un modelo a seguir.

Los críticos fueron crueles. A Jenni la destrozaban hablando de su talla y el hecho de que tenía cinco hijos y trataba de destacar en la industria del entretenimiento. La describían con un sin número de adjetivos derogatorios e innecesarios. Usando los términos actuales, Jenni sufrió de *bullying*. Querían destruirla emocionalmente, pero sus insultos se convirtieron en el combustible que Jenni necesitaba para convertir lo negativo en positivo. Me dolía y me molestaba, pero la verdad es que quería que Jenni los callara con su éxito y no con palabras ni haciendo gestos groseros con las manos.

Recuerdo cuando me dijo sobre la vez que dio una entrevista en la radio, y al salir siguió escuchando la estación, escuchó que se burlaban de ella y jugueteaban con su nombre diciéndole

"Bayeni Rivera" (ballena) en lugar de decirle por su nombre con respeto. Siempre le dije que los dejara que hablaran, *que su éxito sería la mejor venganza, y pronto se tragarían sus palabras.*

Jenni, al igual que muchas otras mujeres, pasó por el dolor de tener que dar a luz con muchas complicaciones de por medio como desbalances hormonales, incremento de peso, cambios corporales, retención de líquidos y mucho más. Desde que nos conocimos hasta el día de su muerte, pasó por muchas transformaciones físicas. Ella confiaba en mí cada vez que necesitaba ver a un doctor. Una vez llegó de Guadalajara, Jalisco, México muy enferma después de una operación de emergencia por una supuesta apendicitis que en realidad resultó ser una terrible infección estomacal. En esa ocasión, la cuidé en el hospital y me quedé con ella hasta que se sintió mejor.

MANTENIÉNDOSE SANA

Jenni y yo nos reunimos en diciembre del 2011 y nuevamente en enero del 2012, debido a una demanda pendiente y un acuerdo al que tendría que llegar con Liberman Broadcasting (Estrella TV). Era una mañana soleada y con brisa. Empezamos a conversar en su casa, pero en medio de nuestra conversación, me preguntó si podíamos ir al patio cerca de la piscina. Parecía que quería algo de privacidad o no quería que nadie nos interrumpiera. No vi a nadie más además de la ama de llaves, quién nos preparó un delicioso jugo natural de piña y apio. De todos modos, seguí a Jenni al patio.

Ese día Jenni me dijo que una de sus rodillas le estaba causando problemas, lo que empeoró meses después, en especial después de la caída que tuvo durante la celebración de su cumpleaños en julio, pero había algo más que la molestaba. Jenni me dijo "Laura, se me olvidan las cosas, no sé dónde dejo las cosas, a veces me quedo en blanco mientras estoy platicando.

¿Sabes cómo soy de organizada?, pues se me olvidan las cosas". Jenni desvió su mirada hacia el valle con una preocupación profunda. Me contó cómo esto la asustaba. Su cabello estaba suelto, no traía puesto nada de maquillaje y llevaba pantalones azul oscuro.

A Jenni no le gustaba mostrarse vulnerable ante nade asi que aparte de mi no compartía sus preocupaciones de salud con otras personas. Conmigo lo hacía porque se sentía cómoda. Así que cuando se sentía enferma, me llamaba. Por lo regular, siempre al vernos bromeábamos mucho, pero en esta ocasión cuando vi en su rostro la preocupación, intenté animarla, pero yo también me preocupé. Le dije que empezara a tomar vitamina E. la vitamina E es un antioxidante, y ayuda a proteger la estructura de las células. Si esta vitamina le falta a nuestro sistema, el cerebro y el sistema nervioso se empiezan a degenerar. Le dije que si seguía así, olvidando cosas después de cuatro a seis semanas de tomar la vitamina, que sería mejor visitar al médico.

Jenni me prometió que cuando terminara con el medicamento que le dieron después de una operación para removerle unos quistes un mes antes en diciembre de 2011, le iba a preguntar al doctor acerca de la vitamina E. Le sugerí que leyera artículos sobre los alimentos que contienen vitamina E y que hiciera ajustes en su dieta. Jenni ya no se volvió a quejar de esto de nuevo, así que asumí que todo estaba bien.

El público podrá ver el glamour de un artista, pero no ven las muchas cosas que sacrifican para compartir su talento con el mundo. Si Jenni estaba olvidando las cosas, era comprensible. ¡No tenía tiempo para pensar! Jenni estaba presentándose cada fin de semana y grabando su álbum durante la semana. Los miércoles, era la locutora de un programa de radio, y con el tiempo que le quedaba participaba en el programa de reality <u>I Love Jenni.</u> Su dedicación a sus hijos y a su esposo y a su entrenamiento físico a diario ocupaba sus mañanas y noches.

La operación del quiste no fue algo planeado. Jenni no tenía idea de que tuviera algún problema. Durante esta etapa Jenni estaba grabando el programa de radio y decidió hacerse una cirugía para alzar sus pechos porque creía que lo necesitaba después de cinco hijos y cinco lactancias. Cuando me contó lo del quiste, fue después de que volvió del doctor luego de una consulta de rutina. El quiste de su pecho izquierdo era casi de una pulgada y al parecer había otro más pequeño en el pecho derecho. Jenni estaba algo preocupada pero no quería alarmar a nadie, así que, como una mujer valiente, decidió quitarse los quistes y hacerse el levantamiento de pechos al mismo tiempo. También me dijo que mientras lo hacían, iba a tener una liposucción en otras partes de su cuerpo, como su abdomen y la parte superior de sus piernas – esta sería la segunda vez, la primera fue en 2007. Como siempre con una actitud guerrera, Jenni no estaba tratando el procedimiento como gran cosa.

El asunto de los quistes a mi sí me tenía preocupada. Le pregunté si quería que la acompañara como hice en las otras cirugías, pero me dijo que Esteban y Julie, su asistente personal, estarían ahí con ella.

Fui a St. Finbar, la Iglesia Católica cerca de mi casa y prendí una vela el día de la cirugía. Es siempre mi manera de dejarle a Dios las riendas de las cosas que están fuera de mi control. Es una costumbre que adquirí de mi madre, y ella de mi abuelita. Cuando Jenni me texteó para decirme que los quistes eran benignos, me alegré. Jenni les contó a sus fans en Twitter. Sentía que debía informarles, sugiriéndoles a todas las mujeres una mamografía.

En lo que se refería a belleza externa, Jenni era algo rebelde con su imagen y su peso al inicio. "Yo no me voy a preocupar de verme bien ni por andar arreglada ni nada", me decía. Y yo le contestaba "Si tú eres la mejor artista de Banda del mundo debes verte linda para tu público". Mientras escribo esto, puedo escuchar su risa en mi mente. A Jenni le encantaba bromear conmigo, pero terminaba diciendo "solo te estoy fastidiando, Laurita. "Lo sé, y lo entiendo de lo importante que es verme bien". "Conseguiré a un entrenador y me arreglaré," decía Jenni. Ella tuvo varios entrenadores personales con los que trabajó del 2006 al 2012, estaba muy dedicada a mejorar su apariencia, no solo por la belleza, sino por razones de salud.

De pronto me sorprendió su dedicación. Pero aún así, cuando empezó su rutina de ejercicio en 2006, tenía problemas de retención de líquidos. Alguien le había dado píldoras para drenar su sistema, pero eso no la ayudaba los fines de semana porque bebía alcohol y para el lunes o el martes de nuevo volvía a tomar estas "píldoras de agua", como ella las llamaba. Según, liberaban agua en su organismo. Yo había visitado un lugar llamado Ivy's Bridge en Tustin, California, una tienda de comida saludable en la que atiende un iridólogo – una persona que lee el iris de tu ojo y determina qué órganos en tu cuerpo necesitan mantenimiento. Así que le conté a Jenni sobre eso, y ella me pidió que la llevara. El especialista la vio y cuando sus resultados llegaron, indicaron que tenía toxinas en los riñones que estaban causando inflamación y retención de agua, un problema que podía volverse crónico y muy serio si no se atendía adecuadamente. Le sugirieron unos productos naturales durante un mes, pero muy en específico eliminar el alcohol. Jenni siguió las indicaciones durante unas pocas semanas y tan pronto se sintió mejor, suspendió el tratamiento.

Un día llegué a su casa, vi el frasco de Nature Sunshine Pills y le pregunté si lo había terminado. Empezó a decir "No porque…" la detuve y dije "no me digas que no querías mezclar alcohol y píldoras". Jenni se rio "¿Qué comes que adivinas?". Contesté: "Jenni, puedes hacer lo que quieras con tu cuerpo, pero debes recordar que beber afecta tu hígado, tus riñones, tu cerebro, todo tu cuerpo. No te digo que no lo hagas. Pero no tres días seguidos". Jenni era contratada para cantar viernes, sábados y domingos y el tequila corría como agua. Cuando le decía ella gritaba "debes emborracharte conmigo Laura Lucio. Te haré hacerlo uno de estos días". Y vaya que lo intentó.

TEQUILA PARA UNA VIDA

En mi cumpleaños en 2007, Jenni organizó una fiesta sorpresa con amigos en cierto restaurant mexicano en North Hollywood. Me dijo que estuviera ahí a eso de las 7 p.m. porque según íbamos a cenar juntas. Cuando entré, el lugar estaba lleno de locutores de radio y muchos de nuestros amigos. Recuerdo a Vero Nava, una de las amigas de Jenni que trabajó en Univisión Radio, sentada junto a ella. El grupo de Tex Mex empezó a tocar "Las mañanitas", y todos cantaron. Cuando miré hacia la mesa de Jenni vi una botella gigante de tequila; era enorme. Debía ser como de 24 pulgadas de alto. Cuando terminaron de tocar, Jenni se me acercó y dijo "es para ti Laura, debes beberla toda, ¡quiero verte borracha!".

El primer *shot* fue mío, luego todos tomaron *shots*, uno tras otro, mientras el grupo seguía tocando, y en algún punto, llegó también el mariachi. "Canta Laurita; quiero que cantes conmigo y te emborraches", exclamó Jenni. Debo de haber escuchado "La Maestra" (o Laurita Garza) cientos de veces. Los músicos terminaban y Jenni gritaba "¡Otra vez Laurita Garza!" entre esa canción y "la pajarera", una canción hermosa que mi bisabuelo amaba y que es una favorita en mi familia. La canción trata de anhelar a un amor que está lejos y no importa en qué parte del mundo estemos, cuando escuchamos esa canción nos remontamos al rancho de mi familia al norte de México.

Mi fiesta de cumpleaños fue genial y la pasé muy bien. Jenni alzó su copa y dijo algo así: "Laurita, esto es para mostrarte cuánto te quiero y lo mucho que significas para mí, gracias. No te defraudaré". Cuando estaba sobra, le dije que fue de locos seguirla a casa esa noche asegurándome que llegara bien. "¿Por qué? ¿Qué hice?" preguntó. "Te salías del camino. Estaba preocupada de que te durmieras al volante" le dije. Manejamos desde el área de North Hollywood en Los Ángeles hasta Corona, California. Jenni estaba en su Land Rover; y yo en mi Lexus SUV justo detrás de ella. Jenni decía con una sonrisa de oreja a oreja "Pero, ¿te gustó la fiesta?" le dije "¿ sí, y cómo vamos a sacar todo el pastel, las enchiladas y todas las otra toxinas del alcohol de nuestro organismo?"

"Yo me haré liposucción antes de mi próximo concierto en Los Ángeles," exclama Jenni, "todo esto" dijo mientras se agarraba los rollos en el abdomen "se va a ir".

El COSTO DE LA BELLEZA

En la zona en la que Jenni vivía en aquel momento, Norco/ Corona, no había muchos doctores ni clínicas que hiciesen liposucciones, y era más sencillo ir hasta Tijuana que conducir a Beverly Hills. Visitar al Dr. Buenrostro no era cuestión de costos sino de conveniencia.

Nos fuimos a Tijuana. Después de manejar un buen rato desde Corona, CA, le dije que tenía hambre. Me decía que me esperara hasta que llegáramos a México, pero mi ser goloso no podía esperar tanto, así que se desvió en la siguiente salida y nos detuvimos en un Burger King. Estaba pasando el área llamada Rancho Santa Margarita por la autopista 15 Sur. Había una larga fila para el autoservicio, así que nos estacionamos y entramos. Mala idea, mala idea, mala idea. Cuando iba a ordenar, una chica gritó "¡Dios mío, es Jenni Rivera!". La gente empezó a agolparse a nuestro alrededor, y muchos de los que estaban afuera vieron que algo ocurría, así que entraron también. Jenni paralizó el restaurante y no pude ordenar. Las personas querían fotos y autógrafos, y yo sola con ella no pude alejarla de la multitud. El gerente del restaurant cerró las puertas por el límite de capacidad que existe y no nos fuimos hasta que la última persona tuvo su autógrafo. Se me olvidó que tenía hambre. Con su típica carcajada decía, "ándele, quería comer".

Una vez en Tijuana, el cirujano le preguntó a Jenni si la operación podía hacerse pública y ella accedió. El día de la cirugía, había medios de todas partes de México afuera de la clínica. Pasé la noche en el hospital al lado de ella, pero al día siguiente ya estaba levantada muy temprano. Ella estaba feliz, lista para irse a casa. Los medios estaban ya en la puerta de la clínica esperándola. Jenni me pidió que les dijera a los medios que estaba un poco adolorida y que yo les diera todos los detalles sobre la operación. Le dije, "No. Tú eres la paciente y la cantante, tú eres quien debe enfrentarse a las cámaras". Así que le puse algo de maquillaje y una gorra y a dar entrevistas. La liposucción de Jenni fue un suceso para los medios que cubren farándula. Afortunadamente, cada uno de los reporteros fue muy cordial y compresivo con ella.

Saliendo rumbo a cruzar la frontera, Jenni me preguntó, "¿Tienes hambre, Laurita?".

"Un poco", contesté.

"Vamos a comer mariscos en El Negro Durazo".

Justo había escuchado al doctor decirle que no comiera mariscos, así que se lo recordé. "Estaré bien", respondió. "No te preocupes".

"Eres terca, Jenni Rivera". Ese día, Jenni comió mariscos y bebió una cerveza.

Continuamos nuestro camino a casa, le mencioné a Jenni que probablemente estaríamos en el tráfico durante horas, así que debía ser cuidadosa. Jenni aún traía una válvula de drenaje de la operación. Nos aproximamos al primer puente antes de tomar la línea, vimos a dos apuestos policías de Tijuana ahí parados, asegurándose de que las personas no pelearan para llegar al frente de la fila de autos. Cuando nos vieron, nos indicaron que nos detuviéramos. Antes de que dijeran algo, les expliqué que Jenni había salido del hospital y que temíamos que la fila fuese muy larga. Miraron dentro del coche, vieron a Jenni y sonrieron, luego dijeron "las ayudaremos, pero tienes que darnos entradas para su próximo concierto en la ciudad". Entre broma y broma nosotras quedamos de darles entradas. Los seguimos mientras abrían el tráfico para nosotras. Antes de irse intercambiamos números telefónicos para llamarlos cada vez que necesitásemos ayuda. La siguiente vez que Jenni se presentó en Tijuana, nos aseguramos de que les llegaran entradas. Cuando salieron las trágicas noticias sobre el avión perdido de Jenni, uno de los policías de nombre Dominick, fue el primero en contactarme por Facebook. Estaba devastado por las noticias.

Pero mi más grande miedo se manifestó días después de la cirugía. Jenni me llama y dice "No me grites, no te enojes, por favor, pero creo que tengo una infección".

"DIOS MÍO" grité.

"Por favor no digas 'te lo dije y no te enojes conmigo', ahora no es el momento", dijo Jenni.

Se me vino un *flashback* a mi mente de mi abuelita y lo que decía cuando yo había hecho algo indebido: "¡A calzón quitado, te voy a dar unas nalgadas!". Era solo una amenaza, jamás ocurrió. Yo ya sabía que Jenni no había estado siguiendo las indicaciones del doctor. Unos días antes, me llamó llorando del estudio de grabación por una situación con el Pelón, su ex – novio quien entraba y salía de su vida. Jenni lo quería mucho, y había estado bebiendo mucho. Una de las primeras cosas que el doctor le dijo fue que no debía beber alcohol hasta que se hubiese curado por completo. Jenni no sabía escuchar. Le repetí las palabras de mi abuela y a ella le causaron risa.

Llamó al doctor para explicarle lo que estaba pasando e hicimos otro viaje a Tijuana. Después del chequeo, cuando bajábamos las escaleras, Jenni me miró con su mirada pícara y antes de que ella dijera algo le grité "¡No, Jenni! ¡Otra vez el Negro Durazo no! ¡ Hoy No hay cerveza, no, no, y NO!" y ella , "¿por qué no, Laurita? ¡Ya me siento mejor!" yo me senté justo ahí en las escaleras y continué "¿Sabes lo seria que es una infección?" el Dr. Buenrostro quién prácticamente cerró su clínica para la comodidad de Jenni, no estaba nada feliz con la falta de atención que Jenni le daba a su cuerpo. Ese día, la convencí de comer una ensalada y un jugo de frutas natural, luego volvimos a los Estados Unidos. Todavía tenía la pequeña incisión drenando líquido así que debía ser muy cuidadosa. Tan pronto como vio los resultados y una cintura más pequeña, empezó a prestarse más atención a sí misma. Le gustaba el hecho de que podía usar ropa más ajustada en su cuerpo curvilíneo.

DIETA Y EJERCICIOS

Jenni empezó a comer más frutas y ensaladas, también cortó su ingesta de sal. Mientras menos sodio, menos retención de agua. Una de las cosas hermosas de Jenni era que una vez que se proponía a hacer algo, era lo suficientemente disciplinada para trabajar con disciplina y lograrlo. Era así con su dieta y ejercicios. Aprendí a comer tostadas de atún con Jenni. No sabía si ella las había inventado. Cortaba apio, tomates, cebolla, zanahorias y chiles verdes, a veces agregaba chícharos, y lo mezclaba con atún, luego exprimía un limón en eso y lo comía con tostadas. Decía que eran menos de 200 calorías y yo le creía aparte era sabroso. Jenni hacía una gran porción y lo guardaba en su refrigerador. Me gustaba mucho la comida que ella preparaba. Un día le pregunté por qué era tan buena cocinera y me dijo, "Laura, aprendí a ser creativa cuando tenía que hacer que 20 dólares me duraran la semana entera".

NUTRIENDO SU ALMA

Para prepararse para sus conciertos y como parte de su rutina de ejercicios, Jenni usaba la caminadora. Algunas veces se encontraba con su entrenador en el gimnasio y después, cuando se mudó al área de Encino Hills, Jenni haría una caminata temprano en la mañana después de las rutinas que el entrenador le daba.

La primera vez que vi a Jenni verse fabulosa fue justo antes del concierto en el Gibson en el 2006. Estaba fuerte. Comía bien, tomaba mucha agua y lo más importante, se mantenía lejos del sodio. Recuerdo entrenar con ella en un Golds Gym en North Hollywood, California. Íbamos para allá porque su entrenador tenía a otros clientes en esa área. Sus piernas parecían piedras. Me dijo "me empieza a gustar esto", porque sentía que el hacer ejercicio le daba fuerza en el escenario. Mientras mejor se veía, más disfrutaba de hacer ejercicio. Estaba más segura de su belleza interna y externa. Cuando Jenni venía a mi casa, le gustaba ver qué libros estaba leyendo. Siempre le gustó leer, pero me dijo que tenía tiempo de no hacerlo. Sin darse cuenta, comenzó a nutrir su alma. Le sugerí varios de Marianne Williamson como *Regreso al Amor* e *Illuminata, Siente el miedo y hazlo de todas formas* de Susan Jeffers, y *Los 4 acuerdos* de Don Miguel Ruíz. Además de leer la Biblia, Jenni leía mucho mientras viajaba. También compró algunos libros de Joel Osteen, uno que le gustaba mucho era *Cómo Ser un Mejor Tu*, (How to be a better you) y de Rick Warren, *Una Vida Con Propósito*. Jenni jamás había recibido terapia psicológica profesional de ningún tipo a pesar de que había vivido muchas experiencias traumáticas, así que leer ayudaba a Jenni a analizarse a sí misma.

TERAPIA DE HORMONAS DE CRECIMIENTO

En diciembre de 2011, Jenni se tomó un mes de vacaciones. Quería hacer cambios del personal que la rodeaba y quería consultarme sobre algunas ideas que tenía para su carrera. Le dije que lo tomara con calma y se mejorara, que la vería después de navidad cuando volviera de Texas.

Así que, en enero de 2012, cuando mencionó su rodilla y sus problemas de memoria, además de lo de la vitamina E, le recomendé buscar terapia con hormonas de crecimiento. La principal razón era porque su rodilla le había estado dando problemas durante un tiempo y ahora la estaba debilitando. El cartílago estaba casi todo gastado, y sus huesos raspaban, era por eso que le dolía tanto caminar. Cada vez que doblaba sus rodillas, le dolía. Ella me explicó "tenemos rodillas débiles en mi familia. Pero ahora, no hay nada que contenga a mis huesos, y duele más". Las hormonas de crecimiento, que yo sugería, buscaban ser la posible solución para que pudiese desarrollar cartílago nuevamente y evitar una cirugía. Un amigo manejaba las ventas para una de las mejores clínicas de este tipo de tratamientos en México y aparte yo había hecho reportajes del tema y sabía que le ayudarían.

Jenni decidió buscar tratamiento después de que se cayó en su casa durante su fiesta de cumpleaños en julio de 2012. El dolor era insoportable, me dijo, y el siguiente paso era cirugía. Una vez iniciado el tratamiento con hormonas, me dijo que se sentía más feliz, su rodilla se recuperaba debidamente.

EMBELLECIENDO A JENNI

Muchas personas contribuyeron a la belleza externa de Jenni, dos de ellas fallecieron con ella, Jorge Armando Sánchez, su estilista. Lo llamábamos GIGI, cada vez que Jenni necesitaba de un estilista en México le llamaba a el. Siempre le daba la mejor atención posible. Recuerdo cuando trabajamos en el especial de televisión para su boda. Gigi hacía chistes y lograba que todos nos sintiéramos relajados mientras trabajaba estilando el cabello de Jenni. Su maquillador, Jacob Debayle era también muy dedicado y divertido. Era guapo y le encantaba bailar. Fue mi compañero de baile durante la fiesta privada en Universal Music después de los Premio Lo Nuestro en Miami en 2010. Le dio muchos *looks* diferentes a Jenni, "Diva, te voy a dar un *look* que no te vas ni a reconocer a ti misma", le decía a Jenni. Luego, al finalizar su maquillaje, le decía "te ves perrísima". Antes de Jacob, la maquilladora de Jenni era una hermosa mujer llamada GiGi. Le dio muchos *looks* maravillosos a Jenni. Gigi, también ayudó a organizar la boda de Jenni. En los años recientes y a lo largo de su participación en el *talk show* de Jenni en Estrella TV, conocí a Vanessa Sánchez, su estilista y tal vez la persona de quien Jenni recibió más amor durante sus últimos días. ¿Por qué digo eso? Porque cuando Jenni vivía la devastación de su divorcio de Esteban, Vanessa dejaba de lado todo para estar con Jenni. Cuando hablé con Jenni y le pregunté si todo estaría bien, después de verla llorar, me dijo, "Vanessa se está quedando conmigo, ella me cuida, está conmigo y me siento bien, pero ven por favor y quédate aquí si tu quieres". Si Vanessa estaba ahí todo estaba bien. Jenni necesitaba tiempo para pensar. Todas las presentaciones de Jenni en LA su último año y medio de vida, Vanessa era quien la peinaba.

REINVENTANDO SU ESTILO

Pero a quien más le debemos los cambios de *look* de Jenni es a Iván Montero, el estilista de Jenni por aproximadamente nueve años, siempre dedicado en transformar la imagen de Jenni. Iván había peinado a muchas personas importantes de la esfera musical antes de conocer a Jenni a través de Yanalte

Galván, la publicista de Jenni en aquel momento, antes de Arturo Rivera. Iván y Jenni se hicieron amigos, e Iván se tomó el tiempo de estudiar sus eventos y promociones para crear el estilo correcto para ella. Algunas veces, en pleno proceso de transformación, Jenni buscaba mi opinión así que iba a verla al salón de Iván. Así lo conocí. Jenni me decía "es mejor que veas por ti misma lo que va a hacer porque si no te gusta, será difícil dar vuelta atrás". Jenni tenía el cabello castaño claro, pero insistía en tenerlo oscuro. Ni a Iván ni a mí nos gustaba la idea. Le expliqué a Jenni que no debía desviarse mucho de su color original porque en las entrevistas mientras más oscuro es el cabello, más se oscurecen las facciones del rostro. El cabello de Jenni era fino, así que la parte difícil era hacerlo ver con volumen. Por sugerencia de Iván, Jenni empezó a usar extensiones. El proceso de instalar las extensiones consumía mucho tiempo, pero a ella le gustaban; le hacían parecer que tenía mucho cabello. Iván se convirtió en su amigo y confidente, en abril de 2009, Jenni fue la madrina de la gran apertura de su salón IM HAIR STUDIO ubicado en Toluca Lake California.

SELECCIÓN DE VESTUARIO

Hubo un punto en la carrera de Jenni en la que por su popularidad ya no le era fácil ir de compras al centro comercial, en especial al que quedaba en Riverside, cerca de su casa en Norco/Corona. Así que su hija mayor tomó la tarea de elegir su vestuario. A Jenni no le importaba mucho si sus ropas eran o no de diseñador. A mí y a Chiquis su hija mayor sí nos importaba, así que su transformación fue gradual. Después de su matrimonio, Esteban también contribuyó. A él le fascinaba salir de compras en lugar de Jenni. Sus gustos eran caros, algunos de los conjuntos que le escogió eran muy hermosos y elegantes. En una ocasión que fuimos Jenni y yo a una cita médica en Beverly Hills, él se fue de *"shopping"* para Jenni.

"Gasta mucho dinero en estas cosas", decía Jenni. Esteban se fue a Rodeo Drive y llegó con un atuendo de Burberry para Jenni. Yo pensaba que era muy valioso ver que un hombre comprara ropa para que su mujer se viera hermosa.

Pero en lo que más presté atención desde un principio fue en la ropa que usaba en el escenario porque si algo le quedaba bien, se mandaba hacer el mismo estilo de diferentes colores. Me preocupé un poco al ver sus fotos en Houston, Ciudad de México y Chicago y verla llevar la misma ropa. Así que me dirigí al caballero que fabricaba su ropa en aquel momento, Jerry, y le pregunté por qué estaba haciendo el mismo conjunto, pero en diferentes colores, él solo me dijo que Jenni se lo había pedido. Le pregunté a Jenni y ella casi llora, "Pero, Laura, es que nada me queda bien, por eso le pido que repita estilos". "Jenni, mírame, y repite después de mi: me veo bien en todo lo que me pongo, no tengo miedo a ningún estilo". Jenni se empezó a reír, así que le mostré las fotografías de los periódicos en las diferentes ciudades. "Mira, parece que estuvieses usando lo mismo, no quieres que el público piense que solo tienes ese traje", le dije.

Los cambios serían graduales porque le gustaba hacer todo por sí misma. Yo le decía "¿Y para qué tienes asistentes entonces?", a lo que ella respondía "Yo tendré el título, pero tú eres la verdadera Diva", "No Jenni, tu eres la artista, esto son solo detalles", le contestaba. En una ocasión llegamos al aeropuerto de Dallas y había muchos reporteros esperándola. El equipaje era casi tan grande como Jenni, quién medía como un metro setenta sin tacones. Ella lo empujaba junto con una bolsa de maquillaje y su bolso. La persona que se suponía debía ayudarla se adelantó para encontrar transporte. Todas las cámaras se enfocaron en Jenni que tenía dificultades para empujar todo el equipaje. Yo estaba molesta porque era mucho para su cuerpo pequeño y había hombres viajando con nosotras que se suponía que debían ayudarla. Camino al hotel, hablamos sobre darles a todos tareas específicas porque no la estaban tratando como la "artista" que era. En lo que crecía su popularidad, había peticiones de entrevistas y ella debería de estar lista para las cámaras bajando de autos o de los aviones. Ella ya no era la chica del barrio, su estrella estaba brillando. Le dije "si las personas no están listas para crecer contigo, debes buscar a personas que sí lo estén porque este tren no se detiene".

No fue hasta finales del 2010 que Jenni tuvo una asistente que se encargaría de su vestuario, fechas y locaciones. Fue un alivio. ¡Gracias, Julie Vázquez!

Iván Montero insistió en que Jenni debía hacerse su ropa con Adán Terriquez, quien vestía a personas como Beatriz Adriana y otras. Poco después, los hermosos y elaborados vestidos de Jenni eran diseñados por Adán quién hizo la presencia de Jenni en el escenario mucho más especial e icónica.

En 2008, Jenni fue invitada a los Premios Juventud en Miami, un concierto y premiación para las generaciones jóvenes. Antes del evento, un ícono de la moda venezolano, Rodner Figueroa vino a visitar a Jenni para discutir lo que iba a vestir para el evento. Fue Rodner quién le presentó a Jenni a Julio Lucero, uno de los mejores diseñadores de trajes de noche. A Jenni le gustaban sus diseños tanto que lo escogió para el diseñó de su hermoso vestido de novia en 2010.

Ver a Jenni brillar y sentirse hermosa como mujer y como artista me daba una inmensa satisfacción. Disfrutaba mucho y la aplaudía en cada paso del camino porque como dice su canción "el camino fue largo." Las personas critican a los artistas por intentar cosas nuevas y ser diferentes. En el caso de Jenni, aparte de cirugías cosméticas, su bienestar siempre vino primero. Jenni se las arregló para verse en el espejo y decir "me gusta lo que veo" porque sin lugar a dudas era una "Dama Divina".

Capítulo 8

Enamorada perdida

"El solo pensar en perderte, me da la fuerza y el deseo de mantener viva esta pasión".

Otoño de 2004, la noche está oscura, tranquila y muy fría, alrededor de las doce y media   de la noche, todas las luces de las casas en mi calle en Toluca Lake, California están apagadas, excepto la de mi condominio en el piso de arriba; Tenía la luz encendida. Me siento cómoda en mi depa acogedor escuchando "Aranjuez", una pieza de música clásica que levanta mi ánimo. Estoy leyendo un libro sobre crecimiento y espiritualidad. Escuchar esta música me da la adrenalina que necesito para seguir leyendo hasta la madrugada. Las pijamas que me puse se mezclan con los cubrecamas de color beige, también son de color beige con algunos diseños dorados. Mi cabello recogido en una cola de caballo. Pareciera que la oscuridad estuviese absorbiendo la música de fondo porque todo permanecía en silencio. De pronto, suena el timbre de la puerta que viene de afuera del vestíbulo de abajo y me hace saltar bruscamente; no esperaba a nadie. Me siento al borde de la cama tratando de tranquilizarme preguntándome quién podría ser, de nuevo, otro salto pues el radio de mi teléfono Nextel rompe el silencio. "¡Hola!" Escucho la voz de Jenni: "Soy yo, abre". Presiono el botón y la dejo entrar.

En las recientes semanas, Jenni y yo nos habíamos sentado a platicar en una reunión sugerida por su padre para discutir muchos asuntos importantes en su vida y en su carrera. Apenas conocía a Jenni. Su popularidad iba gradualmente en ascenso, en especial en Los Ángeles y el área norte de California, donde su música ya se escuchaba.

Caminé para ver si Jenni estaba cerca y cuando abrí la puerta, ella entró. Su actitud me sorprendió. Jenni parecía vulnerable y angustiada, muy diferente de unas pocas semanas antes, cuando almorzamos juntas a petición de su padre. El maquillaje de sus ojos corría por sus mejillas; su cabello estaba desordenado, llevaba jeans, una sudadera de gran tamaño y tenis. Obviamente había estado llorando. "Jenni, ¿qué te paso? Jenni comienza a hablar, pero en lugar de eso solloza incontrolablemente. Ella repitió: "No puedo encontrarlo, ya no sé dónde buscar". Mis ojos se abrieron de par en par. No sabía si abrazarla, llevarla al sofá para sentarse o darle agua, me quedé allí inmovilizada viéndola así. No tenía ni idea de a quién se refería. Trato suavemente de tocar su cabello desordenado para apartarlo de su cara. Jenni estira la manga derecha de su sudadera con su mano derecha para cubrírsela y se limpia las lágrimas y la nariz con su manga. "No quiero que le de una sobredosis" murmura, mientras estoy de pie mirándola". ¿Quién, Jenni, quién va a sufrir una sobredosis? "Jenni comienza a llorar de nuevo. La llevo hacia el sofá y le digo: "Jenni, por favor, siéntate". "No, mija, me voy a sentar en el suelo, no quiero arruinar tus sillones". Las luces atenuadas hicieron que el sillón de color beige se viera blanco.

Jenni se puso cómoda en el piso, fui hacia el refrigerador para buscarle agua. Me siento junto a ella en el piso. Tomó un poco de agua y se calmó. Le pregunté otra vez, "¿De quién está preocupada, Jenni?" a lo que ella contestó, "De Fernie, Laura, es Fernie. No lo encuentro". Abrí la boca de asombro. "¿Fernie está drogándose?", "Sí. Y se escapa y nadie sabe dónde está", dijo Jenni.

El día que conocí a Fernie estaba muy elegante, era muy amigable y articulado. Jenni quería que produjera un *reality show* y un especial musical como el que había hecho para Lupillo un año antes. Fernie escuchaba atentamente. Era cortés, cuando lo escuché hablar me dio la impresión que le daba buenos consejos. Lo recuerdo claramente diciéndole que sin importar cuanto creciera, jamás debía dejar de cantar para la gente del barrio que la estaba ayudando a crecer como artista. La música y la popularidad de Jenni alcanzó un lugar importante en 2002 cuando fue nominada al Grammy y Fernie estaba muy consiente de quiénes eran sus fans.

Apenas estaba conociendo a Jenni, y verla así y enterarme de los problemas con las drogas que tenía su novio Fernie eran noticias inesperadas. Aún así, estaba agradecida de que sintiera la confianza de venir a mi casa en ese estado en lugar de arriesgarse a que algo le pasara en la calle.

"Entonces, ¿a dónde fuiste a buscarlo?" pregunté. "Estaba conduciendo por los vecindarios de Pacoima y el Valle de San Fernando, y también por los parques donde duermen los desamparados y los drogadictos", respondió Jenni. Con mis ojos bien abiertos le dije, "¿fuiste a dónde?" "A los parques", dijo Jenni. "¡¿Estás loca?!" grité "Supongo que sí" murmuró Jenni. Entonces claramente escucho, "él es adicto a la metanfetamina, pero yo soy adicta a él". Ella repitió: "Adicta". En mi mente analítica, pensé: "¿Esto es amor o es una 'adicción'? No pude evitar pensar, ¿quién en su sano juicio se pone a buscar a un hombre drogadicto y poniendo su propia vida en peligro?, Así que le dije: "Debes amarlo mucho". Jenni contestó: "Él es mi vida, él me completa, él es todo lo que quiero en este momento". Sonreí y le di una mirada maliciosa, "¿en este momento?" Esas palabras significaron en este momento, tal vez no en el futuro, pero hoy. Eso alivió mi preocupación inmediata por el ciego enamoramiento de Jenni por su novio perdido.

Jenni y yo nos sonreímos mutuamente. "Pues sí, lo extraño, estoy preocupada por él", dijo. "Jenni, este chico Fernando, no quiere que lo encuentres, quiere que lo dejes solo". "No puedo hacerlo", contestó. No era momento para regañar a Jenni, estaba enamorada perdidamente o como solía decirle, perdida en el deseo porque ella decía que este hombre joven sostenía una buena conversación, si saben a lo que me refiero.

Ya son casi las 2 de la mañana. Le di una toalla limpia para lavarse la cara y, mientras salía del baño con las manos envueltas en la toalla, le dije: "Así que, si algo te sucede en medio de la noche buscando a Fernie, ¿qué pasa con tus hijos y con tu carrera?" Jenni miró al suelo y luego a su lado, lejos de mí, "No he pensado en eso, Laura". Tuve que morderme la lengua, pero pensé: "como adulto responsable, debes pensar en esas cosas, pero me quedé callado; no quería causarle más dolor. Lo último que necesitaba era que la regañara. "Eres bienvenida a pasar la noche aquí, Jenni", le dije. Pero ella decide irse a casa para estar allí cuando sus hijos se despierten. El viaje fue largo, un total de 70 millas hasta el área de Norco-Corona. Esto sería una de las muchas veces en que Jenni hizo mi casa su lugar de refugio mientras andaba en Los Ángeles. En muchas ocasiones llegaba a consultar conmigo sobre asuntos personales y de su carrera. Esta noche, antes de que Jenni se marchara, me aseguré de que no regresaría a las calles en busca de Fernie otra vez. Ella prometió que iría directamente a casa.

Jenni se convirtió en la estrella, pero Fernie, el chico malo del barrio del valle de San Fernando, se convirtió en el sueño imposible de Jenni, su estrella inalcanzable como dice la canción "sueño imposible". Recuerdo que me preguntaron durante una entrevista: "¿Por qué crees que Jenni insistió tanto con el tal, Fernie?" Mi respuesta fue "¿por qué no? Toda mujer necesita un chico malo en su vida". Tanya Chary de Univisión se rio de mi respuesta. Nunca aclaré que, como mujer, no es que 'necesites' a un hombre para maltratarte o ignorar tus llamadas y luego hacerte el amor apasionadamente. Por el contrario, uno necesita un hombre cariñoso que te trate como una flor delicada. Sin embargo, cuando un hombre activa todas nuestras emociones, incluso si es un "chico malo", nos volvemos adictas a él, como dijo Jenni. Lo bueno de este tipo de relación es que nos ayuda a crecer y entender a valorarnos como mujeres amorosas.

Vi a Jenni llorar por Fernie muchas veces. Un día le pregunté, "¿Pero ¿qué tanto le ves a ese pelón?". Jenni dijo, "me hace reír, me hace sentir como una adolescente enamorada". Jenni nunca tuvo un amor de adolescente. El hombre que fue el padre de sus primeros tres hijos era seis años mayor, y este se enganchó de Jenni cuando ella tenía 14. A los 15 tuvo a su primer hijo e inmediatamente quedó atrapada en una relación inestable y abusiva.

Está bien documentado que si no aprendemos de nuestras propias experiencias y relaciones podemos repetir el mismo ciclo muchas veces en nuestra vida. Si no aprendemos, no crecemos. En el caso de Jenni, vivió una relación tumultuosa con su primer esposo Trino Marín. Repitió el mismo patrón con Juan López y ahora, tenía un novio con problemas de drogadicción. Sus actos de desaparición y los entonces felices momentos que ella decía que tenían eran como una montaña rusa de la que Jenni no se quería bajar.

Hablamos de escribir un libro solamente sobre ella y la apasionada historia de amor con Fernie. Iba a ser el libro después de "Mi Vida Loca". Ella sintió que sería una buena guía para sus admiradoras sobre el amor y las relaciones. Recuerdo que le dije que el título iba a ser "SI AMARTE ESTÁ MAL, NO QUIERO ESTAR BIEN", como la canción. Jenni se rio y me interrogó sobre mis propias experiencias con chicos malos. Hay mucho que aprender de la relación de Fernie y Jenni. Era diez años más joven, y mi percepción era que admiraba a Jenni como mujer y artista, pero como me dijo una vez, él no iba a seguir a Jenni como un perrito faldero.

Fernie tenía sus razones para desaparecer, y no era porque él estaba drogándose todo el tiempo. Jenni no tardaría en descubrir esa razón, pero me lo ocultó porque en su mente había creado a su caballero imaginario con una armadura brillante y no lo echaría a perder a que yo explotara esa burbuja con mi franqueza. Jenni dejó esta tierra pensando que nunca supe la otra razón por la que Fernie desaparecía de su vida una y otra vez. Ese secreto Jenni lo mantuvo durante años hasta que un día, en el verano de 2007, el propio Fernie hizo relucir el secreto y me lo dijo. Nunca lo discutí ni lo mencioné de nuevo, ni le dije a Jenni que lo sabía. La razón de Jenni para no decirme es que tenía miedo de que me volviera en contra de la relación que creía era su única oportunidad de ser feliz. Entendí totalmente eso. Pero antes de comenzar a escribir sobre nuestras anécdotas y conversaciones, tuve que recordarme que, como periodista, seré objetiva y honesta, y compartiré casi todo, incluido ese "secreto". Sigue leyendo.

El SECRETO SALE A LA LUZ

Durante el verano de 2006, le dije a Jenni que iba a necesitar que alguien fuera mi chofer durante mi visita al oculista porque me dijeron que no podía conducir después del examen de la vista. "Iré contigo", me dijo Jenni. Pero el día del examen, algo pasó con Mickey en la escuela, el hijo mayor de Jenni y ella me dijo que Fernie iba a llevarme a mi oculista. Así que nos fuimos, Fernie y yo. Le dije algo como: "Vale más que no desaparezcas y me dejes ahí", estaba bromeando. Fernie riéndose me contaba historias sobre él grabando tras bambalinas en los conciertos de Jenni, y los chicos se le pegaban mucho a Jenni sin saber que él era su novio. Le dije: "Es mucho mejor cuando estás con Jenni, ella parece más feliz. A nadie aquí le gusta cuando desapareces, ¿a dónde vas?" Fernie sonrió y siguió mirando la carretera. "¿Qué te dijo Jenni?" preguntó. "Jenni me ha dicho que a veces te pierdes por las drogas". Inmediatamente dijo, "naaaa, en realidad no". "Pos ¿dónde te metes?" Él dijo: "¿Realmente quieres saber la verdad?" Dije, "¿Otra verdad además de lo que me dijo Jenni?" Fernie dijo "sí". Fue entonces cuando comenzó a decirme que el trabajo era escaso y que lo llamaban personas en la industria de películas sexys (porno) para hacer producción y que sus actos de desaparición fueron las veces que lo llamaron para ir a trabajar. Por un tiempo, él le ocultaba a Jenni su secreto hasta que finalmente se lo contó. Dijo: "No quiero depender de Jenni para nada. Soy mi propio hombre". No debes decirle a Jenni que te lo dije, porque ella no quiere que tú ni nadie lo sepan". Nunca le dije a Jenni que lo sabía. Estábamos trabajando constantemente en su carrera de cantante, y estaba despegando de una manera muy fascinante. Las rupturas y encuentros con Fernie fueron algo a lo que me acostumbré.

Lo único que me volvería absolutamente loca era cuando Jenni cambiaba su número de teléfono porque se peleó con Fernie. Lo hizo muchas veces. Estábamos comiendo un día después de que ella me dijera que se había separado de Fernie y que había cambiado su número, pero en ese momento suena el teléfono. Jenni comenzó una dulce conversación con alguien, y después de que colgaron, me dijo con una gran sonrisa en su rostro: "mis hijos aman a Fernie, le dieron mi nuevo número, ese era él". Sonreí y entrecerré los ojos hacia ella. "Sí, por supuesto", le dije. Jenni echaría la cabeza hacia atrás riendo, "en serio, yo no le ruego a nadie". "No, claro que no, tu nunca", diría yo, y ambas nos reímos.

Unos meses después, Fernie volvió a desaparecer, pero esta vez se fue de Los Ángeles. Estos fueron algunos de los momentos más difíciles para Jenni. Era amiga de la madre de Fernie, pero ni siquiera su madre sabía a dónde se fue. Estaríamos conduciendo a una reunión o a algún lugar para comer, y Jenni tendría episodios de llanto; escuché tantas historias de Fernie. Como la de Jenni en el Kodak en Hollywood, y él no se presenta, pero su mamá estaba allí. Jenni le cantó a su madre la canción "amiga si lo ves". Esta canción es una amiga que le dice a otra "amiga, si lo ves, hazle saber que su ausencia dejó mi alma vacía, dile que me dejó herida y todavía siento su esencia en mi cuerpo". Le dije: "¿Pero Jenni no estabas avergonzada de estar cantando a su madre para contarle a su hijo todas estas cosas?" Jenni dijo: "¡No! Es mi amiga; ella sabe que lo amo". Un día estábamos en una carretera con el nombre de Archibald cerca de su casa en el área de Corona / Norco, escuchando otra historia de Fernie. Recuerdo que le dije que detuviera el coche. A Jenni le encantaba conducir, y quería conducir por todas partes. Así que lo hizo. Le pregunté, "¿Cuánto amas a Fernie?" Ella respondió: "Mucho". "Entonces, si lo amas tanto también quieres que le vaya bien, ¿verdad?" "¡Sí!" Dijo Jenni. "Entonces, no llores más, él no está muerto, está vivo, y lo verás otra vez, además de que las lágrimas tienen sal, y su alma debe sentir tu amor, no tu tristeza". Nunca vi a Jenni llorar por Fernie de nuevo. Sé que lo hizo, pero no en mi presencia.

FERNIE SE ALEJA

Recibí una oferta para que la imagen y la música de Jenni se exhibieran y se escucharan en las máquinas de juego en los casinos de Las Vegas. La propuesta era muy interesante y lucrativa. Jenni y yo platicamos de las diferentes posibilidades de cerrar el trato. También me habían solicitado un paquete de marketing sobre Jenni Rivera que incluía todo el material de Jenni en video y un CD de su música. Envié todo, y unos días después, recibí la llamada más inusual. El mensajero que entregó el paquete a la compañía en Las Vegas fue Fernando, el ex de Jenni. Qué mundo tan pequeño. Aparentemente trabajaba para la empresa de paquetería. Llamé a Jenni para decirle. Le dije: "A Fernie le está yendo bien, él está trabajando en Las Vegas. Él te está dando tu espacio; ahora debes tú dárselo a é".

Jenni estaba tranquila al otro lado de la línea. Luego dijo: "solo dile que mis hijos lo extrañan". Le expliqué a Jenni que la persona que me llamó no era Fernie, sino alguien de la compañía que había hecho la oferta comercial. Fue la recepcionista en su oficina en Las Vegas quien se comunicaba con él. Mientras el mundo da vueltas en el corazón no se manda, Jenni siguió con su vida y Fernie también.

Los caminos de Fernie y Jenni se cruzarían de nuevo años más tarde, cuando Jenni estaba a punto de casarse con Esteban. "Laura, ¿es de mala educación invitar a los ex novios a tu boda?" preguntó. "¿Qué estás pensando, señorita Jenni?" le dije. "Oh, nada, solo quería ver tu reacción", respondió Jenni. "Claro que esa no es la razón, ¿por qué me preguntas?" Dije. "Bueno, señorita Lucio, recibí una llamada de Fernie, él dice que me va a secuestrar a mitad de la noche, así impedirá que me case", me dijo Jenni tres días antes de la boda. Le dije: "Dile a Fernie que yo digo que él tuvo su oportunidad y la arruinó. ¡Que no joda!". Jenni se echó a reír, estaba muy feliz de casarse con Esteban. Siempre habría un "qué pasaría si" ella y Fernie alguna vez culminaran su enamoramiento, adicción o amor verdadero. Es difícil de identificar debido a los muchos incidentes desagradables y hasta violentos en los que ambos se involucraron. Cuando decidió casarse con Esteban, ella sabía que la pasión que ella y Fernie sentían el uno por el otro no era suficiente para mantener una relación estable.

Tuve una conversación seria con Jenni después de un incidente violento entre ella y Fernie. Yo estaba produciendo el primer concierto de Jenni en el Anfiteatro Gibson en Universal Studios en 2006. Le pedí que estuviera en su mejor momento y me aseguré de que asi fuera. Jenni tuvo que practicar su actuación con la banda, elegir su vestuario y los accesorios, ponerse en forma y, además, promover el álbum Parrandera, Rebelde Y Atrevida. En julio de 2006, pocos días antes del concierto, me puse muy firme sobre esta relación.

La Banda El Recodo le había pedido a Jenni que grabara un video con ellos para la canción "La Pachanga". Era algo que a Jenni le emocionó hacer. Estaban filmando cerca de Malibú, California. Jenni me pidió que la acompañara, pero yo estaba demasiado ocupada preparando la producción del próximo concierto. Esa noche, Jenni se presentó en mi casa con moretones en el pecho y en una de sus mejillas. Sus ojos estaban llorosos. Yo me puse lívida. No soporto la violencia de ningún tipo, especialmente si es de un hombre a una mujer. Si algún hombre no entiende que su fuerza puede dañar a una mujer, en mi opinión, es un idiota. Uno tiene que aprender a alejarse.

"¿Quién te hizo eso?" dije

"No te alteres, me peleé con Fernando y ambos nos golpeamos". "¡¿Se golpearon?! Mírate tienes un concierto en puertas". Luego Jenni dijo "Bueno, no nos golpeamos realmente, lo que pasó fue que, en la grabación del video, un amigo vino a saludarme y lo abracé porque no lo veía hacía mucho y Fernie se puso celoso. Fuimos a mi auto, él conducía y empezó a insultarme y cuando pasamos por Pacific Coast Highway, (el camino pegado a la playa) le grité, quise patearlo, abrí la puerta y me lancé del auto".

"¡Suficiente Jenni, he escuchado suficiente!" "Jenni, soy tu amiga y me pone mal esta situación. Me preocupo por ti y amo a tus hijos, sabes que puedes contar conmigo en cualquier momento que necesites algo, pero por favor Jenni, debes aprender a AMARTE PRIMERO. Si crees que esto es algo que mereces, entonces siempre aceptarás que te traten así. No está bien que nadie saque lo peor de ti. No está bien que ningún hombre te cause moretones. Ni en tu corazón, ni en tu cara ni en tu cuerpo. Pon alto a todo esto, Jenni; solo tú puedes detener esta situación". Estaba molesta y preocupada. El día del concierto, cubrimos el moretón en su pecho con maquillaje, ya para entonces el de su cara había desaparecido.

Jenni se mantuvo alejada de Fernie después de este incidente durante unas semanas, pero para la presentación en el casino de Pechanga, que también produje unas semanas después, ambos estaban abrazados y muy animados después del concierto. Fernie y Jenni no podían vivir el uno sin el otro. ¡Era de locos! Era claro que a Fernie no le impresionaba si Jenni era artista y recibía premios o ganaba mucho dinero. A su manera, Fernie en su sano juicio estaba loco por Jenni, la persona, la madre y la novia. Por eso Fernie fue especial para Jenni, para los niños y para algunos de nosotros que lo conocimos.

Si Jenni estaba cantando una canción y escuchaste "Pelón" en medio de una canción; Ese fue su brindis a Fernando, "Fernie". La canción "Ya lo sé", escrita por Pepe Garza, fue una canción que nos tocó a las dos. El día que la cantó en los Premios Lo Nuestro el 18 de febrero de 2010, mi amiga ya estaba comprometida con Esteban Loaiza. Yo me encontraba sentada al lado de su padre, Don Pedro, en la primera fila, viendo una de sus mejores interpretaciones. Mientras las lágrimas rodaban por sus ojos en medio de la canción, se gira a su derecha y me mira directamente para ver si yo también estaba bien. La canción estaba tocando un suave acorde en nuestros corazones. Tan orgullosa como estaba de verla actuar ese día, sentí su dolor de no culminar su amor con Fernie. Jenni fue muy respetuosa con Esteban, en ese día ella no gritó "¡Pelón!"

Jenni se convirtió en una mujer felizmente casada y Fernie también tenía a alguien en su vida. Cada uno viviría con sus preciados recuerdos de los días locos que pasaron juntos hasta que un día de octubre de 2012, después de que Jenni decidiera divorciarse de Esteban. Se vuelven a reencontrar.

EVIDENCIA INCRIMINATORIA (besándose en el parque)

Los últimos días de la vida de Jenni fueron muy dolorosos y tristes, pero su alma parecía saber que le quedaba poco tiempo porque estaba terminando relaciones, aclarando cosas y cerrando ciclos en su vida. Mientras recordaba los días felices de los años pasados, tuvo el impulso de buscar a Fernie una vez más. Además de la pasión que compartían, Fernie tenía la paciencia de escucharla, y Jenni necesitaba desatar sus emociones y no sentirse juzgada. Nadie mejor que Fernie, sin saberlo sería la última vez que compartirían secretos.

La decisión de Jenni de dejar a Esteban no fue fácil, pero cuando sentó el divorció, sabía que era lo correcto. Inmediatamente después de sentar la demanda de divorcio, tal como había ocurrido cuando estaban juntos, Jenni y Fernie se fueron a un parque cercano a platicar y darse un abrazo. Jenni jamás pensó en las consecuencias. Recordó las muchas veces que habían ido a la playa, al parque o a cualquier lado solo para estar juntos.

"Laura, fuimos en una góndola en Long Beach, y se detuvo bajo el muérdago (*mistletoe*), y nos besamos". Jenni me lo diría mientras recordaba momentos importantes con Fernie. Esos buenos recuerdos y la pasión la harían anhelar a Fernie. Y ahora una vez en el parque platicando con Jenni, se le olvidó que los medios de comunicación hacían todo lo posible por encontrarla, ya no era la cantante inadvertida, ni la que salía en las noches a buscar a su amado y nadie la reconocía, era Jenni Rivera, la artista más vendida y la estrella del *reality show*. Ella se olvidó de todo; ella se convirtió en la risueña chica coqueta que solo amaba reírse de las bromas de Fernie. Sin embargo, alguien en algún lugar no muy lejos de ellos estaba grabando cada uno de sus movimientos. Sus abrazos y besos en un banco del parque. Todo estaba allí para que el mundo lo viera.

El fotógrafo independiente tenía una gran exclusiva. Sabía que habría muchos medios de comunicación dispuestos a pagar dinero por ese material exclusivo. Jenni Rivera con un chico desconocido (no Esteban) besándose en el parque. Su divorcio aún no estaba finalizado, qué escándalo. Los medios sabían que Jenni había solicitado el divorcio, pero no sabían por qué. Todos estaban buscando que ella diera a conocer su lado de la historia. El proceso de divorcio y las mociones de los abogados acababan de comenzar entre Jenni y Esteban; el divorcio no fue definitivo. No iba a ser definitivo hasta seis meses después. Jenni besándose con otro chico definitivamente sería una GRAN noticia.

El programa que siempre había cubierto los eventos y exclusivas de Jenni, El Gordo Y La Flaca de Univisión, ahora tenía la oportunidad de una importante exclusiva sobre Jenni, por lo que le pagaron al operador de la cámara por venderles el material. El programa ahora tenía influencia sobre Jenni, y planeaban usarla. Muchas cosas estaban sucediendo alrededor de Jenni en ese momento. Después del anuncio del divorcio, le dije que su comunicación con los medios sobre el tema del divorcio de Esteban tenía que ser con dignidad y respeto. Mucho ya se especulaba en los medios de comunicación. Jenni me había hecho una promesa después de un fiasco muy malo con los medios hacia unos años; ella no firmaría ningún acuerdo ni realizaría entrevistas sin discutir primero los detalles del contenido conmigo. Pero cuando llegué a su casa después de que ella ya había hecho la entrevista con El Gordo Y La Flaca, se disculpó: "Lo siento, Laura, estuve en El Gordo Y La Flaca y no te llamé para hablar sobre esto. Lo siento". Jenni se echó a llorar. Le pregunté, "¿estaba Arturo contigo?" Me refería a Arturo Rivera, su publicista, Jenni dijo, "sí". Así que dije: "no te preocupes, va a estar bien". Jenni siguió llorando repitiendo que lo sentía. Me abrazó y me pidió que la perdonara por todas las veces que había sido desagradable y desagradecida conmigo. No sabía qué fue lo que le pasaba; solo le devolví el abrazo. Le dije: "ya hablaste con un medio de comunicación, no hables con nadie más". Le dije: "Esteban siempre te ha respetado, es importante que hagas lo mismo".

LA VERDAD NO SE PUEDE OCULTAR

La entrevista EXCLUSIVA que Jenni dio a El Gordo y La Flaca en Univisión, en donde habla sobre su divorcio de Esteban fue producto de un acuerdo con los productores del programa, el canal y Jenni. Se acordó NO mostrar el video de ella besándose y abrazándose con Fernie en el parque, si acordaba darles la EXCLUSIVA sobre su divorcio del ex – beisbolista Esteban Loaiza. Jenni tuvo vergüenza de llamarme y decirme por qué aceptó esta entrevista y bajo qué términos. EGYF tuvo su exclusiva y la última entrevista que Jenni daría uno a uno para la televisión antes de morir. El video de ella en el parque con el "hombre misterioso" sigue guardado en la caja fuerte de la cadena Univisión.

Capítulo 9

Consultando a un psíquico

"La música te purifica, sigue cantando".

Estaba escribiendo, con mi taza de té al lado, con vista al lago frente a mi casa en Canyon Lake, California. La vista desde la casa en la cima de la montaña era impresionante desde cualquier ángulo de la casa. Podía sentarme allí y mirar el panorama atravez de las paredes de cristal durante horas. Fue a principios de 2007; me acababa de mudar a la casa. Mi radio de BlackBerry comenzó a enviar señales, luego escuché una voz: "Srita. Lucio, la voy a llamar, ¿puede hablar?", Hice clic en la radio y dije: "sí, llámame". En el momento en que respondí, me di cuenta de que la voz de Jenni estaba temblando, me dijo que le faltaban objetos de valor de su caja fuerte, pero en lugar de pedirme que la ayudara llamando a la policía, quería que la ayudara a encontrar un psíquico que pudiera decirle quién le robó un reloj de Tiffany valorado en aproximadamente veinticinco mil dólares. "¡Dios ayúdanos!" Pensé. Esto era como la tercera vez que alguien había robado su caja fuerte en un año y medio, Jenni estaba angustiada ahora que su reloj no estaba, especialmente después de que se habían instalado cámaras de vigilancia. Cuando le pregunté a Jenni si había revisado las cámaras, dijo: "¡No sé cómo usar esa maldita cosa!"

Le dije a Jenni que no conocía a un psíquico ya que mi buena amiga Brenda, una psíquica dotada, ahora trabajaba para seguridad del estado y se había mudado a otro estado. Jenni no paraba de decir "vamos amiga, conoces mucha gente tienes que llamar a alguien para que me ayude". Le dije: "Jenni, déjame

133

pensar, y te devolveré la llamada". Cuanto más lo pensaba, más me convencia que Jenni no debería acudir a un psíquico porque ya era una celebridad conocida e inmediatamente sería identificada y atraería la atención. Este tipo de escándalo en los medios no era uno con el que quisiera lidiar. De repente, recordé a un caballero que había entrevistado para "Sin Fronteras" en Telemundo en 2004. Sentí que podía confiar en él. Busqué su número y lo llamé. Vivía en el Área de la Bahía de San Francisco. Le pregunté si podía hablar con mi amiga por teléfono y hacerle una consulta. Escuchó atentamente, pero cuando mencioné que era Jenni Rivera de inmediato, dijo: "No, no tengo tiempo para hacerle una consulta". Le pregunté por qué y él dijo que respetaba su trabajo y sus clientes y que no quería ningún escándalo a su alrededor que pudiera afectar su trabajo e imagen ante sus clientes. Le aseguré que no iba a estar en la televisión. También dijo que una conversación telefónica con una persona nerviosa como estaba ahora Jenni no la ayudaría a obtener respuestas directas. Luego dijo que no sería posible hacer ninguna llamada porque estaba en el aeropuerto a punto de volar a San Diego para reunirse con una familia que necesitaba sus servicios. Le di las gracias y le dije: "¡Adiós!" Me sentí un poco decepcionada.

Supongo que lo notó en mi voz porque después de colgar, unos 5 minutos después, me devolvió la llamada. Dijo: "si su amiga está dispuesta a esperar hasta mañana, supongo que podría alquilar un automóvil en San Diego y conducir al área de Los Ángeles y reunirme con las dos en persona; luego tendré que hacer mi salida desde Los Ángeles". Llamé a Jenni para darle la noticia; le complacía saber que podría reunirse con un psíquico. Sin embargo, no era realmente eso, pero podía leer los "caracoles", pero eso era lo más cercano a un psíquico que le puede encontrar. Al día siguiente, Jenni me llamó desde Los Ángeles. Dijo que tenía que estar en Los Ángeles para las reuniones, pero que podríamos encontrarnos a medio camino de Corona, California, almorzar y esperar al psíquico. Nos encontramos en la ciudad de El Monte, California en un restaurante de mariscos cerca del centro comercial. Alrededor de las 2:30 p.m., recibimos la llamada de Luis Artola, "El Padrino" como lo llamaban muchas personas. Dijo que estaba dentro de Macy's en el centro comercial comprando una colonia. Me dijo que hablaría con Jenni en su auto o en donde quisiéramos, pero que necesitaba una superficie plana en algún lugar para arrojar los 'caracoles'. Así que sugerí en la parte trasera del vehículo (Landrover) de Jenni. Él me dijo algo como: "No hago esto por nadie, Laura. Ni siquiera lo hago por Jenni; estoy aquí porque me caes bien y respeto tu trabajo. No le voy a cobrarle nada a tu amiga". Jenni quería que me quedara mientras él consultaba con ella, pero le dije: "No Jenni, son tus preguntas, voy al centro comercial". Me fui, y cuando me di la vuelta, tenían el *hatchback* hacia arriba y estaban sentados frente al estacionamiento charlando. Aproximadamente una hora después, Jenni me llamó por la radio: "He terminado, vuelve".

Cuando me acerqué a la camioneta, estaban dentro riendo como buenos amigos. Recuerdo la mirada en su rostro cuando me vio; tenía una sonrisa emocionante. Él dijo, "tu amiga tenía muchas preguntas, ella quería saber sobre t-o-d-o-s, ¡incluyéndote a ti!" "¿Por qué yo?" dije. Jenni se echó a reír. "¿Debo decirle o le dices tú?" dijo Jenni. Entonces él me dijo que Jenni y yo éramos buena mancuerna y que a lo largo de su carrera necesitaría a alguien como yo para que la ayudara a mantenerse firme. Dijo, "ustedes apenas han tocado la superficie con respecto a su éxito". Luego miró a Jenni y le dijo: "No olvides lo que te dije", luego se despidió de nosotras, se subió a su auto y se fue. Jenni se puso muy pensativa, iba a caminar hacia mi auto y no quería que me fuera. Ella sostenía el volante mirando hacia otro lado como si estuviera viendo una película de su vida frente a ella. Jenni me dijo: "el reloj no está perdido, va a aparecer cuando menos lo espere, supongo que alguien se lo llevó a empeñar por dinero, pero debe ser alguien que sabe dónde guardo mis cosas" dijo. Eso hizo que Jenni se entristeciera mucho porque esa persona tenía que ser alguien en su círculo íntimo que sabía dónde estaba la caja fuerte y dónde guardaba sus objetos de valor. Le dije: "no te preocupes tanto entonces", pero Jenni procedió a decirme: "Ya no estoy preocupada por el reloj, debo encontrar algo como una cesta o una caja pequeña donde pueda colocar símbolos que representan a cada uno de mis hijos". "¡Símbolos!" Pelando los ojos le pregunté, "¿qué quieres decir con símbolos?" Jenni me explica que Luis Artola, el Padrino le dijo que siempre debía mantener a sus hijos cerca de ella, sin importar lo que hiciera o a dónde fuera o el éxito que obtuviera en su carrera. Él le dijo que si alguna vez fallaba en hacer eso o si los colocaba en segundo plano antes de cualquier circunstancia o por cualquier cosa que pudiera salir de su boca, como un insulto o algo que su mundo entero se evaporaría. La pequeña canasta con figuras que representaban a cada uno de sus hijos debía ser guardada en un lugar seguro y único en su casa donde pudiera verla a menudo, y tenía que tratarla con mucho cuidado. Para mí, parecía un ejercicio simbólico para recordarle dónde debía concentrar sus prioridades. Lo vi como un mensaje subliminal para implantar en su cabeza. Así que dije: "Son tus hijos a los que debes cuidar, a nadie más". Ese día hablamos de que solo DIOS puede protegernos y guiarnos y que nunca olvidaremos que fue su propósito y su mano que nos ayudaba en su carrera.

LIMPIANDO ENERGÍAS

Pasaron algunos días, y un día mientras Jenni y yo estábamos por teléfono programando una reunión en su casa, me preguntó, "¿podrías por favor venir ahora?". Tendría que conducir un largo camino y le pregunté por qué tenía que ser en ese día en particular. Jenni dijo que alguien había arrojado una bolsa con "cosas" en su patio y quería que yo las viera. Me reí pensando que se trataba de un chiste. "Tírala". Jenni dijo que había algo muy asqueroso cubierto con papel de aluminio en una bolsa de papel. Estaba segura de que se trataba de alguna clase de brujería. Le dije "esa estúpida cosa solo tendrá el poder que tú le brindes, ¡tírala!" también le pedí que rezara. Jenni me seguía pidiendo que fuera a su casa. Le dije "No. No quiero verlo". Esa tarde, Jenni me llamó para avisarme que había llamado a Luis, el Padrino, nuevamente para contarle sobre la bolsa. Consultó con sus guías espirituales, y cuando la llamó, le dijo que no era una buena señal para Jenni. Él le dijo que el paquete tirado en su patio había sido preparado para afectar su salud, para bloquear el crecimiento de su carrera y sus ingresos. "¡Chingue a su madre!" gritó Jenni. Esa noche, Luis, el Padrino, me llamó para avisarme que Jenni le había pedido que volara al sur de California para consultarle cara a cara y que, como no tenía tiempo para ir y venir, le sugirió hacerle la limpieza física y del aura a ella. Le pregunté cómo funcionaba eso. Explicó que todo lo que Jenni y yo debíamos hacer era rezar para que él se encargara del resto. Jenni tenía que estar disponible durante al menos 3 horas. Dijo que si ella no se limpiaba rápido, todos sus planes se verían afectados porque la naturaleza del paquete arrojado a su casa tenía entidades oscuras, "muy oscuras", dijo. Al día siguiente, Jenni me llamó y me dijo que le habían dado una dirección donde nos reuniríamos con Luis, el Padrino. Recuerdo haber visto la dirección y pensar que el rancho de mi novio estaba a una milla en el área del condado de Riverside. Tuve tantas preguntas, así que cuando llegamos a la dirección, le pregunté a Luis, el Padrino, si tenía tiempo para hablar conmigo y lo hizo. Él dijo: "Sé que estás preocupada por tu fe en Dios. Esto no va a afectar de ninguna manera negativa. Vamos a cantar y orar. El propietario de esta casa sabe las oraciones y los cantos, por eso pregunté si podíamos hacerlo aquí. Ella ha jurado guardarlo en secreto". La casa tenía unos 5 o 6 dormitorios y estaba en una zona muy bonita, muy limpia y se sentía tranquila. No había altares ni nada de eso. Había un hermoso olor a flores. Me di cuenta de por qué, cuando Jenni y yo entramos en la sala donde iba a celebrarse la ceremonia. Estaba lleno de flores, había un aroma que era tan purificante. Jenni sonreía todo el tiempo. Seguía respirando profundamente. Le pregunté si estaba bien y ella dijo que sí. La colocaron en el centro de la habitación, y la dueña de la casa, el señor Padrino y yo oramos a su alrededor. Me dijo que me imaginara todas las cosas maravillosas que quería para su carrera mientras oraba y que orara para que todos los pensamientos negativos y los malos deseos de los demás se disolvieran. Él le dijo que tenía que imaginarse a sí misma en los lugares más hermosos y que le quitaría de la mente todas las cosas negativas que había sentido recientemente con respecto al paquete que habían tirado en su jardín. Los cantos sonaban de fondo mientras orábamos alrededor de Jenni. El señor Padrino dirigía las oraciones. Cerré los ojos mientras rezaba, pero luego sentí que la mano de Jenni se extendía para sostener la mía. Jenni había perdido el equilibrio mientras orábamos. Su cuerpo se balanceaba, así que sostuve su mano para asegurarme de que no se cayera. Cuando abrí los ojos, vi al señor Padrino barriendo a Jenni con un montón de flores, así que solté la mano de Jenni. Luego el agua fue traída en un enorme cubo. El aroma del agua era refrescante. Le dio a Jenni indicaciones sobre lo que debía hacer con el agua. Salimos todos y cuando volvimos. Jenni estaba vestida de blanco, su cabello estaba mojado. El Sr. Padrino puso lo que parecía una corona blanca hecha de tela con flores alrededor de su cabeza. Continuó orando sobre la frente de Jenni. La cara de Jenni se veía brillante, y sus ojos brillaban. Se veía hermosa con las flores en la cabeza. A los dos nos dijeron que fuésemos cuidadosas con lo que comíamos, especialmente si no lo preparábamos nosotras mismas. Fue difícil para mí porque me encanta la comida y estoy acostumbrada a comerme la comida de quien la prepare.

CONTROLANDO EL DESTINO

Jenni y yo nos fuimos y nos sentamos cerca del estacionamiento de un Dennys por el fwy 15 Norte, a platicar. A Jenni le preocupaba que la gente siguiera tirando cosas y que sus hijos se vieran afectados por cualquier cosa que recogieran. No queríamos creer ni aceptar que alguien tuviera el corazón de lastimarlos de esa manera. Le dije a Jenni *que la motivación de la gente para desearles mal a los demás es siempre porque hay miedo dentro de su corazón y falta de amor.* Le dije: *"si Dios te tiene destinado a algo y alguien le paga a una persona para que mueva energía y bloquee la voluntad de Dios, a la larga se está_lastimando". "¡Nadie debe ir en contra de los deseos de Dios!"* Le dije que no se preocupara tanto por quién lo hizo, que Dios estaba viéndolo todo y se haría justicia "Solo Dios puede controlar el destino, tenemos mejores cosas que hacer", le dije a Jenni. Había mucho por hacer, tenía que terminar de grabar el álbum, "Mi vida loca", luego entramos en pre-producción para el concierto que estaba produciendo, y además, Jenni debería prepararse para el juicio con José Trinidad Marín, su primer esposo acusado de abusar de su hermana e hijas. "La música te purifica, Jenni, ¡sigue cantando!" Sentí que no podía ser vulnerable frente a Jenni, así que siempre tuve que ser fuerte porque, como ella tenía una gran familia, cada una tenía sus vidas y Jenni y sus hijos estaban muy a la deriva. Esa noche, una vez más, a Jenni se le recordó que sus hijos estaban por encima de todo. Siempre vi a Jenni poner primero a sus hijos, pero en varias ocasiones, el trabajo la absorbió. Otras veces, los chicos con los que salía querían su tiempo. No fue fácil porque Jenni estaba ausente el viernes, sábado, domingo y medio lunes. Así que los martes, miércoles y jueves fueron sus únicos días con los niños. Si ella estaba con algún enamorado, les quitaría tiempo a los niños.

Los años pasaron y me olvidé del incidente y todo lo relacionado con la cesta de símbolos y la limpieza con las flores hasta unos días después de que Jenni muriera. Recordé lo que Jenni me había contado que Luis, el Padrino le dijo. "Jenni tiene que cuidarse de lo que sale de su boca como insultos hacia sus hijos o de colocar cualquier otra cosa que no sean ellos como prioridad".

Después del accidente, muchos salieron a decir que Jenni había sido maldecida. Las circunstancias parecían fuera de este mundo, pero hasta donde tengo entendido todo ritual que alguien hace para lastimar a alguien más es solo mal karma. Dicen que el karma es una dama ,ocupada pero en algún momento te alcanzará. Sin importar cómo se le vea, desearle mal a alguien y practicar el mal no son la voluntad de DIOS.

La cristiandad condena rituales que usan cualquier tipo de hechizo mágico. Lo veo de esta manera: solo hay un Dios, así que o estás con Él o en su contra. Así de simple.

RELOJ MISTERIOSO

Habían pasado dos largos años, Jenni y yo anduvimos viendo casas en el área de Los Ángeles durante muchos meses. Visitamos condominios, nuevos desarrollos de negocios y viviendas en Universal City, las hermosas casas en Chatsworth y mucho más. Un día después de ver muchas casas, Jenni hizo un buen trato en una casa en Encino, California. Un desarrollador de viviendas había construido tres hermosas casas en una comunidad privada cerrada con la intención de que una de las casas fuera la suya. De repente, el mercado inmobiliario se desplomó, y estaba aterrorizado de no cubrir su inversión, por lo que buscaba vender la casa que construyó para él y su familia. Esta es la casa que compró Jenni. Finalmente, era hora de que ella y sus hijos se mudaran de su hogar en Corona / Norco a Encino Hills. Una hermosa zona donde vivían muchas celebridades.

En el año 2009, vi a Jenni en Don Cucos en Burbank después de arreglarse el cabello con Iván. Nos gustaba ir allá porque las luces eran siempre tenues y podíamos comer en paz. Jenni dijo, "Laura, ¿recuerdas el reloj que se perdió de mi casa?" "Si", contesté. "Bueno, cuando fueron a buscar las cosas de mi casa para llevarlas a la nueva lo encontraron en su caja original cerca de la caja fuerte" dijo Jenni. Sabía que alguien que tenía acceso total a su casa lo había tomado. Le dije "no vayas ahora a buscar a ningún psíquico, ya tienes el reloj en tus manos".

Capítulo 10

Una herida que no sana

"Las sonrisas esconden nuestras heridas internas, pero las cicatrices permanecen ahí".

Uno de los puntos más tristes en la vida de Jenni fue cuando descubrió que su hermana y sus hijas habían sido abusadas sexualmente. Jenni usó su influencia de cantante para lograr atrapar a José Trinidad "Trino" Marín y llevarlo a juicio. Fue declarado culpable y condenado a más de 30 años de prisión. Jenni siempre me dijo que tenía la intención de crear conciencia sobre este problema en nuestra sociedad. Un día, su hija Jaquie, que en ese momento solo estaba en la escuela secundaria, regresó a casa y casualmente le dijo a su madre que de las cuatro amigas de su grupo, tres de ellas, incluida ella misma, habían sido víctimas de abuso sexual cuando eran niñas. Esta conversación informal con su hija afectó a Jenni y la impulsó a alzar la voz en contra del abuso.

"No podemos permitir que esto ocurra. Debemos encontrar una forma para protegerlas," la escuchaba mientras hablaba con tal intensidad. "Nuestra cultura no es la única que tiene estos problemas, pasan en el programa de Oprah todo el tiempo. ¿Por qué, Laurita? ¿Por qué?"

"Falta de amor" le dije. *"Todo problema puede resolverse con amor"*. Cuando amamos a alguien, no lo lastimamos. Pero cuando confundimos el amor con la satisfacción personal, es cuando ocurren los casos de abuso. El abuso, según muchos expertos, es un círculo vicioso. Si no se ataca a tiempo, el abusado puede convertirse en abusador. ¿Cómo podemos parar esto? La única forma es educando en la materia.

Jenni se preguntaba si las cosas habrían sido diferentes con Trino si él hubiese sido educado. Le dije "Creo que tal vez si Trino hubiera entendido que abusar a un niño podía tener serias consecuencias y es moralmente incorrecto, tal vez habría buscado ayuda y nada hubiese ocurrido".

"Es muy tarde ahora", dijo Jenni.

"Pero no es muy tarde para crear conciencia" respondí.

Poco después de eso, Jenni revivió la idea de un *talk show*. Lo habíamos discutido en 2007 y de nuevo en 2009, pero ahora, se acercaba la hora de lograrlo. Esta sería parte de su contribución a la sociedad, escuchar casos y ver cómo ayudar. Le pregunté si estaba dispuesta a abrirse al público y dijo que les estaría fallando a sus hijas y a su hermana si no lo hacía. La misma Jenni fue abusada por Trino y tristemente, cuando estaba tratando de iniciar su carrera en el canto, ella me contó que fue violada saliendo de una discoteca.

Cada 98 segundos alguien es abusado sexualmente en los Estados Unidos de acuerdo con la Red Nacional de Violación, Abuso e Incesto mejor conocida como RAINN, por sus siglas en inglés. Espero nunca tengas que usar este número, pero te ayudan brindando información o asesoría para denunciar casos de abuso (1 800 656 4673). Las mujeres y los niños tienen más probabilidades de sufrir una violación. Los hombres también son víctimas de abusos físicos. De acuerdo con la Coalición Nacional, los efectos de la violencia son los mismos en hombres y mujeres: culpa, vergüenza, humillación, ira, ansiedad, depresión y retiro de las relaciones.

En uno de los más recientes estudios de abuso sexual hechos por el Departamento de Salud de los Estados Unidos con aproximadamente 200,000 (doscientas mil) entrevistas en los diferentes estados, se descubrió que el 51% de los perpetradores eran los padres directos de las víctimas. De niños abusados, 46% eran hombres y 54% mujeres. El estatus económico y la raza no eran factores determinantes.

Cuando averigüé las estadísticas y las compartí con Jenni en 2004-2005 para que pudiera ver que no estaba sola, ambas nos dimos cuenta que el problema era más significativo al no discutirlo o admitirlo. En casos de mujeres abusadas, la Coalición Nacional contra la violencia doméstica establece que una de cada cuatro mujeres experimentará violencia doméstica en su vida y que más de 1.3 millones de casos de abuso en mujeres son perpetrados por conocidos íntimos.

Cuando Jenni y yo nos propusimos escribir "Mi vida loca", el libro en 2005, la mayor preocupación de Jenni era su hermana Rosie. Ella sintió que no la había protegido cuando era niña; Jenni estaba consumida por la culpa y el dolor dentro de ella. Un día después de haber visitado a su madre, pasó por mi casa y quedó devastada al ver a su hermana tirada en el sofá, desenfocada y desmotivada, sufriendo de depresión. "Me culpo, ¿por qué fui tan estúpida?" Jenni dijo repetidamente. Ella quería ayudar pero no sabía cómo. Cuando Rosie se convirtió en madre soltera, Jenni quería ayudarla a aliviar las dificultades de criar a su hija. Un día antes de casarse con Esteban, Jenni me preguntó qué pensaba si ponía una suma de dinero en un fondo fiduciario para la hija de Rosie. Hablamos de la suma y le di ideas de cómo esa cantidad se multiplicaría cuando la niña estuviera en edad universitaria. Jenni sintió que su hermana no había completado su educación porque ahora tenía que trabajar para criar a su hija y quería que la hija de Rosie tuviera la oportunidad de ir a la universidad. Pensé que era una idea maravillosa. La animé a hacerlo. Le dije: "Tú ayudas a muchas personas que no están relacionadas contigo, ¿por qué no ayudar a alguien de tu familia?"

Jenni creía que sus dos hijas habían superado mucho lo que pasó porque o lo bloquearon de sus mentes o no lo recuerdan porque eran mucho menores que Rosie cuando pasó. Esto abrió otra herida en el corazón de Jenni y por esta razón, hablar de eso era una forma de sanar y aliviarse del dolor. Jenni y yo creímos que llamar la atención hacia los problemas de la violación, acoso y abuso sexual ayudaría a las familias dentro de nuestra comunidad a discutir el problema abiertamente en lugar de pretender que nada pasó y esconder el problema bajo la alfombra.

El dolor había cegado a Jenni de tal manera que estaba enojada con DIOS, y había elegido no hablar con él. Fue interesante escucharla decirme eso. Ella dijo: "Me sentí tan vacía como cuando dejas de hablar con tu novio, pero luego lo extrañas". Dios tenía otros planes para Jenni; La hizo famosa y franca por una razón. Jenni vio lo sucedido como una lección para compartir. Mientras tanto, seguí investigando más sobre el tema. Le conté a Jenni cómo había vivido una experiencia de vida muy trágica con una reportera amiga de Puerto Rico, trabajando en Ocurrió Así. También ayudé a mi amiga reportera a organizar sus pensamientos para escribir su libro a mediados de los noventa, titulado "El reportero, la lente, el crimen". Mi amiga había sido testigo de un asesinato delante de ella y del camarógrafo mientras grababan intentando obtener una entrevista con una mujer cuya hija había sido agredida sexualmente por su padrastro y estaba embarazada de él. En este caso, la niña se suicidó porque su madre se puso del lado del abusador y decidió no creerle a su hija. El hombre que asesinó a la madre de la niña en el cementerio mientras visitaba la tumba de la hija era el padre biológico de la muchacha. Mi amiga reportera, que estaba al lado de la dama cuando recibió un disparo, se vio tan afectada por esta tragedia que cayó en una grave depresión hasta el punto de dejar la profesión y más tarde convertirse en terapeuta para ayudar a las víctimas de violencia y abuso. Yo estaba allí para apoyarla, y en el caso de Jenni, la elogié por creer en su hermana y su hija mayor, algo que muchas mujeres no harían. Es difícil para cualquier persona admitir, aceptar y discutir el abuso, así que imaginemos cómo es para un niño. Cuando un padre no les cree, el niño no se abrirá de nuevo. Es crucial para un niño saber que NO ESTÁ BIEN, que alguien lo toque de manera inapropiada o que se sienta inseguro. Elegir no informar a las autoridades puede poner a otras personas o niños en peligro. Algunas personas dicen "lo dejaré a Dios". Esa es una actitud irresponsable. Un perpetrador pertenece en una institución reformatoria y debe estar registrado como un delincuente sexual. Cuando no reportamos el abuso, nos convertimos en cómplices del abusador.

ABRIÉNDOSE AL PÚBLICO

Después de que Jenni, su hermana y sus hijas salieran en televisión hablando sobre el abuso, llegaron muchas llamadas y cartas a la oficina de Jenni. Cientos si no miles querían compartir sus experiencias con Jenni.

Muchas veces cuando leía las cartas de sus fans contando sus historias, Jenni me preguntaba "¿Qué podemos hacer? ¿Cómo ayudarlas a todas?"

La compasión era algo que compartíamos. Siempre me tomé el tiempo para escuchar a sus fans. Un día, a mediados de septiembre de 2009, recibí una llamada de una de sus seguidoras en México. La mujer sonaba educada. Me dijo que admiraba mucho a Jenni y quería conocerla personalmente en el próximo concierto de Jenni en Zacatecas. Ella sintió que Jenni podía darle consejos sobre qué hacer con su situación en casa. Le dije: "Jenni rara vez tiene tiempo de conocer a alguien por más de diez minutos después de un concierto, pero le haré saber que quieres conocerla". Su historia era que estaba casada con una persona muy prominente y estaba viviendo una vida de abuso físico y verbal a puerta cerrada. Ella dijo que el abuso era continuo y a diario. "Lo único que me hace fuerte es escuchar las canciones de Jenni Rivera", me dijo. Cuando le dije a Jenni, ella quería hacer algo; sin embargo, la mujer no llamó al martes siguiente como habíamos acordado. No tenía un número para devolverle la llamada. Jenni y yo nos sentimos impotentes porque la mujer no podía recibir llamadas telefónicas, por lo que no dejó un número; no pudo decirme cómo consiguió mi número y no pudimos arreglar que Jenni le enviara un boleto para su concierto porque fue imposible comunicarnos con ella. No le permitían comunicarse con el mundo exterior. Las dos pensamos que esto era algo que no debería ocurrir en nuestra sociedad. ¡Una mujer nunca debería sentirse atrapada en su propia casa!

En marzo de 2010, la hermana de uno de los fanáticos de Jenni fue abusada por su vecino en el norte de California. Cuando recibí el texto a través de una red de medios sociales preguntando si podríamos tener una conversación, acepté llamar. Fue una de las conversaciones más tristes que he tenido y también la discutí a fondo con Jenni.

La razón por la que este joven estaba tan preocupado era que se suponía que su hermana pequeña estaba bajo su supervisión mientras su madre estaba en el trabajo y él sentía que había fallado en cuidarla. Mientras continuábamos la conversación, me dijo que también él había sido abusado cuando era niño. Dijo: "Soy gay, pero no solo tengo un compañero, tengo muchos". Continuó: "Cuando escucho a Jenni, me siento empoderado, la amo". Así que le pregunté cómo creía que Jenni podía ayudarlo y él respondió: "Quiero contarle mi historia, creo que con solo decirle, puede decirme qué hacer". Prometí que le diría a Jenni y lo hice. El día que le conté su historia, ella se puso muy triste. Ella me preguntó si le había dado algún consejo y le dije: "Le sugerí que fuera a las autoridades". "Laura, ¿a dónde va nuestra gente cuando necesita ayuda de esta manera? ¿Quién les da consejos?" Le recordé que lo importante era que este joven se había acercado, que muchos no se atrevían a hacer eso.

JENNI RIVERA LOVE FOUNDATION (La Fundación Amor de Jenni)

En lo que Jenni leyó las muchas cartas con casos tristes que llegaron a su oficina, sentimos que era importante buscar la manera de encontrar soluciones. Parte de esa solución fue crear, "The Jenni Rivera Love Foundation". Si Jenni escuchaba o leía un caso que le tocara el corazón, inmediatamente intentaría ayudar a esa persona. Ya fuera con dinero para una operación, una silla de ruedas que no podían pagar o simplemente ir a hospitales cuando los pacientes solicitaron su presencia. Fue durante una sesión de trabajo en Corona en 2006 que le sugerí a Jenni que organizara la forma de donar dinero para estos casos y le aconsejé que hiciera la contribución a través de una organización sin fines de lucro, o que la registrara ella misma. Y así llegó a buen término su organización sin fines de lucro.

Jenni era muy sensible y estaba muy orgullosa de haber podido ayudar a una familia con la operación de su hijo. Mientras Jenni estaba en una entrevista de radio con dos locutores que se llamaban a sí mismos "Los Guapos" en la radio Qué Buena, le contaron a Jenni sobre un niño de dos años que se llamaba Emmanuel. Emmanuel tenía una rara enfermedad de malformación llamada "Chiari y Pfeiffer", donde su cráneo había tomado una forma rara y no le permitía desarrollarse como un niño normal. El tratamiento fue de aproximadamente ochenta mil dólares en el Instituto Chiari de Nueva York, por lo que Jenni decidió donar su motocicleta Harley Davidson Fat Boy para sortearla y recaudar fondos. Entre la estación de radio y Jenni, que salieron a las calles vendiendo boletos por un dólar, pudieron recaudar fondos para la operación de Emmanuel. La satisfacción de Jenni fue haber podido ayudar. Ella tenía una foto de Emmanuel en su oficina.

Cuando dijo que su felicidad provenía de poder ayudar a otros seres humanos, le dije: "De ahora en adelante, todo lo que hagamos, un porcentaje se destinará a ayudar a los necesitados". Entonces, cuando me reuní con ella para darle la noticia de que Wal-Mart quería ser la tienda para promocionar y distribuir nuestro libro, Mi vida loca, las dos decidimos que parte del dinero iba a la fundación, una fundación que aún no se había formado pero cuya intención era contribuir de alguna manera a un mundo mejor.

Para muchas víctimas de abuso que llevan el dolor en su corazón, ese dolor no sana, pero hay muchas opciones disponibles para ayudar a enfrentar estas luchas de la vida. Jenni continuó su pasión por el canto, eliminando todos los obstáculos. Ella contempló suicidarse dos veces, primero cuando estaba en su adolescencia y siendo abusada por su primer marido, Trino, y luego cuando se enteró de que habían abusado de las niñas. Fue su embarazo con su hija Jenicka lo que le impidió a Jenni hacerlo. En sus horas más oscuras, ella me dijo que buscaba a Dios, y él la escuchó.

Anexos

Jenni Rivera

December 10, 2007

This certifies and confirms our agreement signed on November 18th of 2005.

I Janney Rivera (dob as Jenni Rivera) have entered an agreement with Ms. Laura Lucio and her company Maizall Media Inc. Authorizing the rights to negotiate any video, dvd, print publishing and television program, concert specials and or special presentations including other requests for television programs/videos, publishing requests and offers.

This includes but is not subject to "Mi Vide Loca" book, "La Diva En Vivo" DVD, and television concert, "Mi Vida Loca" Television show and concert.

In addition, Ms. Laura Lucio and Maizall Media Inc. May seek film projects, review pitches and seek to develop film projects for my participation.

ACCEPTED AND AGREED ON THE DATE FIRST ABOVE, WRITTEN IN CORONA CA.

("artist)

Jenni Rivera

("ceo")

Laura Lucio
CEO Maizall Media Inc.

Jenni Rivera

10 de Diciembre del 2007,

Este acuerdo confirma y certifica nuestra asociacion firmada el 18 de Noviembre del 2005.

Yo, Janney Rivera (nombre artistico Jenni Rivera) entre en un acuerdo legal con Laura Lucio y su empresa Maizall Media Inc. y por medio de la presente le autorizo los derechos de negociar, todo video, dvd, publicaciones impresas, programas de television, especiales de conciertos y, o, presentaciones especiales incluyendo peticiones para presentaciones de programas de television/videos, y publicaciones y demas ofertas.

Esto incluye pero no se limita a "Mi Vida Loca, " el libro, "La Diva En Vivo," DVD, y concierto de television, "Mi Vida Loca, " el programa de Television y concierto.

Adicionalmente, Laura Lucio y Maizall Media Inc. estan autorizados a buscar proyectos de cine, revisar ideas y propuestas para desarrollar Proyectos de Cine para mi participacion.

ACEPTADO Y ACORDADO EN LA FECHA ESCRITA, ACUERDO HECHO EN LA CIUDAD DE CORONA, CALIFORNIA.

FIRMAS DE:

JENNI RIVERA

LAURA LUCIO

EL LIBRO

Ese libro del que Jenni siempre hablo se referia al que empeze a escribir en el 2005, termine en el 2006, y lo reescribi a primera persona (como si fuera ella) y se anuncio para el 2007. Se cancelo la fecha de salida por el arresto y despues juicio a su ex esposo,. La carrera de Jenni dio un giro extraordinario y el libro se convertiria en nuestra platica de siempre en nuestras reuniones cada que empezaba el nuevo año, pero no lo sacamos al mercado.

```
From:   Jenni Rivera @XXXXXXX

To:   Laura Lucio @XXXXXXX

Sent:   Jan. 7, 2010 9:14 am

Subject: BOOK
```

"hola mujer, Feliz año nuevo, Que este año te traiga mas exito, paz y amor. Mis mejores deseos para ti. Como esta tu mama? Are you back? Please let me know so we can get together for three days straight and finish the book. Besos.

To: Jenni Rivera

From: Laura Lucio

Sent: Friday Jan. 8, 2010 11:48 am

Si, es mejor para mi, nos vemos donde? En tu
casa o nos vamos a ir a otro lugar a comer ,
dormir y beber libro? L

NOTA: Las siguientes semanas yo sali de viaje
a trabajar y Jenni se comprometio con Esteban.
A mi regreso empezamos a hacer todos los
preparativos para la boda.

SUGERENCIAS DE NEGOCIOS

(VENTA DE ARTICULOS)

Correo de sugerencias para Jenni despues de revisar el contrato de una empresa que se haria cargo de vender camisetas, gorras y otros articulos en sus conciertos de Estados Unidos. Referente al negocio siempre copiaba a su hija Chiquis pues ella era designada a tomar las decisiones si no estaba Jenni.

```
From    Laura Lucio lauralucio@XXXXXXX
To      Diva Rivera riverajenni@XXXXXXX
Cc      janney marin survivingbutterfly@XXXXXXX
Mon, Sep 21, 2009 5:02 pm

Fwd: Jenni initial proposal .

From    Laura Lucio lauralucio@XXXXXXX.
```

Jenni, gracias por el almuerzo. Aquí está la propuesta inicial de la que ya tienes una copia. Como expliqué, investigué sus números y son bastante justos en comparación con lo que hay en el mercado en estos días. Pediría un porcentaje un poco más alto en el "comercio minorista", aunque me dijeron que era "justo" por amigos que están en el mismo negocio ... Les pediría más. (quizás disparar al 35%) También 'especifico' con respecto a la Exclusividad en las licencias de tu nombre. Tu tendras que decidir sobre como manejar la 'administración' de tu parte con esta empresa y el 'Merchandising' (la vendimia). Ya que incluye nuevos artículos, informes de las tiendas, lo que se está vendiendo, y porque, y el informe de la venta en línea, etc. Es obvio que Brothers Merchandising quiere hacer negocios contigo, por lo que dijeron que intentarán igualar cualquier otra oferta que haya. Laura

NOTA: Jenni acepto la oferta y ellos vendieron en sus conciertos del 2010-2011.

ESTRATEGIA Jenni –Graciela B

Muchas veces, Jenni se envolvia mucho emocionalmente cuando se le provocaba y reaccionaba sin pensarlo dos veces. Una de estas ocasiones fue cuando otra artista de Banda, Graciela Beltrán, quien en un momento fue una protegida del padre de Jenni, Don Pedro ataco publicamente al padre de Jenni. Para muchos fue una provocacion. Los ataques de Jenni contra Graciela fueron brutales y los medios de comunicación ahora estaban atacando a Jenni. Ella me llamó llorando desde un hotel en Miami e inmediatamente comencé a planear cuál debería ser su próximo paso como intérprete para ayudar a mantener su estado en la industria intacto. Escribí el Comunicado de Prensa y Jenni y Arturo lo modificaron un poco, pero en su mayor parte salió con la misma redacción.

```
-----Original Message-----
From: Laura Lucio <lauralucio@xxxxx >
To: arturorivera69 <arturorivera69@yahoo.com.mx>;
Diva Rivera <riverajenni@yahoo.com>
Cc: GABRIEL VAZQUEZ <talentouniversal@ xxxxx >
Sent: Mon, Aug 17, 2009 9:52 pm
Subject: STRATEGY


Saludos,


    Adjunto esta el borrador del comunicado, no se
que hayan enviado a TV y Novelas, pero de todos
modos habria que enviarlo a Los otros medios de
RADIO Y TELEVISION en Estados Unidos, ya sea por
medio de Arturo o de la disquera.
```

En mis conversaciones de hoy, con la gente de Univision, les dije que 'ya esta noticia era' del pasado y que dejaran lo de las Encuestas a un lado. Y te explique que me agradecieron que les haya comentado y recordado que hay la costa OESTE, y la Costa ESTE, donde reciben 'tarde' la informacion.

    Lo de EL GORDO y La FLACA, ten en cuenta que es un programa 'en vivo' y si hay sorpresas, no las podras 'evitar' o 'pre planear'

    Mi percepcion es que estas muy 'envuelta emocionalmente' con este asunto y cualquier cosa u comentario te puede poner 'mal' y esa 'imagen' es la que menos es

    conveniente que se vea de ti en la television.

Es una pena que sea esta semana lo de la 'invitacion' a conducir, porque NO ES CONVENIENTE, por todo lo que ha pasado. Aparte, te vas a andar cruzando con "Graciela" en los pasillos de Univision. Y lo que te dije anteriormente, BE A STAR, JENNI RIVERA!

Un Beso,

Laura Lucio.

COMUNICADO:

Mis notas e instrucciones a seguir eran cuatro páginas bien específicas y detalladas. Lo más importante fue que tenía que pedir disculpas aparte le sugerí que grabara un video.

Los eventos de los ultimos dias, han sido muy dolorosos, desgastantes y tristes para mi y mi familia.

Por medio de este comunicado, pido disculpas a Graciela Beltran y su familia y tambien a 'mi publico' que lo unico que merece siempre es lo mejor de mi.

On Aug 14, 2009, at 11:12 AM, riverajenni@XXXXXX wrote:

Estos es lo que le mande a arturo. Lo mandara el lunes...obviamente le va acomodar algunes cosas por lo de dia que lo escribi...pues ya seria otro dia. Etc etc.

Lo del video es buena idea...let me get some ideas together.

Oye ayer me entrevistaron por lo de graciela en ventaneando.....no dije nada malo....al contrario les dije que quizas lo que escribi hubiera salido diferente si lo hubiera pensado mas. Les dije que me deje caer en un juego en el cual era hubiera sido muy sencillo simplemente no contestar y todo esto hubiera llegado a mas. Sin embargo me dolieron las cosas y fue asi que escribi en un momento para ofederla a ella y fui yo quien se vio mal...ahora me arrepiento y que aprendi de esto. Etcc et. En fin. Creo que haci sera aclarando todo lo feo.

Sent from my BlackBerry® smartphone with Nextel Direct Connect

La primera vez que Jenni encabeza en el amfiteatro Gibson de Los Estudios Universal. Yo estaba como Productora Ejecutiva de la grabacion en video.

La amiga de la infancia de Jenni, Gladys, Jenni y yo en una cena en Café Roma de Beverly Hills, CA. Estabamos Celebrando los triunfos de Jenni en la musica.

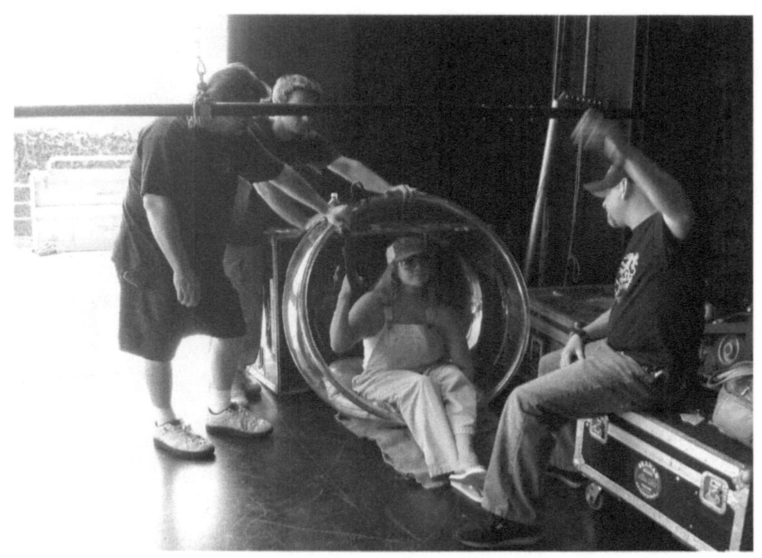

Manny el diseñador del set le explicaba a Jenni como era que en este globo de crystal bajaria hacia al escenario.

Jenni entrando al escenario

Jenni y Esteban en Bora Bora de luna de miel

Terminando de entrevistar a Jenni en preparacion para la
promocion del album Joyas Prestadas

Jenni en concierto en el Telmex de Guadalajara, Jalisco Mexico

Capítulo 11

Fiasco en el aeropuerto

*"En tiempos de necesidad, siempre nos sorprenderá quién se
queda a nuestro lado y quién se pierde a propósito".*

A finales de octubre de 2008, grabamos un especial de
televisión para Azteca América, toda la familia de Jenni
participó para mostrarle su apoyo en momentos difíciles que
vivía. Jenni lo necesitaba; esta sería la primera vez que hablaría
en detalle sobre un infame video sexual que había salido a la
luz unas semanas antes. Esta también fue la primera vez que
Jenni fuera la presentadora en un programa de televisión.
Dediqué mi tiempo para escribir el guion y planifiqué todos
los segmentos para que Jenni los presentara. Aparte de escribir,
fui la productora ejecutiva y dirigí el programa que titulamos
"En la intimidad, con Jenni Rivera". Ese día, Juan, el hermano
de Jenni, fue entrevistado sobre su hermana. Por segunda vez
desde que conocí a los de Rivera me di cuenta que hablar frente
a la cámara era muy fácil para Juan, y se lo mencioné a Jenni.
"Tu hermano debería estar como presentador de un programa
de televisión sobre la música regional mexicana". Jenni me
dice: "Vamos a ayudarlo, Laura. Vamos a tratar de impulsar la
carrera de Juan".

A inicios de 2009, mi amigo Alberto Santini, quien estaba de VP
de programación en Azteca América, me preguntó si conocía
a algún artista del mundo regional mexicano que estuviera
interesado en ser parte del espectáculo El Gran Desafío
De Estrellas, un programa tipo American Idol, en el que los
participantes compiten por el gran premio y son votados por la

audiencia de la televisión, el show se trasmitiría en vivo desde la Ciudad de México. Preferían a alguien que fuera conocido por la comunidad hispana en los Estados Unidos. Hablamos sobre varios candidatos entre ellos, Juan Rivera. Le conté a Jenni sobre el proyecto y escribí un plan de acción para Juan Rivera y su carrera. Ya Jenni había registrado su empresa Jenni Rivera Music y Juan sería al primer artista que apoyaríamos. Cuando Juan hizo la prueba de pantalla para Azteca, inmediatamente le pidieron que participara; sin embargo, fue una tarea difícil para Juan porque la mayoría de la gente que lo conocía estaba en los Estados Unidos y el programa se transmitió en vivo en México con una transmisión de televisión retrasada en los EE. UU., por lo que a los espectadores no les daba tiempo suficiente dentro de la transmisión para votar. Al principio de la competencia, Juan terminó en el limbo. Para pasar a la siguiente ronda, necesitaba los votos de la audiencia mexicana pues los de Estados Unidos no entraban a tiempo. Juan tuvo que preparar una actuación muy especial la semana siguiente para poder ser salvado y mantenerse en el programa. Todos nos involucramos en el proceso. Cuando Jenni se enteró, le dijo a Juan: "Iré contigo, hermano, te voy a apoyar". El espectáculo fue grabado en los viejos estudios de cine Churubusco en la Ciudad de México. Cuando Jenni llegó para el ensayo, muchos ya la esperaban. Ella vino directamente desde el aeropuerto, después de haber hecho un concierto la noche anterior fuera de la Ciudad de México. Había cancelado su actuación del domingo para estar con su hermano en el programa. Cuando llegó Jenni había periodistas de diferentes medios de comunicación mexicanos esperándola. Nos dieron un área privada para que Juan y Jenni pudieran ensayar la canción antes de subir al escenario. Jenni estaba muy feliz; estaba segura de que su presencia iba a ayudar a traerle votos a su hermano, y así fue.

El 17 de mayo de 2009, Jenni y Juan cantaron "Amor de los dos" en el programa, y Juan obtuvo más que suficientes votos para pasar al siguiente episodio. Estábamos todos alojados en el Hotel Radisson en Peri Sur en la Ciudad de México; No era muy cerca del aeropuerto, por lo que al día siguiente de la grabación del programa, tuvimos que salir muy temprano para evitar el tráfico. Jenni y yo volaríamos juntas a Los Ángeles muy temprano en la mañana del lunes, así que en la madrugada me llamó a las 4 am y me dijo: "Vámonos ya, Gabo me informó que no podía llevarse el dinero porque tenía un problema personal que atender y no quiere ser responsable de llevar el dinero en efectivo, así que tú y yo tendremos que reportarlo cuando lleguemos a los Estados Unidos. ¿Estas bien con eso?" Le dije: "Claro, no hay problema". Y nos fuimos. Muchas veces, a los artistas se les paga en efectivo por sus *shows*, por lo que deben transportar ese dinero y luego depositarlo en sus cuentas. Este fue el caso de Jenni, solo que esta vez, en lugar de Gabo, seríamos nosotras las que viajábamos con el dinero. Jenni había actuado en Hermosillo, Sonora, Cd. Obregón y Ocotlán, Jalisco antes de viajar a la Ciudad de México para la presentación de televisión con su hermano Juan. Jenni tenía su compañía registrada en México para pagar los impuestos apropiados, solo que Gabo y su contador de Jalisco se encargaban de eso. En este día en particular, Gabo tuvo un problema familiar y tuvo que irse de inmediato; Por eso le entregó el dinero a Jenni en la habitación del hotel.

Jenni siempre llevaba una mochila de cuero, donde guardaba su maquillaje, planificador, billetera y, a veces, incluso sus chanclas en caso de que se cansara de usar tacones. Llegamos a una casa de cambio en el aeropuerto y ahí nos cambiaron el dinero a dólares, fue ahí donde Jenni me da un monto de 30 mil dólares y me dice, tu reportas esto, y yo los 50 mil. Al pasar por la seguridad del aeropuerto, nos preguntaron qué teníamos en nuestras carteras. Ambas dijimos, "dinero". La mujer nos miró y pidió una cifra aproximada. Jenni respondió, "unos cincuenta mil dólares". A lo que la mujer respondió: "Está bien, sigan". Pasamos por seguridad y caminamos hasta la terminal. El avión ya estaba abordando a los pasajeros de primera clase, así que fuimos directamente a la puerta. Cuando entramos en el túnel que conducía a la puerta del avión, un oficial de la policía federal mexicana nos detuvo y pidió ver nuestros bolsos. Cada una de nosotras abrió sus maletas y él dijo: "¿A dónde llevan todo ese dinero?" Nosotras respondimos, "A Los Estados Unidos". Entonces él continuó: "¿Por qué estás sacando dinero ilegalmente de México?" Nos quedamos desconcertadas por este comentario. Contesté: "No sabía que era ilegal sacar dinero de México; planeamos reportarlo cuando lleguemos a los Estados Unidos". El oficial nos pidió nuestros pasaportes y nuestros boletos, caminó hasta el mostrador de la aerolínea y lo escuchamos decir a la encargada de despedir el vuelo: "Pueden seguir a tiempo, solo saca las pertenencias de las dos damas del vuelo, no estarán volando ahora". Le pregunté: "¿Por qué? ¿Qué hicimos?" Él dijo: "Ustedes no reportaron el dinero. Hay un formulario que deben completar". Entonces Jenni dijo: "Esta bien entonces denos el formulario, lo completaremos, y déjenos tomar el vuelo". Pero él dijo: "No, mi jefe me está solicitando que las lleve a la oficina". Jenni y yo estábamos un poco confundidas. Pero lo seguimos pensando que solo necesitábamos llenar un formulario.

Cuando llegamos a la oficina, varios oficiales de la policía federal nos hablaron sobre la ley mexicana y también preguntaron dónde se originó el dinero. Jenni explicó que había actuado el viernes y el sábado por la noche y que era el dinero de su sueldo. Uno de ellos dijo: "¿Por qué debería creer en su palabra?" Y salté a la conversación, "Porque no tenemos razón para mentirles". Inmediatamente solicitaron que les mostráramos un contrato de los servicios de Jenni. Gabo, el manager de giras de Jenni, estaba en un avión y no había llegado a su destino. La policía federal dijo que si no podíamos proporcionar una prueba del origen del dinero en ese momento, nos llevarían a la oficina del Fiscal General. Por lo pronto habían llamado a un médico y una enfermera. Jenni y yo estábamos en total incredulidad.

Uno de los federales me devolvió el pasaporte estadounidense y me dijo que podía irme, pero mi amiga tenía que quedarse allí hasta que se les entregaran pruebas del origen del dinero. Yo le Contesté: "No voy a ninguna parte; no la voy a dejar aquí sola".

Otro oficial empezó a explicar que parte del procesamiento de las personas bajo custodia incluye un examen físico completo al cual Jenni, la detenida se tenía que someter. Un médico y una enfermera entraron a la oficina donde estaban interrogando a Jenni. Ella y yo nos veíamos con cara de confusión y ahí es que Jenni comenzó a bromear con el médico: "¡Oh, así que ahora quieres hacerme el Papanicolaou, aquí mismo en esta mesa!" La doctora se puso roja, los federales miraron hacia abajo y uno de ellos dijo: "Sra. Rivera, esa es la razón por la que trajimos a la enfermera, para que se sienta cómoda". Jenni respondió: "Me siento cómoda, simplemente no entiendo lo del médico ni el por qué me tengo que desvestir". Me acerqué a Jenni y le dije: "Creo que esto es solo para ver si llevamos más dinero en nuestro cuerpo". Así que a Jenni se le fue la lengua: "Apenas metí el culo en estos jeans, ¿cómo pueden pensar que hay espacio para poner más en ellos?" Para entonces todos se estaban riendo. Un caballero alto de ojos claros me hizo una señal para que fuera a verlo y luego me dijo: "Explíquele a su amiga que si la llevan a la oficina del Fiscal General, no será fácil sacarla hoy, ella se está riendo y bromeando, pero esto es un asunto serio". Estaba a punto de decirle esto a Jenni cuando otro hombre entró, escribió algunas líneas en un documento y se lo entregó a Jenni. Ella lo leyó e inmediatamente dijo en voz alta: "De ninguna manera, esto es dinero para mis hijos, ¡llévame a donde necesites llevarme!" Parecía que el 40% del dinero tenía que permanecer en Mexico, eso es lo que Jenni me dijo que decía el papel.

Hicieron una llamada por radio, y Jenni fue trasladada en un vehículo policial a la oficina del Fiscal General en las afueras del aeropuerto. El caballero alto me acompañó a la misma oficina por una ruta diferente y me explicó que Jenni ahora estaba bajo arresto. "¡¿QUÉ?!" Dije. "¿Por cargar cincuenta mil dólares? ¡Ustedes hicieron una tormenta en un vaso de agua!" A eso, él me respondió: "Usted es estadounidense y cumple con las leyes de su tierra, nosotros estamos en México y cumplimos con las leyes de nuestra tierra". En total fueron 80 mil, Jenni tenía 50 y yo tenía 30. Pero lo contaron como un solo monto, perteneciente a Jenni.

Lo que más me intrigó de estos agentes de la policía federal mexicana fue que sabían todo sobre mí y sobre Jenni. Por todo, me refiero a antecedentes, familia, empleos, y demás, y solo les tomó unos minutos. El hombre alto explicó que lo mejor que podía hacer ahora era encontrar un buen abogado para ayudar a sacar a mi amiga de esta situación. Le di las gracias y entré a la oficina, el hombre alto se acercó al mostrador, habló con alguien allí en la oficina del fiscal para que me permitieran entrar y estar junto a Jenni. Yo les pedí de favor que nos dejaran en el área de oficinas del edificio para que pudiera tener acceso a Jenni. No quería que la llevaran al otro lado donde estaban las celdas de la cárcel; no quería ver a Jenni encerrada. Pensé que era demasiado. Fue una mala situación, pero en general nos trataron con respeto. No tenían por qué darnos trato especial ni cumplir mi petición porque fuimos detenidas por violar la ley, pero lo hicieron.

La noticia estaba en todas las radios de la policía, Jenni Rivera y su manager estaban en manos del fiscal general de México por "contrabandear" en el aeropuerto. Jenni estaba sentada en una de las oficinas, pero no se le permitía acercarse al mostrador. Mientras tanto, yo estaba manejando a la prensa que se aglomeró en la entrada y reuniéndome con una larga lista de abogados que habían acudido para ofrecer sus servicios. Cuando llegó la noticia a los medios, los titulares decían: "Jenni Rivera y Laura Lucio, su manager, fueron arrestadas por contrabando", pero no especificaban de qué. Jenni y yo estábamos preocupadas por nuestras madres. Sabíamos que la noticia las iba a sorprender y molestar. Una vez que hablamos con ellas, nos sentimos mucho mejor.

Lo más importante, ese día, descubrimos quiénes eran nuestros amigos. Afortunadamente, muchos llamaron y se presentaron de inmediato para ofrecernos su ayuda. El primero en llamar fue Alberto Santini, el Director General de Azteca y quien era VP de programación de Azteca América, donde Jenni se había presentado el día anterior. Ese día, comencé a llamar a Juan Rivera, el hermanito de Jenni, "Ran-bo", no RAMBO, sino RAN-BO   (Ran de Correr) porque, en un abrir y cerrar de ojos, le brincaba a cualquiera que de alguna manera ofendiera a Jenni y esta vez, llamó y dijo que estaba en camino. Le dije: "Aquí te necesitamos, necesito a alguien que se encargue de la prensa mientras obtengo representación legal". Juan, "Ran-bo" ¡NUNCA apareció! Más tarde le pregunté por qué, dijo porque vio una manada de medios fuera de la oficina del fiscal general y no quería involucrarse. Increíble, pero cierto. Ahora resulta, que no se quiso involucrar. Jenni y yo nos reímos cuando le dije: "Ran-bo nos falló, puede golpear a la gente en dos patadas, pero ahora le tuvo miedo a la prensa. ¡Imagínate eso!"

Contraté a un abogado llamado Jorge, él había sido policía federal y conocía muy bien sobre la ley. De inmediato puso todo en movimiento y me dijo que Jenni sería liberada en unas dos horas. Ya eran alrededor de las 4:30 p.m. Me acerqué y le dije a Jenni quien estaba hablando por teléfono con otro amigo cantante que le había informado que había enviado a un "abogado amigo" de ellos. Veinte minutos después, apareció un abogado llamado Mario Macías Pacheco. Según Jenni, este abogado había sido enviado por Joan Sebastián (RIP), otro intérprete y amigo de Jenni. Debido a la lealtad que Jenni sentía hacia su amigo Joan, me pidió que permitiera a Mario Macías manejar su caso. Para mi fue un error, pero tuve que informarle al abogado Jorge que íbamos a cambiar de bufete de abogados, acepté pagar sus honorarios por el trabajo que ya había realizado y comencé a tratar con Mario Macías. Yo no estaba nada contenta con el cambio, especialmente porque todo lo que se había hecho para liberarla salió por la ventana.

Mario Macías es el hombre que Jenni más tarde llamaría "El Lic." como término de cariño. El Ministerio Público tampoco estaba muy contento con el cambio pues nuestras declaraciones tuvieron que repetirse nuevamente, y todos los papeles que el abogado Jorge había presentado para liberar a Jenni no se podrían usar con la estrategia de Macías. La nueva defensa estaba cambiando todo. A las 6:00 p.m., el IRS o la Hacienda de México se involucraron y confiscaron el dinero. Jenni fue liberada alrededor de las 11 p.m. Habíamos estado allí todo el día desde las 6 a.m. Los reporteros seguían en pie esperando el resultado. Estábamos cansadas, así que fuimos al hotel más cercano al aeropuerto, con planes de salir de la Ciudad de México temprano al día siguiente para ir a Los Ángeles. En el hotel, Arturo Rivera y Mario Larios, dos de los publicistas de Jenni ya nos estaban esperando. Nos sentamos en el piso y trabajamos en el comunicado de prensa para satisfacer la necesidad de los medios de información sobre el incidente. El buen "Ray" amigo de Jenni, que trabajaba como manager de gira de Joan Sebastián, se presentó para brindarnos su ayuda, pidió servicio a la habitación y nos sentamos todos juntos a comer. Alrededor de las 2:30 a.m., Arturo y Mario se fueron para enviar el comunicado de prensa. Al día siguiente, Jenni y yo tomamos el primer vuelo a Los Ángeles.

CASTIGO INUSUAL

El caso del efectivo en el aeropuerto tardó años en resolverse. Jenni fue puesta en libertad bajo fianza, pero meses después fue sentenciada y se le dio libertad condicional. Por un período desde octubre de 2010 a febrero de 2011, Jenni debía aparecer semanalmente para registrarse en el Reclusorio Norte de México. Yo no quedé nada satisfecha con el resultado de este procedimiento legal. Tal vez no sea una experta en el sistema judicial de México, pero me pareció que Jenni estaba siendo castigada de una manera muy inusual. Jenni y yo lo hablamos, y dos veces me pidió que llamara a Mario Macías, el abogado, para que cuestionara su estrategia mientras ella se sentaba conmigo en el auto a escuchar la conversación con Mario. El Lic. (QEPD) se pondría nervioso y molesto y no quería que yo lo interrogara. Esa es otra cosa que la gente no sabía, Jenni me pedía que hiciera cosas y cuando la cuestionaban ella se hacía la sorprendida "No lo sé, ¿Laura hizo eso?" "Esa Laura, si que es mandona; no sé qué hacer con ella," ¡Qué risa! Era nuestro chiste interno, pero sabíamos exactamente lo que estábamos haciendo. Jenni vendría y me diría: "¡esa vieja piensa esto o lo otro de ti o que aquel 'güey' dice que eres una rompe pelotas!" Así jugábamos y nos era bastante divertido. El Lic., que Dios bendiga su alma, se hizo indispensable, tenía una solución para cada una de las necesidades de Jenni en México, y si no tenía una, la inventaba. Cuando Jenni y Gabriel Vázquez, su manager de giras, tuvieron problemas, El Lic. vio la oportunidad perfecta para él. Ya se había hecho muy íntimo de Esteban, el marido de Jenni, por lo que se convirtió en el agente de fechas, administrador de giras y asesor financiero de Jenni en México.

Afirmó tener amigos en lugares importantes desde que trabajó en la oficina del Fiscal General de México. Una vez en 2011 cuando viajé con Jenni a la Ciudad de México quedé muy agradecida de sus amistades. Jenni tuvo una presentación en un parque cerca del lago de Chapultepec. Al parecer no había autoridades patrullando el área, más tarde descubrí que no se les permitía entrar porque la zona era extremadamente peligrosa. En el evento solo había cuatro guardias de seguridad en un lugar donde se habían reunido más de veinte mil personas. Al final de la actuación de Jenni, la multitud rugió y corrió hacia el escenario. Jenni todavía estaba allí de pie, preparándose para bajar del escenario y se sorprendió al ver a las masas correr hacia ella. Al instante, cuatro agentes de seguridad de la presidencia de México saltaron al escenario y agarraron a Jenni, y uno me tomó a mi y me acompañó hasta la camioneta donde viajábamos Jenni y yo estacionada en la entrada del recinto. El conductor ya estaba allí, con el coche prendido. No fue nada fácil salir de allí, pero los coches de escolta presidenciales lo lograron. Viva México, pensé, ¡salimos vivas! Pero mi mente periodística ya estaba cuestionando por qué teníamos que tener "guardias presidenciales", escoltándonos, dónde se escondían, de dónde salieron y mucho más.   Resulta que El Lic. los había invitado junto con el jefe del Departamento de Hacienda de México. Sí, él también estaba allí.

A estas alturas, Jenni ya había recibido parte de los cincuenta mil dólares que le habían sido confiscados. Personalmente, yo le tuve que preparar y entregar cartas y otros documentos firmados al abogado que indicaban que parte del dinero era para los servicios de producción, de modo que Jenni también pudiera reclamar los 30 mil dólares adicionales. Declaré que parte del dinero era mío y que ella me pagaría por grabar un próximo concierto. Fue durante este viaje que noté que Esteban, el esposo de Jenni y El Lic. tenían una relación de amistad estrecha. Mientras Jenni y yo trabajábamos en varios preparativos y cambios para su promoción, Esteban y El Lic. se fueron a un juego de béisbol. Recuerdo a Julie, la asistente de Jenni comentó que se parecían "TWINS" a los gemelos, la película con Danny De Vito y Arnold Schwarzenegger porque El Lic. (Mario) era muy bajo y Esteban Loaiza medía más de 6 pies. Jenni y yo nos reímos mucho con este comentario.

MOVIMIENTOS EN LA CARRERA Y PLEGARIAS

El 5 de mayo de 2011, nos reunimos para platicar los planes de Jenni para la televisión. Ella quería viajar menos. Estuvimos de acuerdo en que era hora de que yo produjera y dirigiera otra presentación sobre Jenni en inglés y español. Esta vez sería más dirigido a ejecutivos de medios televisivos, el último que produje fue en 2008, el primero en 2005 y muchas cosas habían sucedido en su carrera desde entonces. Jenni estaba planeando lanzar Joyas Prestadas, una compilación de canciones de éxito. Estas eran canciones que las superestrellas pop habían cantado, y casualmente todas eran mis favoritas. Algunas de las cuales publicaba por las noches en Twitter en 2009 y 2010, ahora Jenni les estaba dando su interpretación especial. Jenni quería una presentación de video para ayudar a promover el álbum. Fijamos el día de la grabación para el 17 de mayo. Antes de comenzar a grabar, le mencioné a Jenni que era el cumpleaños de mi madre. Jenni me pidió que le llamara a mi mamá para hablar con ella y le agradeció a mi madre por sus oraciones en todos nuestros proyectos, y le pidió que siguiera orando porque teníamos muchas más cosas planeadas para el futuro. Jenni había conocido a mi madre en Texas en 2009, después del fiasco del aeropuerto, y mi mamá le había dicho que encendió una velita y pidió a Dios para que todo saliera bien en aquella ocasión. Jenni sabía que antes de comenzar un proyecto, llamaba a mi mamá y le decía "Mami, reza por nosotras". Mi contribución a la carrera de Jenni fue siempre realzar su imagen más grande que la vida misma. Tal vez mi dedicación por su éxito ayudó a que estos videos fueran tan exitosos a tal grado que nunca quiso que nadie más los produjera. Jenni también sabía que estos eran sus logros de carrera y no importaba quién los exhibiera o dónde o quién los viera automáticamente observaban lo que Jenni y yo queríamos que vieran: la filántropa, la mujer de negocios, la intérprete, la madre, la abuela y la chica de alado. Jenni Rivera no era solo una artista regional mexicana; era una marca con la que tenían que asociarse. Ese fue mi plan, y se cumplió.

CONTROL DE DAÑOS

Jenni me había pedido que viajara con ella los días 3, 4 y 5 de junio de 2011, por varias razones. En primer lugar, necesitábamos planear la cobertura de medios debido a un incidente en el que ella había estirado el cabello a una mujer cuando otra vez alguien tiró una cerveza a Jenni mientras cantaba. Y dos, Jenni quería que conociera a todo el equipo que estaba trabajando con ella ahora que Gabo no estaba, ella quería que observara todo. Hacía unos días que Jenni se había sentido incómoda con ciertos miembros de su personal, así que tuve que vigilar discretamente y platicar las cosas con Jenni más tarde. Viajé con Jenni a Guadalajara, Ciudad de México y Oaxaca en el mismo avión privado en el que ella viajaba el día del accidente.

Me encontré con Jenni en su casa y nos dirigimos al aeropuerto de Van Nuys. La persona que hizo todos los arreglos para el alquiler del avión fue Mario Macías, el mismo abogado que Jenni había elegido contratar en la Ciudad de México. A lo largo del viaje, cuestioné todo- ¿Quién? ¿Qué? ¿Cuándo? ¿Dónde? ¿Por qué? Jenni y Esteban explicaron que era conveniente viajar de esta manera porque le daba a Jenni más privacidad y un servicio más rápido. En el pasado, Gabo su ex manager de giras siempre sería el encargado de alquilar los aviones. Sé que Gabo examinaba cada detalle de la compañía que se estaba contratando y el avión en sí. Siempre quería que Jenni viajara tranquila, pero también, ahí es donde iba a volar él. ¡Quería viajar seguro! Hubo otros momentos en que Jenni tenía horarios y presentaciones ajustadas en diferentes ciudades el mismo día, y Gabo se encargaba de todos los arreglos, por razones de seguridad Gabo era muy meticuloso.

Ese fin de semana, cuando viajé con Jenni, varios periódicos informaban sobre un incidente que había ocurrido el fin de semana anterior, donde Juan Rivera había golpeado a un fanático que le había arrojado una lata de cerveza a Jenni mientras ella actuaba. La noticia se intensificó porque había un video del incidente y, unos días antes, una fanática había arrojado una botella de cerveza a Jenni en Puerto Vallarta. Jenni le pidió a la mujer que subiera al escenario, y cuando lo hizo, Jenni le jaló el cabello. El viaje para evaluar al nuevo grupo de trabajo de Jenni se convirtió repentinamente en un fin de semana de control de daños. Recuerdo que le dije a Jenni, tu vida sigue siendo "¡más y más loca!". Jenni se haría la que yo no fui: "el escándalo me sigue, amiga, sabes que soy inocente".

Habíamos planeado estrategias para calmar la indignación pública. Las cosas no se veían bien para Jenni ni para Juan. Los medios decían que era lo último que veríamos de Jenni Rivera pues su carrera estaba acabada. Una vez más, mi estrategia consistía en que Jenni saliera al aire en el programa matutino de Televisa y que Juan saliera en vivo en Azteca el mismo día. Juan tendría que ir a León con el fanático que había golpeado, después de asegurarse de que estaba bien. Juan se disculpó públicamente con el fanático y también pagó sus cuentas médicas. La estrategia y las disculpas funcionaron, aunque el programa de televisión Ventaneando en Azteca sugirió que Juan Rivera le había dado dinero al chico para callarlo. No era cierto, porque en realidad queríamos asegurarnos que estuviera bien de salud, pero fue otro dolor de cabeza y un obstáculo que teníamos que brincar. Recibí llamadas de diferentes direcciones, incluido el sello discográfico que tenía a Jenni firmada, dijeron que la estrategia fracasó debido a los comentarios de Ventaneando. En verdad, me preocupaba la imagen que Jenni estaba dando y más aún por sus fans. Nuestra siguiente gran preocupación era si, después de estos dos incidentes muy públicos, la gente todavía se presentaría al concierto de Jenni la semana siguiente en el Auditorio Nacional de México. Le pedí a Arturo Rivera que enviara fotos para que yo pudiera ver la asistencia. Yo estaba trabajando y no pude asistir al concierto. Unos minutos antes de que comenzara el espectáculo, Arturo me envió un mensaje de texto: "Casa llena, estoy sorprendido Laura, la gente realmente la ama". Wow, solté un suspiro de alivio eufórico, estaba feliz.

"Eres una chingona Laura Lucio," fueron las palabras de Jenni cuando me llamó. "Mujer, no podría haber hecho esto sin tu ayuda", continuó. Le dije a Jenni, "Hazme un favor, Jenni". Ella dejó de hablar inmediatamente, "el que quieras", responde Jenni. "¡Ya no te metas en pedos!" le dije, y las dos nos reímos.

Capítulo 12

Detrás de cámaras de un drama televisivo

"La verdadera lealtad es estar presente cuando te necesiten
pero no de manera oportunista".

En septiembre de 2010, Jenni me envió un mensaje, "Laura, necesito tu ayuda, quiero que por favor aceptes ser la productora ejecutiva del *talk show* "Jenni ," que estoy haciendo para Estrella TV". Respondí con un signo de interrogación. Jenni sabía que tenía mis reservas a trabajar con la cadena de televisión.

En 2008, produje un programa diseñado para que Jenni explicara con sus propias palabras la situación de un video sexual con su ex novio, Edgar Villa que se había hecho público. Jenni nunca había conducido un programa antes, pero le gustó y disfrutó que la dirigiera en ese programa. Ahora, ella quería que lo volviera a hacer, esta vez semanalmente y con un formato un poco diferente. Yo le hacía el trabajo divertido y liviano a Jenni. Escribía lo que ella tenía que decir, se lo leía en el tono que debía de decirlo para abrir el especial y los diferentes segmentos dentro de la hora del programa. Esa grabación la disfrutamos a cada minuto. Eran momento difíciles para Jenni y quería que ella sintiera que las cosas iban a estar bien, en momentos que le preocupaba que la difusión de tal video destruyera su carrera. Jenni apreció la seguridad que le di al grabar para la tele por mis años de experiencia en cámara. Y precisamente fue este vínculo que nos unía y que formamos el que hizo que algunas personas de su equipo se sintieran inseguras.

179

El programa con Azteca América fue programado para transmitirse en noviembre de 2008. Nuestro acuerdo con Azteca América fue firme, fue EXCLUSIVO y dividiriamos los costos y los ingresos. Cuando las promociones comenzaron a publicarse y los patrocinadores se unieron al próximo especial, En la intimidad con Jenni Rivera, Estrella TV, que siempre se sintió con derecho a cruzar los límites con Jenni, reaccionó a este especial programando su propio especial de Jenni Rivera. Pero no terminó ahí, también comenzaron a ponerse en contacto con los mismos patrocinadores que Azteca América tenía para ofrecerles "un mejor costo". Esto afectó terriblemente tanto a las ganancias de Jenni como a las mías. Igual que en otros proyectos, yo estaba dividiendo porcentajes con Jenni. Cuando el departamento legal de Azteca América me informó de lo que estaba haciendo Estrella TV, me puse en contacto con Jenni y le dije: "¿Por qué aceptas que Estrella te programe al mismo tiempo que transmitimos nuestro programa en Azteca América? ¿Te pagaron?" Jenni se sorprendió por mi pregunta. "Laura, no tuve nada que ver en eso". Fue la primera vez que escuchaba de este especial. Hizo algunas llamadas y se enteró de que habían reunido material que les había permitido grabar en un programa llamado Estudio 2 y una entrevista que había hecho con ellos, y que habían decidido producir el "especial" sin que ella supiera nada. Jenni dijo: "Arreglaré esto, prometo que arreglaré esto". Así que envió a Leonard Liberman, el propietario y CEO de Estrella TV, un correo electrónico y copió a Pepe Garza, el programador de Que Buena Radio, perteneciente también a Liberman Broadcasting, y a mí.

No hubo una pronta respuesta. El señor Liberman estaba en Hawái y Pepe Garza, la persona que pensamos que podía ayudarnos nos dijo "solo soy un peón aquí, no puedo hacer nada". Nuestra relación con Azteca América sufría un duro golpe. El programa fue excelente, pero nuestras ganancias fueron escasas, además de que pudieron demandarnos por violar el contrato. Prometimos exclusividad y Jenni estaba en un canal diferente en un especial donde también hablaban de exclusividad. ¡Desastre!

Perdimos dinero, pero había razones más allá de la impotencia que Jenni sentía por las que se mantuvo leal a Qué Buena, Jenni jamás olvidó dónde fue su gran oportunidad de sonar en la radio.

Más tarde le dije: "¿Cómo puede este poderoso gurú de la música y programador de radio decir que es solo un peón?" Unos años más tarde, las circunstancias me ayudarían a entender lo que Pepe quería decir. El conocimiento, la experiencia y el título de una persona no importan cuando se toma una decisión de programación en Estrella TV. Leonard Liberman selecciona a mano la línea del espectáculo. Para algunos, esto es brillante, para otros, es simplemente una locura. En su corazón, él cree saber que lo que programa es lo que la gente quiere ver.

Jenni sabía que yo estaba molesta. Estaba preocupada de que pudiera pensar que me había traicionado a sabiendas. Tuvo una presentación ese fin de semana en noviembre de 2008 lejos de L.A. a las 4 a.m., mi BlackBerry comenzó a zumbar. Miré y vi que era Jenni. Pensé que algo estaba mal. Bueno, algo parecía estar mal porque Jenni estaba llorando. "Lo siento, te prometo que te lo compensaré. Debería haberte escuchado". Estaba medio dormida "Ok," respondí. "Te quiero, amiga," escuché en el otro extremo. "Solo quiero que sepas que te quiero y aprecio todo lo que haces por mí y por mi carrera", dijo Jenni. Así que pregunté, "Jenni, ¿estás borracha?" Ella dijo: "Bueno, sí, pero sé lo que digo, sí bebí, pero no estoy borracha". Me eché a reír y dije: "No te preocupes, te veo aquí. También te quiero. ¡Ya duérmete!".

Ahora volviendo a la cuestión de Jenni en septiembre de 2010, sabiendo muy bien cuáles eran mis reservas sobre trabajar para Estrella TV, estaba confundida por su solicitud pidiéndome que fuera la productora ejecutiva de su *talk show* "JENNI".

Cuando vio el signo de interrogación que le textié me llamó, ella estaba en México camino a un concierto. "Laurita, sé que debes estar ocupada haciendo otra cosa, pero confió en ti. Tiene que ser un programa serio, debo verme inteligente, ya grabé un show, pero no me siento cómoda. La persona que trajeron desde México para producir el show no me entiende ni a mi ni a la audiencia". Estaba del otro lado escuchándola. "Vamos, no guardes rencores", dijo Jenni.

Y yo callada. No guardo rencores, pensé, pero todavía intentaba procesar la reunión que tuve temprano ese día con Héctor Martínez, un ejecutivo de Univisión que estaba molesto por saber que Jenni haría un *talk show* para Estrella TV. Dijo: "Jenni no puede estar haciéndonos esto. Le hemos dado la mejor promoción con la telenovela Eva Luna. Tenemos una oferta sobre la mesa para una parte importante en nuestra próxima telenovela; no puede hacernos esto. Laura. Debes hablar con ella; definitivamente no está pensando". Univisión se estaba preparando para grabar su próxima telenovela, dirigida por Carlos Sotomayor, y Jenni interpretaría el papel de la dueña de una gran hacienda en California. Era un papel que estaban desarrollando específicamente para ella. Acepté hablar con Jenni, pero antes de llamarla para hablar sobre la reunión de Univisión, ¡Jenni me estaba llamando para ir a trabajar en Estrella TV! Me quedé mirando mi computadora, sin palabras. Desde hace años que trabajaba de forma independiente, me preocupaba que mi relación con Univisión, Azteca y Telemundo pudiera verse afectada si aceptaba ser empleado de Estrella TV. Le dije a Jenni que necesitaba tiempo para pensarlo, porque también estaba presentando y produciendo mis especiales de televisión que se emitían en Azteca América. Ella dijo, "apúrate amiga, te necesito".

Al día siguiente recibí una llamada del (mentiroso) e intermediario entre Jenni y Estrella TV sobre este proyecto. "He hablado con varias personas para el puesto de productor ejecutivo en Estrella TV, y ya encontramos a alguien, Laura.

No te necesitaremos". ¡Uf! ¡Qué alivio! Pero solo dos horas después, Jenni me envió un largo mensaje de texto: "No puedo creer que me hicieras esto, Laura, te estoy pidiendo que vengas a trabajar conmigo porque te necesito, realmente pensé que eras mi amiga, pero me dejas afuera en el frío en este caso, nunca olvidaré esto que me haces..." Cuando lo leí, pensé, ¡Pero ÉL Mentiroso dijo que había encontrado a alguien! Así que inmediatamente le envié un mensaje a Jenni: "¡Llámame!"

Jenni seguía texteando: "Es por el dinero, ¿verdad? Te pagaré si tengo que hacerlo, ¡solo quiero que estés allí para mi!" "¿Qué dinero?" Pensé , ni siquiera hablamos sobre dinero, así que le escribí: "Jenni, por favor, tu mensajero me llamó para decirme que había encontrado a alguien, por eso no te contacté más".

Jenni inmediatamente llamó, "¿Él te dijo eso ?" "¡Sí!" Yo respondí. Ella continuó: "Me dijo que no querías hacerlo y eso me hizo enojar, no quiero a nadie más. ¡Si tú no puedes producirlo, no haré este programa!" Jenni se había vuelto muy dependiente de mi experiencia, asociación y orientación. Ella sabía que la había hecho lucir como un millón de dólares antes, y lo haría nuevamente. "Si no quieres ser la productora ejecutiva de este programa, los llamaré ahora y no lo haré", repitió Jenni. En mi corazón, conocía las aspiraciones de Jenni; ella quería ser Oprah en español; Ella me lo dijo muchas veces. Ella insistía en que yo grabara música y me dedicara a cantar y que ella se convirtiera en una Personalidad de TV. "Intercambiemos carreras", me decía Jenni. Yo lo tomaba como una broma. Estaba produciendo y presentando mis especiales de televisión, y ahora, también renunciaría a eso para ayudar a Jenni. "Jenni, si me necesitas, estaré allí, no te preocupes", le respondí.

LA TELENOVELA

Se estableció una reunión con el Sr. Liberman, el propietario del canal. Aquí es donde se desenredó la telenovela detrás de escena de la realización del programa de entrevistas de Jenni. Realmente se sentía como una telenovela. Por un lado, Jenni le estaba diciendo al Sr. Liberman: "Quiero que contrates a Laura", y por el otro, sin nuestro conocimiento, "alguien", el mentiroso, mensajero de Jenni hacía todo lo posible para que eso no sucediera, aquella persona que al principio del libro les dije se encargó de enlodar mi nombre con la familia Rivera después de la muerte de Jenni. Él, le estaba diciendo al Sr. Liberman que me ofreciera el menor dinero posible para que yo no aceptara el puesto. ¡El 'Traicionero' de nuevo! Según una fuente muy confiable en una posición ejecutiva de Estrella TV, esta cierta "Persona" también dijo algunas cosas no tan agradables sobre mí. Los rumores eran desagradables y mezquinos, pero así dejé todo, les permití hablar porque *"cuando la gente habla mal de ti, no te describen a ti sino que le muestran al mundo quiénes son ellos realmente". Recuerda que cuando hablan a tus espaldas es porque de frente no aguantan tu brillo.*

Cuando el señor Liberman se sentó conmigo, pidió referencias. Me confundí porque no pedí este trabajo. Pensé que la referencia de Jenni sería suficiente. ¡Ella me quería allí porque obviamente sabía que yo podría hacer el trabajo! No quería mostrarme arrogante, así que le dije: "Enrique Gratas (RIP), su principal ancla de noticias, conoce mi trabajo". Leonard llamó a Enrique, que estaba en Argentina de vacaciones, y Enrique le dio una buena referencia. Enrique y yo trabajamos juntos en Ocurrió Así de Telemundo. Enrique era el principal ancla en Miami, y yo era corresponsal y productora de la costa oeste. Tuvimos una buena relación dentro y fuera de cámaras y mutuamente respetamos nuestra aportación a los medios de difusión. Enrique, Dios bendiga su alma, me decía: "Laura, ve a trabajar a 60 minutos, eres demasiado buena para este mercado". Él era un fan de mis reportajes de investigación. Y yo, lo único que quería era hacer que mi abuela, mi madre y mis tíos se sintieran orgullosos cuando miraban la televisión en español. Más tarde llamé a Jenni y le dije: "Oye mujer, he estado trabajando como productora independiente desde hace bastante tiempo, estoy dejando lo que estoy haciendo para ayudarlos a salir adelante con su programa, y ahora estoy pasando por todo un ¿Proceso de entrevistas para ver si Estrella TV me contrata? ¡Por favor, Jenni!" La pobre Jenni no entendía por qué había habido tanta falta de respeto a su palabra, pero asi fue desde el primer día. No sabíamos qué había un traidor en el grupo.

El primer día en que grabé el programa antes de que entrara, la productora que supervisaba la producción fue muy grosera al darle apodos de 'naca' mientras Jenni estaba grabando y Jenni la había escuchado en el auricular, por eso estaba tan inflexible y quería a esta mujer lejos de ella. ¡Qué desastre! Jenni quería estrangularla, pero también estaba emocionada por hacer un programa de entrevistas como su ídolo, Oprah Winfrey, por lo que no abandonó el escenario. Sin embargo, ahora, puso una responsabilidad sobre mi, "solo su amiga, Laura podría ayudarla a quedarse y trabajar durante la temporada". ¡Pero yo entré a trabajar y el drama nunca se detuvo porque la mujer continuó trabajando en el programa y cada vez que Jenni la veía se estremecía de rabia! Jenni estaba triste, cansada, frustrada por decir lo menos. Y finalmente, ella estaba harta de toda la situación y decidió dejar de grabar. Después del noveno programa, Jenni decidió no presentarse a la grabación porque no estaba contenta de que el formato del programa de entrevistas estuviera cambiando. No quería grabar un programa variado de entretenimiento, quería uno de entrevistas serias. Le expliqué las preocupaciones de Jenni al Sr. Liberman, pero él dijo claramente: "Esta es mi estación, programo lo que quiero. Cuando tú y Jenni sean las dueñas de su programa, puedes decidir qué incluir". ¡Guau! Pero tenía razón. Estábamos gastando su dinero, no el nuestro. Sin embargo, estaba pasando por alto un detalle muy importante: Jenni le trajo *ratings,* audiencia a las grabaciones, patrocinadores y más estaciones a su cadena. El nombre de Jenni tenía valor y comerciabilidad. También mencioné que Jenni había decidido no presentarse para la grabación del próximo programa y Leonard dijo que el programa debe continuar con o sin Jenni. Me senté con él tratando de decidir quién más podría ser el anfitrión del programa para cubrir la ausencia de Jenni. Jenni estaba convencida de que estaba haciendo lo correcto. En ese momento, no pude evitar pensar: "Dejé mis producciones para ayudar a Jenni, ¡y ahora ella se va y me deja aquí!"

En la tarde de la grabación de ese programa, me encontré con el Sr. Liberman, quien dijo: "¡Laura, Jenni interpuso una demanda en mi contra!" Estaba visiblemente molesto. ¡Me sorprendió! Todo sucedió demasiado rápido. Me sentí terrible. Hablé con Jenni la noche anterior; Le envié las notas sobre los programas para grabar.

"Por cada acción, hay una reacción". Salió la noticia de la demanda y los canales de televisión que habían acordado llevar el programa además de Estrella TV Network decidieron detener esos planes. Las cosas empezaron a desmoronarse. De inmediato hubo amenazas de que la música de Jenni saliera de la rotación de radio de Qué Buena. Un promotor había contratado a Jenni para un evento cerca de L.A., y cuando fue a comprar un anuncio, se le dijo que no se transmitiría nada relacionado con Jenni Rivera. Jenni estaba furiosa. Me llamó de inmediato por teléfono muy enojada. Le dije: "Jenni", *abrimos las puertas, no las cerramos*. "Ven a hablar con el señor Liberman". Ella no podía porque estaba muy enferma de gripe. La gente de Qué Buena eran amigos de ella y Jenni se sintió traicionada por los acuerdos anteriores con ella y no entendía por qué dejaban de tocar su música. Le dije: "Jenni, demandaste a la compañía, ¿qué esperabas?"

Pero eso no fue todo. ¿Recuerdan a esa "persona" que le dijo que yo no estaba disponible y le dijo al Sr. Liberman atrocidades sobre mí? Bueno, ahora estaba sugiriendo que me abstuviera de renunciar porque ayudaría a Jenni si Leonard Liberman podía recuperar sus pérdidas y continuaba un "programa de entrevistas" incluso con otra persona que no fuera Jenni. Qué gracioso, era la misma persona que les impedía contratarme; ahora le era conveniente que me quedara a trabajar allí, ¡Ja! Otro que pensó que podía separar la relación de Jenni y la mía con tácticas sucias. Le pregunté a un amigo, "¿qué debo hacer?" Él dijo: "Ayuda a la persona que paga tu salario". Así que seguí el consejo de esta persona y continuamos grabando el programa en Estrella TV con otra persona como conductor. Para mí fue fácil proponer ideas, tratar con los productores de segmentos e incluso con el Sr. Liberman. Lo que fue difícil fue el apuñalamiento por la espalda y la traición. Mientras continuaba mi trabajo, escribía ideas de historias en la pizarra y las discutía con el anfitrión temporal, alguien le dijo a Jenni que yo estaba feliz de que ella no estaba allí y continuó diciendo que ya era la mejor amiga del nuevo anfitrión. "¡Víboras!". Eso fue tan bajo. Una vez más, la gente subestimó a Jenni y nuestra amistad. ¡Por supuesto, ella me diría quién le contó y por su puesto que supe quién inventó las historias! De nuevo, lo dejé ir y dejé a Dios que se encargara. Soy una profesional y, como productora, evalué los daños y estaba haciendo mi parte para ayudar, después de todo, estaba recibiendo un cheque de Liberman Broadcasting.

Jenni me conocía demasiado bien, y sabía lo que había en mi corazón. Ella me llamó para decirme lo que se comentaba, y ambas nos reímos del chisme que se creó a nuestro alrededor. Jenni era muy chistosa; ella estaría con otro periodista o experto de la industria y diría, "esta Laura, es bien creída". Era un gancho, si esa persona despotricaba tengan la seguridad de que Jenni me lo contó.

A la deposición del caso legal entre Jenni Rivera y Liberman Broadcasting, muchas cosas fueron reveladas que terminaron aclarándole a Jenni por qué el canal no quería sacar a la productora que la hacía sentir incómoda a otro show cuando prometieron hacerlo cuando yo aceptase el puesto de productora ejecutiva.

Jenni también se dio cuenta de que alguien de su equipo "el mentiroso", había manchado mi imagen, la de su productora ejecutiva y amiga.

Jenni grabó solo nueve programas, todos con excelente contenido. Dimos buenos *ratings*, pero lo mejor de todo, fue que estaban grabados como si fuesen en vivo a no ser que el invitado llegase tarde. Pero siempre nos la arreglamos para estar a tiempo.

Jenni sabía que tenía que aclarar las cosas con Estrella TV y con el señor Liberman. Nos reunimos varias veces para revisar el acuerdo que se haría fuera de los tribunales con la cadena de televisión y la convencí de que se sentara con Liberman para definir los arreglos. Después de la reunión, Jenni me pidió que la fuera a ver. Me dijo que se sentía avergonzada y me pedía disculpas por todos los malentendidos. Luego me preguntó, "Laura, ¿qué quieres que haga con este güey?". El hombre que había manchado mi imagen, "el mentiroso" . "¿Lo despido?" me preguntó Jenni. Dije, "Jenni, este hombre trabaja para ti, no para mí. Antes de que tomes una decisión recuerda que es temporada de navidad y que él tiene una familia". Yo no creía que debían despedirlo por estar celoso de nuestra amistad. Jenni se burló de mí, dijo: "Eres como la madre Teresa". Lo tomé como un cumplido, pero en mi corazón, así era como me sentía. Luego Jenni preguntó "¿Se ha disculpado contigo, Laura?" dije "No, Jenni, no lo ha hecho".

OPORTUNIDADES EN PUERTA

Después de todo lo que pasó con Estrella TV, Jenni me preguntó, "¿es muy tarde para hacer algo con Azteca América?" sugerí que le diéramos un tiempo. Estaban dispuestos a pagar casi un millón de dólares, además de los costos del estudio, para que Jenni y yo produjéramos un *talk show* para EE.UU y México. Cuando tuve el contrato, ambas lo revisamos pero ella ya se había comprometido con Estrella TV. Así que le dije, "Dios nos guiará a nuestro próximo paso".

Unos meses después de que Jenni fuera jueza en Tengo Talento de Estrella TV, que fue parte del acuerdo con LBI por dejar de hacer el *talk show*, recibí una llamada de Televisa: querían a Jenni para La Voz México. Jenni accedió a participar y fue una de las mejores decisiones que tomó y también uno de los mejores momentos en su carrera.

Capítulo 13

Hollywood espera

"Pon resplandor en tu cara y nunca tengas miedo de brillar".

El 10 de mayo de 2011, Jenni y yo fuimos a una reunión en las oficinas de Lionsgate en Santa Mónica. Mi amigo Ben Odell, director de desarrollo de Pantelion Films en aquel momento, me llamó porque alguien le había sugerido hacer una película sobre Jenni. Ese "alguien" era Eliza Beristaín, la esposa de Pepe Garza. Siempre apoyó la carrera de Jenni. Ben sabía sobre Jenni desde 2005, cuando le envié un proyecto de Jenni para su consideración. Ben y yo nos conocimos a través de su jefe y fundador de Panamax y Pantelion Films, Jim McNamara. Jim había sido el CEO en NBC- Telemundo y siempre apoyó mi trabajo y mis ideas.

Jim es muy carismático y un excelente hombre de negocios. Tiene un saludo firme y recuerda el nombre de todo el mundo. Cuando Jim dejó Telemundo, fundó Panamax Films, una compañía cuyo propósito era hacer películas por latinos y para latinos. Agregando a sus labores a la impresión de este libro, es dueño de Hemisphere Media y socio de Pantelion y Pantaya, un servicio de transmisión digital. La primera vez que escuché algo acerca de hacer películas latinas en los Estados Unidos fue de Jim en una reunión en Los Ángeles en 2004. Pensé que era una buena idea porque mi amiga Mayra Cuevas y yo habíamos organizado la puesta de Séptima Neurona, un grupo de jóvenes cineastas de Guadalajara cuya intención primaria era iniciar la producción de más películas independientes con historias latinas. Lo que tenía Jim en mente aquel primer día que hablamos de cine fue de hacer una película con Lupillo Rivera como protagónico, sería la primera en una serie de películas hollywoodenses para el mercado hispano. Lupillo era perfecto para papeles parecidos a los de "Pedro Infante". Reconocido actor y cantante de la época dorada del cine mexicano. Nos reunimos con Lupillo, que demostró estar muy feliz por haber sido tomado en cuenta para el proyecto. Nos tomó meses para descifrar todos los detalles en el contrato y las peticiones del abogado de Lupillo, Anthony López. Pensarían que estaba negociando a Tom Cruise, las demandas eran muchas y muy específicas. Pero aún así, se hizo la oferta. En marzo del siguiente año, después de que el borrador final del contrato fue entregado, recibí una llamada de su abogado Anthony López explicando que Lupillo no iba a poder firmar ni hacer la película porque Warner Brothers le daría una mejor oferta. Pensé que estaba loco, le pregunté, "¿Sabes qué es Lionsgate? Es la más grande distribuidora de películas en el mundo. ¿Sabes que hay en la oferta de Warner Brothers? Nada. Seguro ni saben quién es Lupillo Rivera". Anthony permaneció en silencio, luego dijo, "Lupillo no podrá hacerlo porque no quiere tener problemas con su prometida". Dije "¿después de tanto tiempo no le ha dicho? OK, Anthony, se lo haré saber a Panamax y Lionsgate". Anthony se refería a que su prometida, ahora su segunda ex esposa, se podría sentir incómoda con que él se fuera por largos períodos de tiempo. Le recordé a Anthony que a Lupillo no se le estaba ofreciendo ni una, ni dos, sino cuatro boletos de primera clase, además de guardaespaldas y transporte blindado, no había restricciones para los acompañantes, así que podía llevar a su futura esposa con él. Pero Anthony volvió a su excusa de un posible contrato de Warner Brothers era mejor para su cliente.

Lupillo no solo me decepcionó, sino que decepcionó a Jim, y se negó a si mismo la oportunidad de expandir su carrera y comenzar a hacer películas. Así que cuando Jenni pasó por mi casa aquella noche, la miré directo a los ojos y le dije "¿Estás comprometida con tu palabra o eres como tu hermano?", estaba bromeando, por supuesto. En verdad, sentí que esa respuesta despúes de meses de arduo trabajo fue una falta de respeto, pero Lupillo era amigo y no iba a enojarme con él.

Jenni no sabía de lo que estaba hablando. Dijo, "No sé qué te hizo mi hermano, Laura, pero yo no soy como él".

"¿Estás segura de que no vas a venir un día y decir que Fernie (el pelón) no te permitirá hacer esto o lo otro con tu carrera?" "¡No! No haré eso, lo prometo" dijo.

Jamás discutí los asuntos de Lupillo con Jenni, así que jamás le dije por qué pregunté.

En mi intento de darle a Panamax Films otra opción, hablé con una amiga, una guionista llamada Verónica Ángeles. Le dije todo acerca de Jenni y le pedí que escuchara la canción "Reina de Reinas". Llegamos con lo que yo creo que es un maravilloso concepto para una película. Cuando terminamos el manuscrito de la historia, se lo envié a Jenni. Dijo, "¡Me encanta! Hagámoslo Laura". Jenni estaba emocionada y quería que co-produjéramos y actuáramos las dos en la película, así que se lo envié a Jim McNamara y a Ben Odell.

La respuesta que recibimos fue que las políticas de la compañía eran para producir películas para toda la familia y que ese guion tenía elementos como tráfico de drogas y no querían glamourizar el negocio en películas. Estábamos muy adelantadas de nuestro tiempo porque un poco tiempo después esas historias abundaron y siguen en las plataformas de cine, televisión y medios digitales. Pero otra cosa les preocupaba, Jenni era Rivera, y ya un Rivera había quedado mal, así que no confiaban en Jenni.

Yo siempre confiada que Jenni sería una gran estrella, alguien un día saltaría ante la posibilidad de hacer una película sobre su vida. Recuerden, apenas estaba conociendo a Jenni al sentarme con ella y entrevistarla acerca de las cosas que vivió cuando era niña, sus experiencias en el colegio, su vida familiar, y mucho más. Sabía que tenía sustancia. También sabía que era como un diamante en bruto. Jenni iba a brillar tarde o temprano.

Con el paso de los años, me mantuve en contacto con Ben, hoy es socio en la compañía de producción de Eugenio Derbez y sigue en la producción de películas.

Contrario a unos años antes, cuando le dijeron "no" a "Reina de Reinas" ese mismo día en mayo de 2011, Jenni y yo nos sentamos en la oficina de Lionsgate con una gran sonrisa en nuestros rostros. Ese mismo día habíamos almorzado con Jim en Il Forniao en Beverly Hills. Jim le preguntó a Jenni sobre su vida en casa y su carrera, discutimos las posibilidades de que Jenni apareciera en una película. Su agenda era siempre complicada, pero sabíamos que era hora de empezar a hacer películas.

Un mes después se hizo la oferta. La idea era tomar un episodio de la vida de Jenni y convertirlo en película. En este caso, el episodio sugerido por Ben Odell era su época con Trino, su primer esposo, el abuso y el juicio. Cuando Jenni y yo lo discutimos, su preocupación fue que la película reabriera las heridas de sus hijas y de su hermana, así que Jenni declinó la oferta. De cualquier forma, Jenni y yo acordamos que a no ser que recibiera una oferta que no pudiera rechazar, nuestro proyecto fílmico sería producido y financiado por nosotras mismas, tal como habíamos hecho con otros proyectos.

Sabíamos que venían mejores cosas. Cuando Jenni participó en la película, Filly Brown, le gustó mucho el proceso de hacer películas. Un día, a Jenni se le acercó Eddie James Olmos, el famoso actor de Hollywood mientras dejaba a sus hijos en la escuela, y me llamó inmediatamente después. "Laura, me ofrecieron una parte en una película independiente que el hijo de Eddie Olmos está dirigiendo, ¿qué opinas?" le dije que necesitaba saber más acerca del personaje que iba a interpretar. Así que cuando Jenni recibió el guion, me lo leyó. Dije "lo que sea que hagas, prepárate para el papel. Un papel pequeño no es menos importante" ¡Lo hizo muy bien!

Filly Brown fue estrenada el 19 de abril de 2013 por Pantelion. Mi amiga ya se había ido, pero logró participar en una película independiente en Hollywood.

MIS ÍDOLOS, MIS AMIGOS

Jenni admiraba y era fanática de muchos artistas en la industria, incluyendo a Vicente Fernández, Marco Antonio Solís y Ricky Martin, pero pocas personas han tocado su corazón de manera especial, como lo hizo Olga Tañón.

El primer regalo que Jenni me dio fue un CD. debido a mi amor y pasión por la música, fue el regalo perfecto. El álbum, Nuevos Senderos de Olga Tañón que había salido en 1996. Jenni me lo dio en 2004. La razón por la que me regaló este CD en particular es porque tenía una canción llamada "Mi eterno amor secreto" escrita por Marco Antonio Solís y a Jenni le gustaba mucho como Olga la interpretaba y Jenni quería que yo me la aprendiera y la cantara.

Me parecía chistoso porque ella era la cantante, pero cuando estábamos escuchando música en el auto, yo terminaba cantando algunas de las canciones. Jenni maravillada decía "Creo que deberíamos cambiar de profesión, Laurita Lucio, yo hago reportajes y tu cantas".

Un día frío y lluvioso de enero en 2004, íbamos por la carretera 405 de Los Ángeles de Sherman Oaks hacia Santa Mónica, donde coloqué su más reciente cd. Aún no estaba mezclado y noté algunas cosas que necesitaban arreglarse. Mi oído crítico me dijo que necesitaba trabajo, así que le dije a Jenni de cierta parte que sonaba desafinada. Jenni dice "¿cómo los sabes?" y yo" lo escuché". Entonces me dice "a ver tú cántala". Así que, yo con mi voz fuerte, comencé a cantar la parte que sonaba desafinada. Jenni empezó a gritar "DIOS MÍO, ¡Tienes voz!" y desde aquel día, cada que se presentaba la oportunidad, me pedía que cantara para ella entretenerse. Era algo entre nosotras porque rara vez cantaba en público si ella estaba ahí. Pensé que era irrespetuoso, aunque ella lo disfrutaba.

Este día en particular se presentó en mi casa con un disco de Olga Tañón, me dijo, "amo a Olga Tañón, la admiro y a su música, creo que con tu voz puedes llegar a todos los tonos de esta canción". Todavía atesoro el CD con mi corazón, y cuando veo a Olga Tañón, siento un amor especial por ella que mi amiga me dejó.

En 2006, cuando Jenni fue entrevistada por Charytín para el especial donde ella, sus hijas y su hermana hablaban del abuso que sufrieron perpetrado por el primer esposo de Jenni, Trino, Olga Tañón fue la primera artista en acercarse a Jenni en solidaridad. Muchas personas criticaban a Jenni y no entendían que ella solo estaba compartiendo su historia, no solo para atrapar al abusador de sus niñas, que se había fugado por casi 10 años, sino para que el mundo supiera que este tipo de abuso no debe mantenerse en secreto.

Jenni le estuvo eternamente agradecida a Olga Tañón por acercarse cuando más necesitaba compasión. Cuando Olga invitó a Jenni a presentarse con ella en Puerto Rico, en marzo de 2008, Jenni aceptó encantada. "Vamos Laura, por favor, te prometo que la pasaremos bien" dijo Jenni, "estoy aquí para producir no para andar paseando en el autobús" le dije y Jenni luego tiraba la carcajada.

Olga y Jenni se presentaron juntas en el Staples Center en septiembre de 2011. En esta ocasión, Olga era la invitada especial de Jenni, y cantaban "Basta ya". Sus energías paralizaron a casi 18 mil espectadores que estaban presentes.

Otro artista que Jenni admiraba era Tito "El Bambino". En 2010, Jenni y Tito grabaron juntos la canción "El amor" que se convirtió en un himno para muchos. En febrero, viajamos a Miami para los Premios Lo Nuestro y Jenni fue invitada a cantar una canción que fue grabada para recaudar fondos para los afectados en el terremoto de Haití. Jenni, como muchos otros artistas, fue al estudio de Emilio Estefan en Miami para grabar su parte de la canción. Fue maravilloso ver su emoción cuando vio a Tito "El Bambino" entrar al estudio. Jenni era su fan. Lo abrazó, quería tomarse fotos y le dijo "Tito, me voy a casar y me sentiría honrada si vinieras a mi boda a cantar "El amor" para darle inicio a la fiesta". Tito con una enorme sonrisa dijo "Claro, Jenni, me encantaría cantar en tu boda".

El día que se casó con Esteban Loaiza, el 8 de septiembre de 2010, tal como Tito prometió, abrió la recepción cantando "El amor". La canción es sobre encontrar al verdadero amor. Verlos cantarla fue una gran alegría, podía ver la admiración que ambos artistas sentían el uno por el otro.

En 2006, durante un concierto de Don Vicente en el Gibson Amphitheater, Jenni y yo fuimos al *backstage* antes del show, luego nos dirigimos a nuestros asientos en primera fila. Cuando Don Vicente vio a Jenni en la audiencia, la invitó a cantar y la multitud enloqueció. En LA querían mucho a Jenni. Mientras Jenni cantaba, Don Vicente gritaba "¡Esa es mija!". Jenni se sintió muy orgullosa de haber cantado con Don Vicente. Al público le encantó y también a Don Vicente. Jenni me conto que el primer artista que ella vio en el escenario fue a Don Vicente en el teatro Million Dollar cuando ella era chica. Ese día del concierto, Lupillo también fue invitado a cantar con

Don Vicente. El público la gozó: Jenni, Lupillo y Vicente Fernández en un solo concierto.

Unas semanas después recibimos una llamada de un caballero que dijo que llamaba en nombre del manager de Don Vicente Fernández en los Estados Unidos. Querían agendar una reunión. Tanto Jenni como yo fuimos a la reunión a las oficinas principales del Pico Rivera Sports Arena donde su manager tenía la oficina. Querían que Jenni fuera la telonera de Don Vicente el siguiente año, o sea la que abriría los conciertos de Don Vicente. Jenni estaba muy emocionada, pero cuando nos enviaron la oferta monetaria, no era lo que yo pensaba que Jenni se merecía. Jenni por su parte sentía que era una gran oferta e incluso estaba dispuesta a hacerlo gratis. Dijo, "Laura, es Don Vicente". Pero le respondí, "Jenni, ¿quieres ser la cabeza del ratón o la cola del león?" Me miró confundida. "¿A qué te refieres?" yo quería posicionarla como un acto principal en un evento con Don Vicente, no como su telonera. Dije, "Me encanta Don Vicente, pero no me malentiendas. El hombre es una institución, y estoy segura de que todos tenemos algo que aprender de él. Pero no es lo que tengo en mente para ti. Por favor, entiéndelo". Jenni estaba preocupada de que si no aceptaba, Don Vicente se ofendería, pero le aseguré, "Jenni, los negocios son negocios, entenderán cuando te vean como el acto principal de tus propios conciertos en todas partes". Jenni contestó, "Girl (mujer), tu de verdad crees en mi". A lo que contesté, "Jenni, si no creyera en ti, no perdería mi tiempo trabajando en tu carrera, el KDP (kit de prensa electrónico), tu imagen pública, las reuniones, y de más y por todo eso, SIEMPRE tendrás que agradecer a tu padre".

Estaba en lo cierto, no pasaría mucho antes de que le consiguiera lugares como el casino Pechanga, Pala y House of Blues. Lo que les pedía, pagaban. Todavía recuerdo el rostro de Jenni cuando dije, "Jenni, ¿recuerdas cuando te dije hace como un año que ibas a estar haciendo de 45 mil a 65 mil dólares por concierto?" "SÍ", dijo Jenni. "Te acabo de conseguir un trabajo por 65 mil dólares". "WOW, ¿estás segura de que no quieres ser mi manager?" "No, continúa con tu manager", en ese momento Gabo era con quién se reservaban las fechas. Pero yo la estaba metiendo en lugares donde Jenni aún no pisaba. Yo disfrutaba que Jenni Rivera se estuviese convirtiendo en una marca.

EMOCIONADA COMO FAN

Jenni era fanática de muchos de los artistas con los que colaboró. Una vez, en 2010, Jenni se presentó con Joan Sebastián y Pepe Aguilar. Jenni se sentía muy emocionada y feliz. Dijo, "wow, Laura, voy a presentarme con dos de mis artistas favoritos". Gabo entró y le dijo a Jenni que estaba peleando con alguien para que le permitiera a Jenni presentarse al final del evento, o sea que fuera la última en cantar. A ella no le preocupaba, "Gabo, puedo ser la primera, no importa".

"No Jenni", dijo Gabo, "tú eres la que tiene *hits* en este momento, debes ser la última, es protocolo. Las personas esperarán para verte cantar a ti".

"Pero es Pepe y es Joan", insistió Jenni, "Estoy feliz de que me consideraran para cantar con ellos".

 Uno de los momentos más felices en la carrera de Jenni fue cuando Pepe Aguilar fue a su camerino después del concierto y tomó tequila con ella. Ella me dijo que pensaba que él era el tipo más genial por tomarse el tiempo. Le dije: "¿Ah, entonces te gusta Pepe? Pensé que ibas a casarte con Antonio Aguilar, Jr." En 2005, entrevisté a los Aguilar, y cuando Jenni vio el reportaje, me preguntó: "Entonces, ¿qué es lo que te gusta de Antonio?" Se refería a Antonio Jr. Le dije: "Me encanta su presentación a caballo y su personalidad; él es muy inteligente y tenemos grandes conversaciones". Así que Jenni me miró y dijo: "Lo voy a conquistar, lo alejaré de ti y me voy a casar con él". "¡Jajaja!" Pensé que era divertido porque no estaba saliendo con él. Entonces, cuando después me dice que ella y Pepe habían tomado tequila juntos, insistí: "¿Le dijiste que querías casarte con su hermano?" Jenni se echó a reír: "¡Wow! Realmente me convierto en fan y se me olvida todo". Yo estaba bromeando, Jenni ya estaba comprometida con Esteban.

Joan Sebastián (QEPD) es el autor de la canción "De contrabando", la canción que abrió las puertas a Jenni internacionalmente. Jenni tenía mucho respeto por Joan y su talento. Fue el primer invitado que bailó con Jenni en su boda. Fue un momento especial porque Jenni terminó de bailar con Don Pedro y la otra persona que se suponía que debía bailar con ella era Esteban, su esposo, pero Joan ya estaba allí con la mano extendida y listo para bailar con Jenni. Entonces Jenni bailó con Joan y luego con Esteban. Jenni de verdad admiraba mucho a estos artistas.

Don Ramón Ayala, "El Rey del Acordeón" era otra persona a quien Jenni quería y respetaba, y también le pidió que actuara en su boda porque a Jenni y Esteban les gustaba su música.

Cuando Don Ramón Ayala fue arrestado en México, en diciembre de 2009, Jenni estaba extremadamente preocupada por él. Todos lo estábamos, fue un incidente del que muchos artistas de regional mexicano aprendieron. Durante esta prueba, Jenni me llamaba todos los días, a veces dos veces al día, para averiguar lo último sobre Don Ramón y Sus Bravos del Norte. Don Ramón fue contratado para presentarse en un club nocturno en Cuernavaca, Morelos, pero cuando llegaron al lugar este estaba cerrado. A punta de pistola, se les pidió que bajaran del autobús, recogieran sus instrumentos y se subieran a un camión. Luego les vendaron los ojos y los transportaron a una casa tipo hacienda. Don Ramón me dijo que se les pidió que instalaran sus instrumentos y que se pusieran a tocar ahí en un pasillo de la casa porque alguien quería escucharlos. Don Ramón me contó que desde lo que parecía ser la puerta de un dormitorio de madera, solo escuchaba una voz que le gritaba los títulos de sus canciones. Estaban tocando cuando de repente oyeron ametralladoras. Eran los oficiales de la marina mexicana rodeando la casa. Estaban tras el señor de las drogas de la Familia Michoacán y lograron matarlo a él y a varias otras personas. Redaron la casa y a todos los que estaban ahí presentes y arrestaron a Don Ramón y a sus músicos, así como al líder de Los Cadetes de Linares y sus músicos, quienes también estaban allí para la misma presentación. La experiencia fue aterradora porque ahora estaban en una cárcel mexicana y tenían que demostrar su inocencia. Cuando el publicista de Don Ramón, Román Pedraza, me avisó, llamé a Jenni y le dije que tuviera cuidado y que verificara doble los lugares a donde la contrataban para trabajar porque este incidente con Don Ramón fue trágico.

Jenni dijo: "Por favor, ayúdalos, Laura, sé que puedes hacer algo". Fui a casa para las vacaciones de Navidad, y durante todo el tiempo que estuve en Texas, hice todo lo posible por presionar al sistema judicial mexicano a través de los medios de comunicación y otros aliados políticos para que dieran libertad a Don Ramón y a todos los músicos. Cuando Don Ramón fue liberado justo antes de la Navidad, Jenni fue la primera persona a la que llamé. Estaba muy contenta con la noticia: "Lo sabía, ¡sabía que podías sacarlo!"

El hecho es que la mayor parte del estado de Texas estaba haciendo todo lo posible para que Don Ramón regresara a su hogar en Hidalgo, Texas. La persona que contribuyó a que esto sucediera fue el embajador de los Estados Unidos en México y varios legisladores de Texas, así como las autoridades mexicanas que trabajaron las 24 horas del día con sus investigaciones y lograron que cada una de sus declaraciones limpiara sus nombres.

En diciembre de 2010, un año más tarde, Jenni fue invitada por Don Ramón Ayala como invitada especial para su posada de Navidad anual. Don Ramón regala juguetes a niños mexicanos y estadounidenses durante las fiestas de Navidad, y cada año cierra con un concierto gratuito para la gente del sur de Texas. El día que Jenni tuvo que estar allí, se le notificó que arrestaron a su hijo Michael, acusado de tener relaciones sexuales con una menor de edad. Este cargo pronto sería retirado. Yo recibí un mensaje de texto de Jenni que decía: "Estoy en tu tierra. Muchas cosas están sucediendo en L.A. con la familia, pero no pude cancelarle a Don Ramón". Ese es el tipo de lealtad y respeto que Jenni tenía por muchos de sus compañeros.

En agosto de 2006, decidí que iba a grabar la promoción de radio de Jenni solo por diversión. Ella dio las entrevistas más chistosas y consiguió que todos los locutores entraran en sus locuras. Ese día, el sello discográfico asignó a Miguel Torres como representante de la disquera para acompañar a Jenni. Se nos informó que El Cucuy, un locutor de radio muy reconocido en Los Ángeles iba a ir en vivo desde Plaza México en Inglewood y que Jenni era invitada. El Cucuy estaba entrevistando a Jenni cuando entró Paquita la del Barrio, en ese momento Jenni detuvo la entrevista solo para decirle a Paquita cuánto la admiraba. Cuatro años después, en 2010, los caminos de Jenni y Paquita se cruzaron una vez más, pero esta vez compartieron escenario en una gira por los Estados Unidos. Mientras Jenni estaba promocionando esta gira, se enfermó muy seriamente de la garganta. Paquita estaba en la ciudad y supo de Jenni, la llamó, fue a su casa y le dio a Jenni un remedio casero que solucionó sus problemas de garganta para siempre. Jenni luego comentó que Paquita era simplemente la mejor por tomarse el tiempo de su agenda para preocuparse por ella.

MÚSICA FELIZ

Antes de comenzar a producir para Jenni, ya había producido presentaciones de video para Montez de Durango y Horóscopos de Durango. Esto fue en 2003 y 2004 cuando "El pasito duranguense" fue la bomba. La música estilo "duranguense" tomó a todos por sorpresa. Me enorgullece decir que fui la primera en dar este tipo de exposición a la música a nivel nacional. Martín Fabián, quien alguna vez estuvo administrando las promociones de radio para Lupillo Rivera, abrió una oficina en Los Ángeles para estar más cerca de su artista. Mientras preparaba el kit de patrocinadores para el concierto de Noche de Bohemia que estaba produciendo con Lupillo; Conocí a Martín y Marisa Caballero (su cuñada y socia comercial en ese momento). Intentaban decidir si debían dirigir su oficina desde Dallas, Texas, o continuar en Los Ángeles. La visión de Martín fue más allá de representar solo a Lupillo, pero también a otros artistas. Uno de esos artistas fue Montez de Durango. En varias de nuestras conversaciones, mencionó a Montez y su estilo de música. Él dijo: "Laura, cuando tengas tiempo, deberías hacer un reportaje sobre ellos y su música; ya están llenando grandes localidades". Dije que sí, pero realmente no había fecha establecida. Esta nueva ola de música salía de los salones de baile en Chicago, donde la gran mayoría de los inmigrantes de Durango se ganaban la vida y hacían una marca con su cultura.

Pasaron varios meses, y continué produciendo y presentando segmentos para el programa de revista noticiosa "Sin fronteras" que se transmitió los domingos a las 7 p.m. por Telemundo. Sin saberlo, de pronto un artista de Pop influiría para que esta música obtuviera más difusión.

Una de mis asistentes que hacía un internado en mi oficina me dijo un día que habíamos recibido una nota del publicista de Ricky Martin de que iba a estar en NBC grabando el programa de Jay Leno. Esto sucedió en la época en que se lanzó su álbum

Almas del silencio, y ahora lanzaba el álbum Life, un álbum en inglés. Le informé a nuestra oficina principal en Miami y me solicitaron que intentara conseguir una entrevista con Ricky Martin. Ya lo había entrevistado antes en varias ocasiones. Su publicista en ese momento dijo que no era problema que pudiéramos entrevistarlo antes o después de la grabación de Jay Leno.

Aproximadamente a las 4:45 pm, el día de la grabación de Jay Leno, que generalmente comenzaba alrededor de las 5 pm, recibimos una llamada de un caballero que decía que estaban llegando tarde y que sería imposible hacer la entrevista porque él tenía un compromiso en la costa este y tendría que volar de inmediato. Dije, no hay problema, podríamos entrevistarlo la próxima vez que venga a Los Ángeles. Luego el publicista dijo: "Queremos que hagas esta entrevista, te invitamos a que vengas con nosotros en el avión y hagas tu entrevista con él mientras volamos a Nueva York". Sonaba divertido, además, todas las entrevistas que tuve con Ricky en el pasado fueron increíbles. Pero según teníamos que avisarle en las próximas dos horas. En NBC hay una política de integridad y parte de esa política de integridad indica que, como corresponsales, no debemos comprometernos aceptando viajes gratuitos, hoteles gratuitos, nada gratis. Así que llamé a Miami e informé al productor en la dirección, y me indicó que un viaje como ese cae bajo las pautas de integridad. Así que mi asistente le informó al publicista que no podía hacer el viaje.

Sin embargo, tenía un problema más grande ahora. Estaba programado para tener un segmento de entretenimiento para el domingo siguiente, y no tenía nada. Inmediatamente llamé a Martín Fabián y le pregunté si era posible conseguir a Montez este fin de semana. Martín dijo que sí, pero estaban en Dallas, Texas, actuando en un lugar llamado "El Lejano Oeste". En menos de una hora, coordiné mi viaje y volé a Dallas. Al día siguiente fuimos a Oklahoma a una feria al aire libre donde también actuaban. Aquí es donde aprendi a bailar "El Pasito Duranguense". Fue estupendo, el viaje, el baile y todo. Mi premio de consolación por no entrevistar a Ricky Martin fue Montez de Durango.

Martín Fabián quería saber por qué no le había dado suficiente tiempo para prepararse antes de volar a hacer el reportaje. Ahí le conté mi triste historia sobre no haber podido entrevistar a Ricky Martin debido a nuestra política de NBC-Telemundo. A Martín Fabián le causó mucha gracia, siempre dijo que estaría eternamente agradecido a Ricky Martin por este regalo especial. Por supuesto, Ricky Martin no tiene ni idea de lo instrumental que fue para hacer "El Pasito Duranguense y el movimiento Duranguense" tan populares. No hace falta decir que los *ratings* de este reportaje fueron las más altas que había recibido en cualquier otro reportaje.

Cuando le conté a Jenni lo que había sucedido, se burló de mí porque no pude ver a Ricky Martin, pero dijo que realmente le gustó el reportaje sobre Montez y se refería a su estilo como "la música feliz". Cuando vio el video de presentación que hice de Montez y Horóscopos de Durango, ella preguntó: "¿Cuándo vas a hacer el mío?"

José Luis Terrazas, el líder del grupo de Montez, fue entrevistado una vez en la radio y le preguntaron sobre Jenni. Él fue muy respetuoso y todo un caballero refiriéndose a Jenni. Al enterarse, Jenni pidió una copia de la entrevista, que luego me trajo y me dijo: "Mira, no los conozco realmente, pero es agradable escuchar a alguien como él referirse a mí de la manera en que lo hizo". A partir de ese día, en cualquier momento en que alguien intentara sub estimar la música Duranguense, Jenni la defendería. José Luis Terrazas siempre estuvo a la cabeza de la lista de Jenni en cuanto a las personas que quería y respetaba en la industria. "Él es un empresario, Laura, me gusta eso", dijo Jenni, refiriéndose a José Luis como propietario de un estudio en Chicago que pasaba tiempo guiando a muchos músicos en su proceso de grabación.

Horóscopos de Durango fue uno de esos grupos que José Luis Terrazas ayudó a sobresalir en ese género. A Jenni le agradaron Marisol y Vicky desde el principio. Disfrutaba de su música pero, sobre todo, disfrutaba de los mensajes de texto groseros que me enviaba Marisol y entre ella y Marisol conspiraban para que yo reaccionara a los videos que Marisol enviaba. Eso era constante, no paraban. Una vez, Jenni y yo estábamos sentados a la mesa en su casa de Corona almorzando, y por texto recibo lo que pensé era una imagen pornográfica de un Santa Claus que se quitaba los pantalones y mostraba su pipí. Estaba horrorizada, mi cara cambió y exclamé: "¡Ay, Dios, qué horror!". Jenni se rio entre dientes y dijo: "¿Qué horror, por qué Laurita, qué pasó?" Le mostré mi teléfono y ella se echó a reír a carcajadas. Ella amó el videíto; pensó que Marisol era la mejor. ¡Hizo su día! Todo el día Jenni seguía pidiendo: "Déjame ver a Santa Claus, Laura". Ella se reía de mis expresiones faciales. Si las chicas (Vicky y Marisol) alguna vez necesitaban algo, Jenni estaba dispuesta a hacerlo, asi fue cómo participó en uno de sus videos musicales.

LOS QUE ELLA ADMIRÓ

Una de las personas a las que más admiraba en la industria era su hermano Lupillo aunque por fuera pareciera que peleaban como perros y gatos. Cuando nos reunimos por primera vez para hablar sobre su carrera, ella quería que le contara lo que había visto en su hermano para querer producir un espectáculo musical con él. Le expliqué que la televisión es un medio visual y que el secreto esta en realmente cautivar al espectador para que se queden sintonizados. Le digo: "Tu hermano es un "show man" hace espectáculo, no solo canta, sino que hace un espectáculo, y eso es lo que vi y por eso quería producir Noche de Bohemia con él. Pensé que si él puede transmitir esa energía a través de la pantalla, tendríamos un gran programa y lo hicimos".

Jenni me dijo que siempre hubo competencia entre ellos para ganar la atención de sus padres cuando estaban creciendo, pero que él siempre había estado allí para ella como un buen hermano cuando ella lo necesitó. Jenni siempre recordaba el momento en el que ella estaba luchando por hacerse notar y él ya se estaba escuchando en todas las estaciones de radio de los Estados Unidos y México. Lupillo le dijo a Jenni, "puedes hacerlo tú misma porque tienes el talento y la habilidad, y cuando lo hagas, lo amarás y lo apreciarás mucho más". Y tenía razón. Tenía toda la razón.

Jenni dijo que, en realidad, Lupillo estaba luchando por mantener su carrera a flote y que escucharan su música y eso, ella lo respeta. Es difícil para todos los artistas y Lupillo tiene que presionar por Lupillo. Él tiene que mantener su carrera viva. Tiene hijos que mantener; tiene una vida. Entonces, lo primero que debe hacer es reinventarse a sí mismo y eso, ella lo entendió totalmente. "Así debería ser", dijo Jenni, "la carrera de mi hermano le ha costado mucho. Le ha costado muchos sacrificios, mucho trabajo, muchas noches sin dormir. Sería injusto para mí esperar o incluso tomar parte de él cuando le ha costado tanto".

La última conversación que Jenni y yo tuvimos acerca de su hermano Lupillo fue cuando ella estaba decidiendo sobre el testamento y se fue en línea mencionando a todos y cada uno en la familia. Ahí me contó que había ido a sorprenderlo en su concierto en la Ciudad de México. Jenni estaba tan feliz de haber hecho eso. Dijo: "Una vez más, Laura, mi hermano Lupillo lo hizo otra vez, él me demostró su amor y apoyo cuando más lo necesitaba, por eso hice un esfuerzo para sorprenderlo en su concierto, eso es lo menos que podía hacer". Jenni se refería a cómo reaccionaba Lupillo con toda la atención de los medios y los rumores sobre el divorcio de Jenni. Lupillo básicamente dijo: "cualesquiera que sean los motivos de mi hermana, son de ella, y yo respetaré lo que ella dice y lo que decide". Jenni estaba feliz de que tal vez él era el único que no la juzgaba como sentía que lo estaban haciendo otros miembros de la familia.

Jenni también me dijo: "Creo que es hora de que trabajemos juntos en un concierto, creo que es hora, y eso les gustaría a nuestros fans". Una ocasión en la que vi personalmente a Lupillo respaldando a Jenni fue cuando se rompió el escándalo de la cinta sexual, cuando según el teléfono del ex novio de Jenni fue robado y la grabación la hicieron pública. Lupillo convirtió las lágrimas de Jenni en risas, y estoy feliz de haber capturado eso en video. La canción que Lupillo le cantó a Jenni por teléfono la noche de la grabación de Noche de Bohemia en 2003 fue "Sufriendo a solas". Jenni se estaba divorciando de Juan López y al escuchar a su hermano cantar esa canción la animó. Fue la canción que Jenni más tarde cantaría para honrar a su hermano en sus presentaciones.

Gloria Trevi, Alicia Machado, Alejandra Guzmán, Paulina Rubio, Diana Reyes y Ana Bárbara eran artistas que Jenni admiraba y algunas con las que pudo interactuar fuera de los escenarios. Alicia Machado era una de las artistas favoritas de Jenni. Alicia también mostró su respeto y apoyo cuando Jenni hizo público el problema de incesto de su hija. Cuando Jenni me dijo que estaba invitando a Olga Tañón a su concierto en Staples, también dijo: "Voy a tener otra sorpresa, pero no te lo diré. Debes estar allí, señorita Lucio". Me llamó unas horas antes del concierto para asegurarse de que iba a ir porque ella había elegido dos grandes asientos. La sorpresa para mi fue Alejandra Guzmán con ella en el escenario.

A Jenni también le encantaba citar a Tupac; También le gustaba la música de Gretchen Wilson, Snoop Dogg y Brad Paisley.

Habíamos planeado un *reality show* donde Jenni interactuaba con varias estrellas de música estadounidense. Ella los iba a invitar a una de sus presentaciones, y ellos la invitarían a ella, y todo sería grabado. Cuando le pregunté con quién quería actuar, dijo de inmediato que quería a Gretchen Wilson.

Cuando terminó la grabación de Joyas prestadas, me pidió que pasara por su casa una noche. Ella y Esteban acababan de llegar del estudio. Jenni estaba más que alegre porque Marco Antonio Solís se había tomado el tiempo de estar presente en el estudio mientras grababa su voz en una de sus canciones. Estaba feliz como niña con juguete nuevo. "Laura, vino para estar allí conmigo, para guiarme. Me siento muy especial". Esa noche, como en todos los demás álbumes, nos sentamos y escuchamos la grabación maestra, mi amiga como en muchas otras veces quería mi opinión sobre su nueva creación.

Larry Hernández, es un artista a quien Jenni conoció y admiró. Su inspiradora historia sobre cómo se convirtió en una celebridad muy conocida al usar las redes sociales con la ayuda de su madre era algo de lo que Jenni estaba asombrada. Para ella, su tenacidad dio sus frutos sin tener el apoyo de ninguna promoción de radio cuando Larry comenzó. Nos reiríamos porque cuando Larry se hizo muy popular, muchos artistas que ya habían hecho una marca en la música mexicana regional comenzaron a imitar a Larry. Le diría a Jenni, "sabes que lo has logrado todo cuando otros quieren ser como tú".

ETERNA FANATICA

Estábamos sentadas en mi sofá un día en noviembre de 2005, en mi departamento en Toluca Lake, intercambiábamos historias de vida. Recientemente había entrevistado a José Canseco, la famosa estrella del béisbol en el lanzamiento de su libro "Juiced". A través de los años, me hice amiga de José y estaba muy orgullosa de que su libro se hubiera convertido en un éxito en ventas, especialmente porque en Miami estuve plantando semillas en su cabeza sobre escribir un libro dos años antes. Ese día, Jenni me dijo que una vez fue presidenta de Menudo Fan Club y que hacía todo lo posible para ahorrar dinero y poder verlos en concierto. Temprano ese día yo estuve organizando fotos y videos que me había traído de la oficina en NBC, pero ahora los estaba llevando al almacenamiento.

 De repente, Jenni ve una foto de Ricky Martin conmigo. Ricky con su pelo largo y yo sonriendo a lo grande para la cámara. Jenni se volvió loca. "¿Dónde tomaste esa foto? Quiero conocer a Ricky Martin, ¿Besa rico?" fueron las preguntas de Jenni. Ella no se detendría. Cuando le dije que no lo había besado, ella no me creyó. "¡Vamos, puedes decírmelo!" Jenni dijo. Yo no entendía por qué tanta emoción. Jenni me contó acerca del momento en que recorrió todo su vecindario en Long Beach recolectando latas para ahorrar dinero, de modo que su hermano Pedro pudiera llevarla a un concierto de Menudo. Jenni era una GRAN FANAÁTICA de Ricky Martin.

Cuando Jenni me contó estas historias, mi corazón se derretía y mis ojos se pusieron llorosos. Pensé en mi vida y me di cuenta de que había sido una niña afortunada mientras crecía. Mi primer concierto fue a los 7 años y mi madre nos llevó a mi hermana y a mí a ver a "La Familia Aguilar", en concierto con Toñito y Pepito. Jenni era una niña, pero tenía que trabajar para comprar sus boletos. Más tarde, me mostró una foto de ella sentada en su cama cuando tenía unos trece o catorce años con imágenes de Menudo justo encima de su cama. Por supuesto, Ricky era su favorito, así que quería saber todo sobre las veces que lo había entrevistado. Le dije que una de las cosas que percibí de Ricky era que es un ser humano muy espiritual y amoroso. Le dije que lo había conocido en un momento en que acababa de regresar de un viaje de autodescubrimiento en algún lugar al otro lado del mundo; recuerdo haberle dicho a Jenni que su conversación fue tan pura y llena de alegría. "Fue contagioso", le dije. "Él está conectado a un poder superior". Entonces Jenni preguntó: "¿Cómo puedo conectarme?" Yo dije: "¿A quién?" ella guiña un ojo, "a Ricky" Yo dije "¡De ninguna manera!" Jenni siempre tenía una manera de decir algo tonto para hacerme reír. Una vez que descubriera lo que te hacía cosquillas, tiraría de esa cuerda siempre para hacerte reír. En 2008, se hizo el anuncio de que los hijos gemelos de Ricky Martin habían nacido a través de un vientre de alquiler. Cuando llegué a la casa de Jenni, me miró mientras abría el refrigerador para ofrecerme algo de beber y dijo "Laura, Ricky necesitará ayuda con esos bebés, no podemos dejarlo solo".

"Jenni, no te metas" dije

"En serio, necesitará a alguien que amamante a los niños y yo puedo hacerlo". Luego agregó, "Tú no puedes hacerlo porque nunca has sido madre". De repente Jenni me mostró sus pechos y yo grité, ella se rio a carcajadas. "¡Estos senos si pueden alimentar bebés!" exclamó Jenni.

Un par de semanas más tarde, un equipo de un canal local en inglés solicitó una entrevista con Jenni, así que estaba guiándolos a la entrada de la casa de Jenni. Estaba conduciendo a través de las enormes puertas hacia la finca, a la derecha vería un enorme jardín y un Quiosco, pero lo primero que veías desde el camino de entrada era la puerta de un garaje y, justo encima del garaje, estaba el baño y el jacuzzi de Jenn del dormitorio de Jenni. La ventana que da al patio es enorme. Pensé que Jenni todavía estaba arreglando su cabello. Estaba a punto de decirles a los chicos dónde estacionar su camioneta cuando Jenni abrió la ventana y me mostró sus pechos de nuevo. Ella gritó: "¿Sabes para qué sirven?" Me puse muy seria cuando el equipo de cámara se fue. Jenni comenzó de nuevo con el tema de Ricky Martin. Yo seguía seria, "No aguantas nada, Laurita" me decía Jenni.

El día de Acción de Gracias, estaba con mi novio preparando cosas para nuestra cena. Íbamos a comer temprano, para poder ir a las montañas y tomar un tranvía a la nieve cuando recibí un mensaje de Jenni. Era una foto, en la que me mostraba sus pechos de nuevo. Mi novio tomó el teléfono y se puso furioso, "¿Qué clase de broma es esa? ¿Qué le pasa a esta mujer?" Cuando le dije que Jenni lo estaba haciendo para molestarme porque defendí a Ricky Martin, el pleito se intensificó. Empezó enojado sobre Jenni mostrándome los senos hasta yo dándole explicaciones una y otra vez el por qué estaba defendiendo a Ricky Martin. El hombre estaba furioso y celoso. ¡Todavía me río cuando pienso en esto!

Ese día, en 2008, llamé a Jenni y le pedí que por favor dejara de mostrarme sus senos y se detuviera con los chistes sobre Ricky Martin porque ahora tenía otro problema: mi novio estaba celoso de Ricky Martin. Se rio como loca.

Unos días después nos reunimos para cenar y dije "basta ya de tus bromas sobre Ricky y aprende de él. Su carrera, sus entrevistas, su paz…"

Jenni me miró y dijo "No me mientas tú te acostaste con él".

Me reí y mientras más me reía, Jenni más se convencía de que era verdad lo que ella pensaba. Le dije, "no hubo nada". Nunca me creyó.

El 29 de marzo de 2010, cuando Ricky hizo su gran anuncio declarando que era un orgulloso homosexual, Jenni me llamó "¿Nos vamos a emborrachar?" Jenni había intentado durante años emborracharme y eso no iba a pasar. "Esa salida del closet está muy cercana del día de los inocentes" continuó. "Creo que es una broma". Yo estaba en medio de una sesión de edición, había personas a mí alrededor, y estaba callada.

Jenni se lo tomó como si estuviese triste. Le contesté, "respeto sus decisiones".

"¿Qué tal si es solo un movimiento en su carrera?" preguntó Jenni.

"No cambia nada", dije, "De cualquier forma, sigue siendo una persona muy especial y un gran artista".

En la industria del entretenimiento y muchas otras se hacen acuerdos para promover la causa social en la que crean. No digo que este sea el caso de Ricky, pero a eso es a lo que se refería Jenni cuando mencionó lo del "movimiento en su carrera". Le dije que debíamos apoyar su mensaje y la declaración que había dado. Luego, Jenni le escribió una nota de apoyo.

En cierta ocasión, estaba en un concierto cuando un ejecutivo del sello se me acercó para hablarme sobre fotografiarme con un gran artista para sacar una historia en las revistas diciendo que yo era la nueva "pareja" de dicho artista. Esta fue la primera vez que descubrí que los que manejan las carreras de las celebridades juegan con las emociones de los fans y que las propagandas engañosas publicitarias que se le envían a las masas son muy poderosas todo con el propósito de acaparar la atención.

En 2011, Jenni grabó "Lo mejor de mi vida eres tú", en versión banda, y es tal vez la primera versión de regional mexicana que Ricky Martin ha grabado, ¡y la hizo con Jenni! Esta grabación no es solo otra canción para Jenni, fue un evento muy importante en su vida: ser grabada con uno de sus ídolos. "Y la invitación vino de Ricky a mí" me decía muy emocionada.

Capítulo 14

Amor de juguete

"El que alguien te haga sentir especial no significa que es amor verdadero ya que es mucho mas que eso."

Era el verano de 2007, mientras yo estaba produciendo el CD y DVD de "La Diva En Vivo" preparando el máster y la promoción para su lanzamiento que sería antes de las vacaciones de Navidad. Aquí fue donde presencié por primera vez la relación romántica de Jenni con uno de los miembros de su banda. Estaba en el estudio con Carlos Vázquez, el ingeniero que había grabado el sonido del concierto. Ese día, los músicos fueron llamados porque era necesario volver a grabar varios instrumentos.

Como suele suceder, en los estudios hay mucho tiempo de espera, ya que cada instrumento debe grabarse por separado. La tuba se volvió a grabar y llegó el momento de la batería. Cuando el chico se estaba preparando, Jenni entró en la cabina y noté que ella le hablaba de una manera muy personal y cercana. Cuando salió, mientras le decía a Carlos sobre una parte en particular de la mezcla de una canción, Jenni me miró con una sonrisa, como el ratón que se comió el queso del gato. Le devolví la sonrisa y continué la sesión con Carlos. Fue una sesión de casi todo el día. Los miembros de la banda esperaron hasta que todos los instrumentos fueron grabados.

Ese día, decidí tomar el tiempo y saludar a cada miembro de la banda individualmente. Son músicos muy talentosos, y durante los ensayos para el concierto, los saludaba solamente de lejos. Recuerdo claramente que cuando estreché la mano de Edgar (el baterista), los otros chicos se rieron. Era como si quisieran decir algo, pero algo los detenía. Cuando llegó el momento de que se fueran, yo todavía tenía que quedarme más tiempo y ver lo que se había grabado. El ingeniero ya había comenzado a mezclar y me pidió que les avisara a los músicos que aún había más que grabar al día siguiente. Me dirigí al estacionamiento para pedirle a Jenni su horario para el día siguiente, y vi que el autobús que llevaba a la banda seguía estacionado frente al estacionamiento del estudio, luego vi a Jenni y a Edgar abrazados en la entrada del autobús. Miré hacia arriba, y todos los miembros de la banda estaban mirando la escena por las ventanas. Jenni no lo estaba dejando ir, y a este chico le encantó.

Como amiga y productora de Jenni, nunca cuestioné con quién decidía salir ni por qué. Sus asuntos amorosos eran suyos, no míos. Volví a entrar y le pedí a Carlos que tocara y volviera a tocar esa canción en particular donde algunos instrumentos estaban fuera de ritmo. Carlos siempre fue muy paciente. Él sabe mucho sobre música pues trabajó para Sony durante muchos años. Le gustaba más el pop, por lo que se le ocurrieron grandes ideas para la música de Jenni, al igual que a Gabo. No sé qué vio Carlos en mí, pero dijo: "Estás preocupada por Jenni, ¿verdad?" Yo solo sonreí, no quería discutir nada sobre Jenni a menos que fuera con Jenni, así que lo dejé así.

Al día siguiente, los de la banda habían estado allí antes, pero cuando llegué, me enteré de que la noche anterior, Jenni había comprado una nueva batería y algunas cosas personales para el "baterista" de la banda. Pensé que era parte de hacer de la banda su banda, ya que Banda Carnaval fue una vez la banda que pertenecía exclusivamente a uno de los Hermanos Elizalde de Guasave Sinaloa. Jenni me había mencionado que iba a usar la banda porque el cantante había tenido un accidente y ahora estaba en una silla de ruedas y no estaba haciendo presentaciones. Los chicos necesitaban trabajo, y ella tenía trabajo para ellos. Luego descubrí que Jenni le había comprado al "baterista", un teléfono con radio, que ayudaba a facilitar la comunicación con él, ya que él vivía en Mazatlán. Noté que Jenni estaba bastante emocionada con él. Edgar tenía alrededor de veintitrés años, pero siempre tenía esta confianza en si mismo como un hombre mayor, algo que Jenni encontraba atractivo. Aparentemente, después de una actuación, él la desafió a besarlo y así fue como empezó todo. Todo estaba bien, excepto que las dos hijas de Jenni estaban muy enojadas con ella por esta relación. Cuando pregunté por qué, me dijeron una de ellas que estaban molestas porque Edgar, que parecía ser un hombre que le gustaban mucho las mujeres, había coqueteado con Jacqie en el pasado. A Jacqie también parecía gustarle. Pregunté si su madre lo sabía, y la contestación fue "sí, ella lo sabía".

Después del segundo día en el estudio, Jenni y yo fuimos a ver a Alejandro Fernández en concierto en el Anfiteatro Gibson por la noche. Fue una salida muy divertida, bromeamos toda la noche porque Jenni tenía una canción titulada "Se las voy a dar a otro" y a lo largo del concierto me dijo: ya sé lo que le voy a regalar a Alejandro por su cumpleaños. Y ella se reiría en voz alta y elevaría su bebida hacia Alejandro, que estaba amando toda la atención que le prestábamos. Alejandro había perdido mucho peso, y se veía flaco y plano. Jenni insistió con sus chistes de doble sentido, "pero Laura, él me va a apreciar, se las voy a regalar". Nos lo pasamos de maravilla, le lanzamos unos cuantos besos a Alejandro, el concierto terminó y nos invitaron a una fiesta en el *backstage*.

Vi a Jenni feliz platicando con varios locutores de Los Ángeles. Luego tomamos el camino largo de regreso a casa. Estaba buscando la oportunidad perfecta para discutir la situación de Edgar, pero hoy no sería.

Unos días después, Jenni me llamó para contarme lo feliz que estaba con Edgar porque ahora tenía a alguien a quien amar durante las giras, yo le dije, "¿Estás bromeando, verdad?"

"No, ¡de verdad me gusta!"

"¿Qué hay de los sentimientos de Jacqie?" le pregunté.

Jenni se rio y dijo que no era nada, que eso jamás llegó a nada. Explicó que solo era un enamoramiento leve. Como sea, le expliqué mi preocupación. Le dije que temía que los demás miembros de su banda y sus hijas le perdieran respeto. Jenni se puso molesta. "Me estas juzgando", dijo.

"No, cuando vuelvas a LA, hablaremos sobre eso".

Jenni estaba de gira durante esta conversación. Aproximadamente una hora después, recibí el correo electrónico más largo que había recibido de mi amiga. Me dijo que yo era "elitista", que pensaba que era mejor que todos. Que yo no quería que ella saliera con el chico solamente porque era músico, que los músicos también eran personas con sentimientos. Se volvió loca. Le envié una breve respuesta: "Sostengo lo que digo, espero que no te arrepientas de esto después".

Jenni y yo teníamos mucho trabajo que hacer, y en ese sentido, Jenni era como yo. Puede que me preocupe por algo ahora, pero no guardo rencor, me olvido y sigo adelante. Continuamos trabajando para entregar el CD y el DVD a tiempo en la disquera. Ricardo Villaescusa y Marta Ledesma en Universal contribuyeron a que todos los elementos fueran los adecuados para este proyecto. Me encargué de preparar el material y las versiones adecuadas con el departamento legal para el DVD. Mientras tanto, Jenni todavía estaba promocionando Parrandera, Rebelde y Atrevida.

Poco más de un año después, el 3 de octubre de 2008, recibí una llamada de Jenni. Estaba sollozando, y no podía entender lo que estaba diciendo.

"Amiga, por favor, no te enojes conmigo, no me digas 'te lo dije', por favor, por favor. Me equivoqué, arruiné mi carrera, ¡se acabó!" lloraba Jenni.

"Por favor, cálmate y háblame despacio", dije, "porque no puedo entender lo que dices".

"Está circulando un video sexual de Edgar y yo en los medios. Se acabó. Arturo ya sabe pero no sé qué hacer. Estoy asustada".

"Primero, no te puedes ocultar", le dije. "Segundo, tampoco puedes negarlo, y tercero, ahora es cuando debes demostrar tu valor y enfrentar a los medios".

"Van a destruirme, Laura, lo sé", Jenni siguió llorando.

Discutimos sobre quién lo pudo enviar a los medios de comunicación y cómo, pero en ese momento, Jenni realmente no lo sabía. Todo lo que sabía era que Edgar tenía una copia y ahora se había ido. Así que le aconsejé que hiciera lo siguiente: "Presenta una petición a un juez para detener la circulación de la cinta que alguien les robó a su o sus casas particulares. Sal al aire con el abogado y atiende las preguntas. Sé firme y responde con dignidad ¡No eres la única persona en el mundo que tiene relaciones sexuales!"

Jenni se echó a reír entre lágrimas. Pasamos por varias preguntas como si yo la entrevistara. Jenni contestó a todas bastante bien. Teníamos a Arturo Rivera en la línea, y todo se estaba arreglando. Jenni aparecería con su favorito, Raúl de Molina en el programa de entretenimiento El Gordo y la Flaca.

"Ven conmigo", dijo Jenni.

"No, van a pensar que yo sostuve la cámara", traté de bromear con ella porque podía ver que estaba devastada. Unos minutos antes de que saliera al aire, me llamó desde Univisión en L.A. "Estoy tan nerviosa, nunca me había sentido así". "Si te preguntan si te arrepientes o estas arrepentida no digas que sí", le dije. Cuando Jenni preguntó por qué, respondí: "Porque todos te han visto disfrutar y no van a creer que estés arrepentida".

Jenni se rio. "Gracias, amiga, te amo" me dijo.

Después de colgar, encendí la televisión, y allí estaba ella al aire, fresca, tranquila y muy responsable.

Sí, ¡esa es mi Jenni! Grité después de que la entrevista había terminado. Lo hizo bien, y me alegré de que la presentaron tal y como se planeó. La gente no iba a odiarla por esta cinta; Ellos la iban a entender. Esa fue la idea. Eso es lo que planeamos, y funcionó.

Sin embargo, eso fue sólo para la televisión. La verdad era que Jenni estaba realmente herida y terriblemente devastada. Ella mencionó que estaba avergonzada y se sintió humillada como nunca. Quería matar a Edgar ya que la filtración venía de ese lado.

Obviamente, el chico fue echado de la banda. Unos meses después, al terminar una presentación, Jenni me llamó y me dijo: "Vi a Edgar. Le di una bofetada".

"¡DEJA DE PELEAR! Grité." Las divas son damas; ¡Dejan que otros hagan el trabajo sucio!

Jenni se rio, "Me sentí bien".

En tono de broma dije: "Estoy segura de que así es hasta que te arresten por abuso infantil".

Jenni y Edgar hicieron la paz años después, él siempre negó haber filtrado el video.

Hubo otros chicos de los que Jenni me habló y con los que salió brevemente, pero ninguno fue tan intenso como Fernando. La relación con Esteban estaba basada en su mutua admiración y respeto.

Verla emocionada y feliz por su boda con Esteban representaba una gran alegría para mí también. Por fin le había llegado el momento de ser feliz. Lo merecía. Jenni no sabía cómo amar si no era apasionadamente.

Capítulo 15

Amor y el hombre perfecto

*"Cuando estamos enamorados nuestros ojos solo perciben
perfección".*

El fin de semana anterior al Día de San Valentín de 2018, se conoció la noticia de que Esteban Loaiza, el famoso beisbolista esposo de Jenni, había sido arrestado por posesión de 20 kilogramos de cocaína en la ciudad de San Diego. Esteban decepcionó a muchas personas con su arresto. La pregunta en la mente de la gente sigue: "¿cómo puede este pitcher de béisbol multimillonario que fue mentor y héroe para muchos jóvenes amantes del béisbol tomar esa ruta?" Personalmente le pedí a Esteban que fuera invitado especial en una clínica para niños en Brownsville, Texas de donde soy yo. Su visita fue un evento importante para las muchas familias que asistieron en el 2011. Esteban estuvo animando clínicas de béisbol para niños en diferentes lugares de México y solo unas pocas semanas antes de su arresto, Esteban había asistido al White SoxFest a fines de enero en Chicago. Estoy segura de que Jenni también se sentiría decepcionada si hubiera estado aquí para presenciar su arresto. ¿Su arresto fue por posesión de drogas solo por 'dinero fácil' o por 'adicción'? o ambas.

En 2012, Jenni se enteró de que se había visto a Esteban inhalando cocaína y que podría haber fotos, y también le dijeron que estaba haciendo apuestas de altas cantidades. Jenni iba a dejar que las cosas se calmaran porque la familia estaba planeando la boda de Jacqie e iba a buscar un mejor momento para hablar de esos rumores con Esteban. Los incidentes que

221

siguieron después de la boda de su hija Jacqie en septiembre de 2012 hicieron que Jenni cambiara de opinión y en lugar de platicar las cosas solicitó el divorcio rápidamente.

Jenni estaba herida y enojada con Esteban cuando manejó a San Diego a la casa de Esteban para entregarle los documentos de divorcio. Sentí pena por los padres de Esteban cuando Jenni me contó cómo entregó los papeles del divorcio. No era su intención hacerles daño, yo lo sé, pero su mente estaba en el dolor y la confusión. En su corazón, Jenni quería mucho a la mamá y a el papá de Esteban. Jenni me había dicho que ellos querían ver las fotos y el video de la boda. Yo recién había hecho reproducciones del video de la boda para que Jenni se las diera a Esteban. El día que Jenni fue a su casa en busca de Esteban, llevó el álbum de bodas a la casa de sus padres. Jenni le había pedido a Esteban que se fuera a la casa de sus padres en San Diego unos días mientras ella resolvía algunas cosas en casa. Esteban no esperaba que Jenni le entregara los documentos de divorcio, pensó que solo estaba tomándose un tiempo alejado de Jenni, pero que todo estaría bien después de que las cosas se aclararan.

LA ESTRELLA DE BEISBOL

Jenni conoció a Esteban Loaiza el 7 de diciembre de 2008, en un evento en Mazatlán. Estaba muy feliz ese día. La siguiente semana, me llamó y me preguntó si había escuchado los rumores sobre su nuevo amor. Yo estaba camino a Texas para pre-producir un especial de televisión con El Rey del Acordeón, Don Ramón Ayala, así que le dije que me reuniría con ella antes de Navidad para ponerme al tanto.

Cuando nos encontramos, me preguntó: "¿Alguna vez has conocido a Esteban Loaiza?" Dije que había oído hablar de él, pero no recordaba haberlo conocido personalmente. Le pregunté si alguna vez había jugado para Los Texas Rangers, porque recordé que había visto a un pitcher con el apellido Loaiza, pero cuando fui a ese juego él era muy serio y se mantuvo callado. Jenni tenía curiosidad si lo conocía porque sabía que a lo largo de mi carrera había entrevistado a jugadores de béisbol muy famosos, como José Canseco, Juan "Igor" González, Iván "Pudge" Rodríguez, Rafael Palmeiro, Julio Franco y muchos otros. Pero en realidad no había entrevistado a Esteban. Lo conocí a través de Jenni, y sucedió después de su compromiso. Jenni siguió contándome de esa maravillosa noche en Mazatlán cuando conoció a Esteban. Ella dijo que él estaba allí porque su tía quería ir a ver su concierto. Gabo le mencionó a Jenni que Esteban, el beisbolista de grandes ligas estaba en la audiencia. Jenni luego me dijo: "Laura, me asusté, pensé en Juan, mi ex esposo. Esteban Loaiza era su pitcher favorito cuando jugaba para los Dodgers".

Después del evento, Esteban fue detrás del escenario y la invitó a cenar. Sin embargo, más que una cena, fue una reunión de amigos en su casa jugando dominó. Jenni dijo que ambos subieron a un carrito de golf y él la llevó a la playa. Caminaron a lo largo de la orilla por un rato y luego regresaron a su estancia. Jenni fue a su habitación y se quedó dormida unas horas, mientras Esteban y sus amigos continuaban jugando dominó. Temprano en la mañana, Jenni se fue a su otra presentación.

Desde ese día, todo fue amor y felicidad, hasta un día en abril de 2009, cuando Jenni me dijo que iba a romper su noviazgo con él. Me dijo que simplemente no estaba funcionando.

Pero la ruptura solo duró unos meses. En julio, ya estaban juntos nuevamente. A lo largo de su relación con Esteban, Jenni parecía feliz, pero en sus ojos, podía ver la incertidumbre. Eso es lo que no me gustaba. Quería que ella se asegurara de que esto era lo que quería. Entonces le pregunté, y su respuesta fue: "Él es bueno conmigo, Laura, voy a aprender a amarlo. Además, nadie va a venir y aceptarme con todos mis hijos".

El 21 de enero de 2010, en una cena privada con Jenni y los niños, Esteban le propuso matrimonio. Jenni compartió el video conmigo, tomado con el teléfono celular de alguien que fue testigo de este evento tan especial. Fue un momento maravilloso y emocionante. "Ustedes saben cuánto amo a su madre y también a ustedes los quiero mucho. Sólo quiero preguntarle a su madre si quiere casarse conmigo", dijo Esteban. Los niños gritaban de emoción y uno de ellos gritaba: "¡Esteban, arrodíllate, arrodíllate!" Esteban estaba nervioso, y finalmente, se puso de rodillas y le dio el anillo a Jenni. Jenni se tapó la boca con una mano con incredulidad y se quedó en silencio durante varios minutos. Los niños comenzaron a gritar: "¡Mamá, mamá, mamá! ¡Di que sí!" Así que Jenni gritó: "¡Lo hice, dije que sí!"

Cuando hablamos después del compromiso, ella preguntó: "¿Estás feliz por mí?"

"Si eres feliz, yo soy feliz", le contesté.

"No voy a esperar a casarme hasta que te cases tú como dije el año pasado, me casaré antes que tú", me dijo Jenni.

"Ve, hazlo mujer; puedes esperar mucho si me esperas a mi". Nos reímos. Le dije: "Voy a producir esa boda". Y eso fue lo que hice.

Un secreto de familia y un acuerdo pre nupcial

Jenni estaba feliz y contenta al hablar de la boda, el vestido y todos los detalles de la fiesta de compromiso. A Chiquis y a mí nos preocupaba que a ella no le interesaba obtener un acuerdo pre-nupcial. Cuando lo hablamos, ella dijo, "no es necesario porque él tiene más dinero que yo, no es como que va a querer algo que yo tenga". Mi respuesta fue: "bueno, entonces no debería de tener problemas de firmar el acuerdo pre-nupcial". Redacté algo para que Jenni lo presentara a su abogado, pero ella siguió postergándolo. Un día, Chiquis me dijo que se estaba acercando al día de la boda y que su madre no había hecho mucho al respecto. Llamé a Jenni y dijo que iba a platicarlo con Esteban porque cuando ella había hablado con su abogado, le había mencionado de requisitos específicos para ella y para Esteban que debían ser revelados. Cada uno de ellos tenía que enumerar sus bienes y sus deudas.

Aparentemente, Esteban no era quién manejaba su dinero porque en la divulgación de los gastos mensuales que su familia proporcionó había una entrada mensual de manutención da una joven que era hija de Esteban. ¡Esto parecía ser una noticia para Esteban y Jenni! Además del hijo de Esteban con su ex esposa en Texas, Esteban tenía una hija que no había conocido todavía. ¡Qué sorpresa! Jenni estaba confundida; ella tenía muchas preguntas, Esteban no sabía sobre el nacimiento de la niña porque su ex novia quedó embarazada justo antes de firmar con las ligas mayores (MLB). Cuando sus padres se enteraron, no querían que se distrajera, por lo que hicieron arreglos para apoyar a la joven pero nunca se lo dijeron a Esteban. Por unos días, Jenni dudó de la historia, pero pronto se dio cuenta de que lo mejor era incluir a la niña en su celebración. Jenni hizo los arreglos para que la hija adolescente de Esteban fuese recogida por Gabo en San Diego y la llevara a una de las despedidas de soltera para que Esteban también pudiera conocerla. El Pre-Nup (acuerdo pre nupcial) se terminó de arreglar, y fue en este acuerdo que Jenni y yo decidimos y afirmamos que Chiquis, su hija mayor, sería la Ejecutora de los bienes de Jenni Rivera en el caso de que algo le sucediera a Jenni.

La boda de Jenni y Esteban

Quería que Jenni tuviera una boda digna de la reina de la música regional mexicana. Se merecía el mejor lugar, el mejor vestido, las más hermosas flores y el más hermoso y sabroso pastel. Todo, y me refiero a todo tenía que ser perfecto y en mis ojos así fue. Sin lugar a dudas y lo digo porque estuve presente fue uno de los momentos más felices de su vida. Ese día, Jenni no dejaba de repetirme, "¡Gracias, estoy muy feliz!".

Lo primero que busqué fue la ubicación. Lo quería en un ambiente tipo hacienda, en medio de las montañas, con vistas impresionantes. Encontré (El Nido De Las Chuparrosas, un rancho afuera de Los Ángeles) The Hummingbird Nest Ranch en Simi Valley, California, a pocos kilómetros de la Biblioteca Ronald Reagan y a solo quince minutos de la casa de Encino Hills de Jenni. Este lugar es increíblemente hermoso. La casa y los jardines son impresionantes, y el campo abierto al lado de la casa donde se realizó la recepción es tan grande como un campo de fútbol con las laderas en un lado y la hermosa hacienda en el otro.

Le envié a Jenni las fotos, y le encantó. Así que acordamos una visita para ir a verlo. Jenni quería que todo se hiciera en armonía con Esteban. Ella consultó y solicitó su aprobación en todo. Fuimos al Hummingbird Nest Ranch cuando Esteban estaba en la ciudad, así que también pudo verlo y le encantó. Inmediatamente solicitó el área donde su familia iba a quedarse durante la boda, y reservé el lugar. Originalmente, Jenni había querido casarse en junio de 2010; sin embargo, había diferentes cadenas de televisión interesadas en televisar la boda, y tuvieron problemas al intentar televisar una boda a mediados de la Copa Mundial de Sudáfrica 2010, que tuvo lugar del 11 de junio al 11 de julio, por lo que la fecha se fijó para el 8 de septiembre del mismo año.

Cuando Otto Padrón, vicepresidente de programación en Univisión, vino a visitar el lugar conmigo en abril, se quedó asombrado. "Esto es realmente increíble", continuó diciendo. La idea era transmitir la boda en vivo como si fuera una entrega de premios. Estábamos concentrándonos en todos los números, mientras yo acompañaba a Jenni, Esteban, Gigi, Elena y Zulema a visitar los restaurantes y lugares de los pasteles cuando recibí una llamada de Univisión. Dijeron que el Sr. Padrón ya no estaba en la cadena y que otra persona estaba asumiendo los planes de cobertura de la boda.

Durante mis conversaciones con la nueva persona a cargo, noté que la cantidad asignada para la boda se estaba reduciendo de lo que había discutido con ellos antes. Sentí que era una forma de decirme que no querían la boda. Me senté con Jenni y le conté la situación. Entonces Jenni dijo: "Si no pueden cumplir su palabra, entonces nos iremos a otra parte". Las dos estábamos decepcionadas de que Otto no estuviera en Univisión y de que los planes que habíamos hecho para la producción de la boda se hubieran derrumbado. Había demasiada planificación que hacer y los días pasaban bastante rápido.

Televisa dijo que la querían, y también hablamos de logística y mucho más; Pero cuando dijeron que le darían los derechos a Univisión para transmitir la boda por la misma cantidad de dinero, optamos por no ir por ese camino. Sentimos que era injusto que Univisión usara a Televisa para obtener la boda por mucho menos dinero. Esto fue sólo días desde la boda.

Al final, Telemundo obtuvo los derechos exclusivos de la boda gracias al Vicepresidente de Noticias, en ese tiempo, Ramón Escobar. Quería que saliera al aire como un especial de Al Rojo Vivo con María Celeste y también dar a Mun2 (NBC-UNIVERSO) una segunda fecha de transmisión. Estuvimos de acuerdo, y Telemundo transmitió la boda del año. La boda de Jenni Rivera y Esteban Loaiza fue un evento que uno no se debería de perder.

Unos días antes de la boda, Jenni preguntó: "¿Es grosero invitar a ex novios?" Dije que dependía, así que ella se echó a reír y continuó: "Estoy bromeando, solo quería ver tu cara".

A Jenni le estaba costando soltar algo que había sido una historia de amor tumultuosa y apasionada.

¿Recuerdas la noche en que Jenni apareció llorando en mi departamento? Esa noche insistí en que ella tenía que amarse a sí misma antes que nada. Fue durante esta conversación que le mencioné: "Un día encontrarás al hombre perfecto, alguien que te amará y te cuidará y también amará a tus hijos".

El Sr. Perfecto vendrá. ¿Tal vez un atleta profesional? "

"¿Cómo va a pasar eso?" ella preguntó.

"Confía en Dios, si las cosas van a suceder, lo harán".

ÉL

En la mente de Jenni, y también en la mía, Esteban era el hombre que apareció para apoyarla, el que vino a hacer su vida sólida, respetuosa y mejor en general. Jenni aprendió a amar a Esteban. Sus ojos se iluminaron cada vez que cantaba "ÉL", una canción que había grabado para la telenovela Eva Luna de Univisión. Su interpretación fue especial, y aquellos que la conocimos sabíamos que le encantaba que el título tuviera sus iniciales. Ella interpretaría la canción para Esteban, cantando: "Él es el que estaba esperando, él es el viento debajo de mis alas, no necesito nada más que su beso y su mirada". Es una canción de amor. Una canción sobre ÉL: él, un hombre que había estado esperando toda su vida, un hombre que vino a hacer su vida feliz. La canción fue un éxito, y ella estaba orgullosa de cantársela a "ÉL": Esteban Loaiza. Nunca ni en sus sueños más salvajes habría desconfiado de Esteban, pero sus acciones le hicieron darse cuenta de que probablemente no andaba por buen camino.

Varios meses antes, Jenni se había enterado de que Esteban estaba apostando, pero no iba a acusarlo de nada hasta que tuviera todas las pruebas a la mano que probaran que esas acusaciones eran ciertas. No era como si Jenni lo estuviera investigando; solo sentía que si esto era cierto, en algún momento, se haría evidente.

En muchas ocasiones, Esteban viajó con Jenni y trató con las personas que manejaban las transacciones de dinero en sus conciertos. Él era su marido, Jenni confiaba en él de todo corazón. Había una sensación de seguridad que Jenni sentía al tener a Esteban con ella. Una vez ella me preguntó: "Laura, ¿estoy siendo injusta con Esteban y su carrera por quererlo conmigo todo el tiempo?" Y le respondí: "pregúntale, discútelo con él".

Esteban Loaiza se ganó el respeto y la admiración de muchas personas a lo largo de su carrera como pitcher de diferentes equipos de Grandes Ligas, como los Pirates de Pittsburg, los Rangers de Texas, los Athletics de Oakland, los Dodgers de Los Ángeles , y los Medias Blancas de Chicago. Cuando se lesionó el codo, regresó a México y, cuando se recuperó, comenzó a jugar con equipos mexicanos, como Los Venados de Mazatlán, el equipo con el que jugaba cuando conoció a Jenni.

Jenni sabía que este atleta de las grandes ligas no era el tipo de persona que viajaría como guardaespaldas de su esposa, pero sentía que la cuidaba, y por eso, siempre estaba agradecida.

Amigas secretas

Después de la muerte de Jenni, salieron diferentes mujeres que decían ser las amantes de Esteban o "sus amigas especiales". Me pareció interesante debido a las dudas que algún día tuvo Jenni y que habíamos platicado con respecto a Esteban.

Poco después de que Jenni se casara, cuando le preguntaba cómo iban las cosas con Esteban, se quejó varias veces de que Esteban se desaparecía. Recuerdo que me reí, "¿Qué quieres decir con que desaparece?" Jenni me decía que se iba por horas y nadie sabía a dónde iba. Sospechaba, pero le dije, quizá porque había estado soltero durante algún tiempo y que ahora tenía una casa llena de gente, que tal vez estaba buscando paz y tranquilidad. Nunca olvidé sus palabras. "Pero ¿a dónde se mete? Debe estar en algún lugar del valle porque a veces cuando llamo, él llega a casa de inmediato".

Un día después de que Jenni falleciera, le dije a un conocido que los conocía bien, "¿dónde crees que se escondería Esteban?" La historia que obtuve fue que un "amigo de Jenni" presentó a Esteban a una mujer cuyo primer nombre comienza con una "M" en un evento donde Jenni se presentaba en Baja California. (Qué amigo) Al parecer, la señora M vio a Esteban y sintió atracción por él y solicitó ser presentada. Ella es la hija de un destacado médico en Baja California. Ella y Esteban se conectaron y se hicieron "amigos". Aparentemente, él encontraría tiempo para verla y pasaría tiempo con ella mientras estaba con Jenni. Cuando escuché esto, me disgusté al pensar que las corazonadas de Jenni eran acertadas y que había personas en las que ella confiaba fervientemente como "amigas" que también sabían esto y se lo ocultaban. Recordé a Jenni llorando las últimas veces que la vi porque sentía que había perdido a varias personas de su entorno en un corto período de tiempo, yo pensé que Jenni lloraba por las amigas que perdió, pero en realidad, nunca fueron sus amigas. *Siempre es mejor ser brutalmente honesto, incluso si la verdad duele, que ser un amigo falso que oculta mentiras y engaños.*

Su lado de la historia

Para ser justa con Esteban, lo llamé para entrevistarlo cuando este libro estaba en sus primeras etapas. Esteban estaba triste y aún dolido por lo que dijo fue el trato que recibió después de la muerte de Jenni por parte de todos en la familia de Jenni, su equipo y sus amigos cercanos. Eso me incluía a mi.

Dijo que fue excluido de las ceremonias de despedida a Jenni y que estaba circulando información falsa sobre él y su relación. Le dije que mi corazón estaba todavía muy impactado por la pérdida de todos mis amigos y que lo sentía mucho si el sentía que lo excluí pero que yo no tuve nada que ver con los eventos post-mortem. Con la voz entre cortada, me dijo, "no puedo hablar, todavía extraño a Jenni, todavía era mi esposa". Luego me contó sobre su última conversación que por cierto ocurrió horas antes del accidente. A la hora del accidente, los autos deportivos de Esteban, su joyería y su ropa estaban todavía en la casa de Encino en donde había vivido con Jenni, y ella estaba planeando reunirse con él para conversar cara a cara. Había personas que sugirieron una visita a un consejero matrimonial antes de finalizar el divorcio y Jenni lo estaba pensando.

Jenni siempre me dijo que Esteban era un buen hombre, un buen esposo, y un gran amante, aparte de sus actos de desaparición y del hecho de que malcriaba a toda su familia con dinero y regalos caros. De hecho, Jenni si se imaginaba pasar el resto de su vida con él.

Sin embargo, el destino, el universo o la vida misma tenían planes diferentes.

Capítulo 16

Lo que la movió

*"Los recuerdos, el compromiso, el amor, y el compartir
forman a una familia".*

El amor de Jenni por sus hijos era inmenso. Desde que la conocí, nunca pasó un día sin que hiciera algo por ellos. Eran su vida. Sonreía si ellos sonreían. Eran su motivación cada vez que subía al escenario y su razón para seguir enfrentando cada situación, sin importar lo difícil que fuera. En los días en que no estaba de gira, o en promoción, Jenni se levantaba temprano por la mañana para hacer ejercicio, preparar el desayuno y llevar a sus hijos a la escuela. Eso es lo que la mantenía en movimiento, el amor que tenía por ellos. Amaba a cada uno de ellos de una manera muy especial. Johnny, el más pequeño, a quien conocí cuando era solo un pequeñito era su bebe ante los ojos de Jenni. Su madurez e inteligencia la asombraron. A ella le encantaba llevar a Johnny con ella a presentaciones o en sus viajes de promoción. Jenni necesitaba su energía más de lo que Johnny sabía o entendía. Siempre me gustó pasar por la casa de Jenni y ver a sus hijos. El pequeño Johnny, cuyo nombre real es Johnny Ángel Rivera López, y yo siempre chocábamos nuestras manos, (high five) era mi mejor crítico. Les mostraba cosas en las que estaba trabajando y me alegraba escuchar la reacción de Johnny: "¡Buen trabajo Laura Lucio, gran trabajo!" con su dulce voz de cuatro años. Jenni y yo nos reíamos, siempre le dije a Jenni que él era un director nato, que era demasiado lindo y que debería estar haciendo comerciales. "Dígame, señorita Lucio, dígame que mis hijos son los niños mas guapos". Cada uno es especial, pero lo admirable es que siempre le dieron espacio a su madre para ser Jenni Rivera, la cantante. Johnny a veces miraba a Jenni y le preguntaba quién era hoy: "¿Eres mi mamá o eres Jenni Rivera?"

Jenni llamaba a sus hijas "princesas" y a sus hijos "papá" o "príncipe". A no ser que estuviese divirtiéndose, lo cual ocurría la mayoría del tiempo, y los llamaba con nombres alocados.

Presencié muchos actos de amor de Jenni hacia sus hijos. Dos eventos cercanos que hicieron a Jenni muy feliz durante sus últimos meses de vida fueron la boda de Jacqie y la fiesta de Quinceañera de Jenicka. Los mensajes y conversaciones de Jenni durante la preparación de estas celebraciones estaban llenos de alegría. Me decía "Estoy muy feliz, Laura. Si mis hijos son felices, me siento completa. Jenicka me enorgullece tanto, es buena en la escuela y merece todo lo mejor".

En 2007, cuando su carrera estaba subiendo y había muchas cosas ocurriendo en su vida, estábamos planeando una gira promocional en México, Jenni tenía un dilema sobre sus dos hijos menores. Su ex esposo Juan (padre de Johnny y Jenicka) había sido arrestado por tráfico de drogas y estaba en la prisión federal de San Diego.

La Familia es primero

Llegué a su casa un día y Jenni me pidió que me reuniera con ella en su habitación. Por lo general, nos sentábamos en la mesa de la cocina o en el pequeño apartamento estudio que había en la casa de huéspedes adjunta que ella había convertido en una oficina. Pensé que se sentía enferma cuando me pidió que me reuniera con ella en su habitación. Los ojos de Jenni parecían hinchados, había estado llorando, pero no quería que nadie en la casa la viera. Estaba en su bata de baño sentada en una pequeña silla que tenía junto a un pequeño escritorio en su habitación.

Dijo: "Laura, mis hijos extrañan a su padre y quieren verlo". Los hijos de Jenni estaban acostumbrados a pasar los fines de semana con su padre, y ya habían pasado varios fines de semana, y su padre no había ido a recogerlos. Jenicka y Johnny le habían expresado a Jenni que querían ver a su papá. Ese día, Jenni estaba triste porque tenía que decirles dónde estaba él y tenía que encontrar una manera de llevarlos a verlo. La prisión solo permitía visitas durante los fines de semana, y Jenni trabajaba la mayoría de los fines de semana, así que tenía que pensar en algo. Ella dijo: "Soy cantante, Laura, pero sobre todo, soy madre, y aunque no estoy de acuerdo con las cosas que Juan ha hecho, son nuestros hijos que quieren verlo. Debo poner todos mis sentimientos a un lado y llevarlos a visitar a su padre. ¿Vendrás conmigo?"

Jenni siempre demostraba fuerza, pero se veía visiblemente débil y distraída ese día. Le dije, "Jenni, dime cuándo e iré contigo".

La pasamos bien conduciendo a San Diego, turnándonos para tratar de resolver un cubo de rubik. Recuerdo que Jenicka, una de las niñas más inteligentes y dulces que conozco, llevaba puesto un brazalete con diferentes imágenes de santos católicos que su papá le había regalado antes de su arresto.

Le dijo que iban a protegerla, así que la llevaba puesta con orgullo.

Cuando llegamos a la prisión, nos sentamos en la zona de espera hasta que las puertas se abrieron a las visitas. Las familias y los otros prisioneros que esperaban a sus seres queridos eran muy respetuosas con Jenni. Vi a algunos que querían pedirle fotos o autógrafos, pero no lo hicieron.

Todas las familias hicieron una fila para ser revisadas, una por una, antes de entrar. Caminé junto a Jenni y los niños hasta que fue su turno de entrar, luego me quedé en una cafetería esperándolos.

Si Jenni hubiese podido quitarles a sus hijos el dolor, lo habría hecho. La vi sufrir cuando le hacían algo que la lastimaba y cuando ella los lastimaba.

Unidad

Cuando la popularidad de Jenni estaba alcanzando una marca crítica en los primeros años de su carrera como lo haría en los años futuros, llevó a sus hijos a unas vacaciones a Hawái. Jenni sintió que toda la promoción la había mantenido alejada de ellos durante largos períodos de tiempo y quería recuperar eso pasando un tiempo divertido y de calidad con ellos. Una vez en Hawái, Jenni me llamó desde un crucero. Estaba triste porque sentía que sus hijos no se conectaban con ella; sólo estaban conectando con Chiquis. La madre que haría cualquier cosa por sus hijos se sentía como si no fuera parte de esta familia, y eso le causó una enorme frustración y sentimiento de culpa.

Durante la llamada telefónica, le pregunté a Jenni: "Entonces, ¿dónde estás ahora?" Ella dijo, "en el bote por acá en el teléfono". "¿Y dónde están ellos?"

Jenni respondió: "Por otro lado, lejos de mí".

"Jenni, debes unirte a ellos. Deja el estúpido teléfono a un lado, no me llames, ni a mi ni a nadie, a ningún novio, ni a un programador de radio, ni a un gerente de la disquera, a nadie, solo pasa tiempo de calidad con ellos. Para eso fuiste a Hawái. Se relacionan con Chiquis porque la ven todos los días. No estás en casa todos los días. Jenni, perderás el propósito de este viaje si no te unes a ellos y te diviertes".

"Laura, ¿estoy exagerando? ¿Siempre va a ser así?" Preguntó Jenni. Se refería a su tiempo lejos de sus hijos mientras perseguía su carrera de cantante.

"Siempre hay un sacrificio relacionado con el éxito, Jenni, pero debes trabajar en programar tu tiempo para que cuando estés en casa, realmente estés con ellos", respondí.

Sabía que era difícil, ya que la mayoría de las reuniones de Jenni se realizaban en Los Ángeles y ella vivía bastante lejos del ajetreo y el bullicio de la ciudad.

"Solo haré esto un año más, Laura", dijo. "No quiero perder a mis hijos cuando crezcan. Creo que Johnny extraña a María más que a mí". María era el ama de llaves salvadoreña. Era una mujer muy dulce que había estado viviendo con ellos durante un tiempo y tenía un vínculo especial con Johnny. Pero la persona a la que Johnny, Jenicka, Jacqie y Michael buscaban para todo fue y siempre ha sido Chiquis.

Todo lo que hizo Jenni, todo lo que sacrificó, fue por sus hijos. Para que pudieran tener una vida mejor que la que ella tenía cuando crecía. Una vez, Jenni me contó una historia sobre su única muñeca a la que sus hermanos le quitaron la cabeza y la usaron para jugar béisbol. Ella dijo que lloró mucho porque sabía que no podría tener otra muñeca para jugar. Había demasiados niños en la familia, y don Pedro y doña Rosa luchaban por llegar a fin de mes con sus gastos. "Comprar un vestido nuevo para mí significaba que iría a la tienda de segunda mano en Long Beach y me conseguiría un vestido allí", me explicó Jenni.

Pero Jenni, como había hecho su padre con ella y sus hermanos, estaba convirtiendo a sus hijos en empresarios a una edad muy temprana. Jenni los enviaría al mercado llamado "la pulga" para vender camisetas, CDs y posters. Un día, mientras caminaba hacia su casa en Corona, noté que Jacqie llevaba una caja. Le pregunté a dónde iba y ella dijo: "Para instalarnos en el mercadito, Michael y yo vamos a vender camisetas".

Honestamente pensé que eran demasiado jóvenes para estar solos vendiendo (Michael tenía unos doce años y Jacqie catorce), especialmente ahora que Jenni tenía varias canciones exitosas y se estaba volviendo mucho más popular. Cuando me senté con Jenni, le pregunté: "¿Por qué estás exponiendo así a tus hijos?"

"¿Cómo?" Dijo Jenni.

"Al enviarlos a vender cosas a la pulga. Son menores de edad, es peligroso".

"Laura, necesitan aprender a ganarse la vida. No siempre voy a estar aquí para ellos".

"Enfatízales la educación, Jenni el resto vendrá fácil".

"¡Esto también es educación!" dijo.

Me reí y le respondí: "Ahí la dejamos".

Al observar cómo Jenni trataba a sus hijos, pensé que era una madre genial. Ella permitía que Jacqie hiciera fiestas increíbles y pagaba para que todos pasaran un buen rato. Los grandes ojos de Jacqie y su hermosa sonrisa iluminaban el día de cualquiera y más el de Jenni.

Noté que Jenni no podía estar enojada con ella, sin importar lo que hiciera Jacqie. Cuando Jacqie se hizo un tatuaje, fue un incidente importante para Jenni. "Laura, ella solo fue y lo hizo", dijo, "ella no le preguntó nada a su madre, simplemente lo hizo".

Me eché a reír y dije: "Jenni, si tuvieras su edad y te hicieras un tatuaje, ¿irías a preguntarle a tu madre?" Jenni echó la cabeza hacia atrás muriéndose de la risa. "Pos NO"

Durante el verano de 2008, conduje desde una casa que renté en una comunidad llamada Canyon Lake hasta Sun City, sur de Temecula, California, para visitar a un amigo que tenía un rancho. Amaba visitarlo porque me recordaba al rancho de mi familia. Me encantaba alimentar a los caballos y jugar con el pastor alemán. Estaba a punto de alimentar a uno de los caballos llamado Tequila cuando escuché una señal de radio, Jenni y yo teníamos BlackBerry con walkie-talkies para comunicarnos, lo cual era especialmente útil cuando ella estaba en México. La llamada era de Jenni. "Miss Lucio, ¡debes venir a mi casa ahora!" Presentí miedo en la voz de Jenni, así que fui de inmediato, conduciendo unas 40 millas. Cuando entré a la casa, Jenni estaba sentada en la cocina con una mirada de preocupación. Tenía el hábito de morderse los labios y mecerse de un lado a otro cuando estaba nerviosa. Bromeé con ella "¿Y ahora a quién mataste?" Jenni me miró y dijo "Golpeé a Michael y se fue de la casa". Michael es inteligente pero aún era menor de edad. Le gustaba leer y protegía mucho a Jenni. Le dije "Jenni, es un niño, no puede irse de la casa" Michael tan solo tenía quince años y muy protegido. Le pregunté por qué le pegó.

Miró las paredes y me dijo, "verás Laura, mandé a pintar todas las habitaciones hace unos días, especialmente su cuarto porque había escrito cosas en las paredes. Le dije que no iba a rayar más las paredes y cuando fui a buscar algo en su closet me di cuenta de que las paredes recién pintadas habían sido rayadas de nuevo. No me pude contener, comencé a gritarle, y me enfrentó, así que bajé las escaleras y tomé un tubo para atizar la chimenea y le comencé a pegar", dijo Jenni. Lloraba mientras hablaba, estaba avergonzada de sus acciones y asustada de las consecuencias. "Creo que el sheriff me llevará en cualquier momento y quiero que estés aquí".

Sabía que ella tenía miedo porque eso significaba que este incidente podía terminar con su carrera, pero ella seguía explicando las muchas razones por las que tenía razón al hacer eso, pero no estaba convenciéndome, yo estaba muy molesta con ella. Tal vez para muchas personas, un amigo es alguien que siempre aplaude cualquier cosa que hagas. Yo no soy esa clase de amiga. Le dije a Jenni: "¿Entonces el pobre niño le caíste con todo y a ti quién te pega? ¿Quién te está azotando el trasero cuando estás afuera siendo mujer fatal?"

Jenni se echó a llorar. "¡Entonces llévame, Laura, entrégame, al sheriff!"

Le dije: "Jenni, tú y yo estamos totalmente en contra del abuso contra las mujeres, ¿por qué perpetrarlo con tus hijos? Golpear a alguien con una barra de hierro es abuso, no me importa qué razón tuviste. Jenni, puedes hacer muchas cosas en América y salirte con la tuya, pero cuando golpeas a un menor, y la forma en que golpeaste a Michael, eso es penado por la ley. No voy a entregarte. Trataremos las consecuencias a medida que aparezcan. Ahora mismo, lo más importante es encontrar a Michael".

A medida que pasaban las semanas Michael, no habló con nadie que pudiera denunciar a Jenni, y se escondió de la familia hasta que los moretones se desvanecieron. Sabía que pronto se comunicaría con Chiquis, así que le aconsejé: "Si Michael te llama y necesita ayuda, ayúdalo". Mi preocupación era que Jenni estaba enojada con él y podría pedir que nadie le hablara a Michael.

Chiquis estaba preocupada; todos estábamos preocupados Michael hizo que todos estuviéramos al tanto de su paradero durante mucho tiempo. Un día, Chiquis finalmente llamó y dijo que había escuchado de su hermano. Estaba trabajando en la construcción y viviendo con algunos de sus amigos. Me sentí aliviada, pero le dije a Jenni que era injusto que no estuviera recibiendo una educación.

Jenni lloraba secretamente por Michael cuando estaba lejos de su familia. Nos subíamos al auto para conducir a algún lugar y ella comenzaba a llorar. "Extraño a mi hijo, Laura; lo extraño mucho".

Cuando Michael finalmente regresó a casa después de unos meses, Jenni lo envió a la escuela militar. Tenía miedo de que él tuviera demasiado tiempo en sus manos y siguiera haciendo grafiti. Le decía a Jenni que rayar las paredes era una forma de decir: "Mírame, estoy aquí". Mientras hacía entrevistas en México, le preguntaron sobre cada uno de sus hijos, y cuando mencionó que su hijo Michael estaba en la escuela militar, Jenni no pudo contener las lágrimas.

Finalmente dije: "Jenni, es hora de regresar a Michael a casa. Lloras por él todo el tiempo.

"Lo sé, mujer, lo extraño, y me siento muy mal por lo que hice", respondió ella.

Cuando Jenni y los niños se mudaron a la casa en Encino, en 2009, Michael también llegó a casa. Este nuevo hogar representó una solidificación de la unidad familiar de Jenni. Como siempre, con todos los éxitos que tuvo Jenni, me alegré mucho. Conocía su dolor y sufrimiento, y en mi corazón, siempre quise lo mejor para Jenni y sus hijos. Ella se lo merecía, y ellos también.

Jenni estaba fuera de la ciudad cuando llamó y me pidió que pasara por la casa mientras se estaba remodelando. Chiquis, con su entusiasmo y dulzura habitual, me mostró dónde iba a estar la habitación de todos. Ella y Jenni habían escogido a mano algunas de las decoraciones caseras. Chiquis estaba enamorada de su habitación, la vista que tenía, su gran espacio de guardarropas, su baño, todo. El amor y la unidad familiar reinaron.

Una cosa que Jenni estaba decidida a hacer era organizar a cada uno de sus hijos con un negocio que les gustara. Ella ya había comenzado a preparar a Chiquis para supervisar sus negocios. Por mucho que Jenni quisiera que Chiquis fuera a la universidad, sabía que no tenía mucho tiempo para hacerlo.

La familia y sus jóvenes hermanos y hermanas eran una gran ocupación para Chiquis. Jenni siempre se sintió culpable por todo lo que Chiquis hizo por ella, y quería lo mejor para su querida hija.

En el otoño de 2009, recibí una llamada del "mentiroso" solicitando que, por favor, los ayudara con una presentación para un nuevo *reality show*. Este espectáculo iba a ser producido por la compañía de Delia Hauser pero destacaría la vida de Jenni. Casi todos ya sabían que, si se trataba de algo relacionado con Jenni, me aseguraría de que obtuviera la posición y la atención adecuadas. Nos reuniríamos con un grupo de ejecutivos de Mun2 (ahora NBC-Universo) en el lote de Universal City. Mientras me dirigía hacia allí, el "mentiroso" me pidió que me apartara y me dijo: "No lances a Jenni, lanza el espectáculo, pero no menciones a Jenni". Yo no estaba allí para lanzar a nadie, excepto a Jenni, así que presenté un *reality show* con artistas como Jenni. Sentí que la presentación fue más que bien porque los ejecutivos parecían intrigados. Más tarde, llamé a Jenni y le dije: "¿Estás o no estás haciendo un *reality show*?"

"No, no lo creo, pero por favor ven a verme", respondió ella. Tenía un viaje programado a Texas, pero la vería cuando volviera.

A principios de 2010, acompañé a Jenni al médico, y en el camino me dijo que quería que su hija Chiquis tuviera el *reality show* porque iba a ayudarla a tener más exposición y a dar sus primeros pasos en el mundo del entretenimiento. Jenni insistió en que Mun2 era para una audiencia más joven en donde Chiquis encajaba más porque ella ya era demasiado vieja para el mercado de los realities de Mun2. Jenni presenta a Raq-C y Chiquis el programa se anunció más tarde ese mismo año, y fue un gran éxito.

Jenni hizo acuerdos comerciales que le impidieron aparecer como la protagonista del programa, pero también me dijo que lo que le importaba era que Chiquis estableciera una carrera en el mundo del entretenimiento. Jenni estaba feliz y orgullosa de poder hacer eso. Otra de las visiones de Jenni para sus hijos incluía a Jenicka como cantante. Un día me llamó y me dijo que Jenicka tenía una voz y que pronto la escucharía. Pude ver a Jenicka en acción en la boda de Jacqie. Jenni tenía razón, Jenicka tiene una voz preciosa y se maneja muy bien en el escenario. Jenni siempre sintió que Jacqie sería la que debía seguir sus pasos, ya que ella fue la que tomó clases de piano y pudo alcanzar esas notas altas. Pude ver el talento de Jacqie durante un concierto que produje. Jacqie y Jenni actuaron juntas durante la grabación detrás de escena de los conciertos de La Diva En vivo. Sin embargo, cuando Chiquis recibió ofertas para cantar y ser administrada por diferentes personas, la preocupación de Jenni era que no había involucrado a su hija lo suficiente en su carrera para que ella comprendiera cómo funcionaba la industria; sentía que Chiquis era demasiado ingenua y vulnerable. Cuando hablamos de eso en julio de 2011, le aseguré: "Estoy segura de que ha aprendido mucho solo por ver como manejas tu carrera, pero debes dejar que lo haga". Jenni, como cualquier madre, muchas veces se volvía demasiado protectora. Su amor por sus hijos no tenía límites.

A medida que crecían, fue madre soltera la mayor parte del tiempo, haciendo lo mejor que sabía para criarlos. A su manera, su amor por Dios la hizo fuerte y la ayudó a darles el amor que sentía en su corazón.

Al hablar con una amiga que es experta en psicología infantil, me dijo que los niños están condicionados a enfrentar los desafíos de la vida durante sus primeros siete años de vida. Cada uno de los hijos de Jenni vivió un período diferente de la vida de Jenni durante sus primeros siete años, pero una cosa es segura, independientemente de su situación económica, Jenni los llenó de amor.

Capítulo 17

El deseo

"Siempre hay una recompensa para las buenas acciones, lo que hacemos es más importante que lo que decimos".

A inicios de octubre de 2012, estoy cerca de los establos en Burbank, CA. Cuando recibí un mensaje de Jenni, "Por favor, hazle saber a Julie a qué hora puedes pasar para reunirnos en mi casa mañana". Julie era la asistente personal de Jenni desde el 2010. Jenni y yo nos comunicamos previamente acerca de sus planes para ayudar a "Banda Divina" con su álbum, y ella quería discutir si me involucraría para hacerles un plan promocional. Jenni también quería hablar sobre los artistas con los que estaba trabajando y los conciertos que estaba preparando con una amiga para el mercado latinoamericano. Ambas teníamos planes para impulsar las carreras de diferentes personas hasta el punto de producir, promocionar, comercializar y manejar su música.

Antes de que Jenni se casara, yo iba y venía a mi antojo a su casa, pero cuando se comprometió le dije, "por favor, no me des tus códigos de entrada, creo que debes respetar el espacio de tu esposo". Jenni me siguió dando sus códigos de entrada cada vez que los cambiaba; aun así, por respeto, nunca me aparecí sin avisar a su casa, a no ser que ella me hubiese llamado o hubiésemos acordado una reunión.

Un día de julio de 2011, me pidió que nos encontráramos en su casa y me dijo que no llamara a la puerta sino que usara los códigos porque iba a dar una entrevista telefónica. Lo hice. Cuando entré en la oficina escuché un grito, lo que pasó fue que en ese instante, Julie venía de uno de los cuartos de los niños hacia el pasillo y estaba anonadada por mi presencia cuando estaba a punto de entrar a la oficina de Jenni. Después de calmarse, me preguntó "¿Quién te dejó entrar?" sonreí y dije, "entré yo misma. Jenni me pidió que viniera a verla" "Ah ok", dijo Julie. Y ambas nos reímos.

En este particular día de octubre de 2012, cuando entré a la casa de Jenni, estaba todo sombrío, incluso las hermosas flores que ella siempre colocaba en la entrada se veían tristes. No había música sonando, no había nada de ruido. Jenni y yo nos sentamos en su oficina mirando el hermoso jardín y la vista del valle de San Fernando. Desde el día en que ella compró su casa en Encino Hills, le dije que se sentía llena de paz y de belleza. Habíamos visitado muchas casas juntas, y cuando encontró esta, me llamó muy emocionada y dijo "Laura, la encontré, creo que te va a encantar". En efecto, me encantó.

Ese día, antes de que nos pusiéramos a hablar, Jenni ya estaba llorando. Seguía hablando sobre la entrevista que había dado para El Gordo y La Flaca. Procedió a decirme lo que había mencionado sobre su divorcio de Esteban durante la entrevista. Le dije, "Jenni, siempre respetaré tus decisiones, no sé por qué decidiste divorciarte de Mr. Loaiza, pero sea cual sea la razón, no me debes explicaciones". Siempre llamaba a Esteban Mr. Loaiza, creo que debido al respeto que sentía por él desde sus años como beisbolista. Jenni se levantó, me abrazó y me dijo "perdóname amiga, perdóname por favor". El rostro de Jenni estaba mojado de lágrimas, y yo veía que no se podía contener. Dijo, "Sé que eres la única persona que me ha dicho las cosas en la cara, no me gusta, pero nadie más lo hizo, sé que tú siempre tienes buenas intenciones. Quiero contarte todo acerca del divorcio porque trabajaste muy duro en producirme la boda perfecta".

Nos abrazamos, le palmeaba la espalda como si estuviese

tratando de consolar a un bebé. Sentí una extrema compasión por ella ese día. Quería que las cosas mejoraran, pero no entendía mucho de lo que estaba ocurriendo. Nunca quise discutir detalles de los rumores y del divorcio por teléfono. Era como una regla tácita que habíamos establecido después del fiasco de unos e-mails y malentendidos en 2010. Desde entonces, Jenni y yo habíamos acordado que todos nuestros negocios serían discutidos entre nosotras y en persona. Cualquier chisme que pudiera llegar hasta ella o hasta mí sobre la otra, no iba a tener respuesta hasta que nos viéramos en persona.

Desde el momento en que la vi me di cuenta de que mi amiga estaba llena de dolor – en 10 años que había pasado en constante contacto con ella, jamás la había visto así. Se veía desolada, perdida, sumida en el dolor y también cansada. Cuando se calmó, volvió a sentarse, se secó las lágrimas, me miró y dijo "Laura, quiero que me digas qué fue lo que hice mal".

¿A qué se refería con lo que hizo mal? Ella estaba vulnerable y triste; mis ojos se aguaron, pero sabía que debía ser fuerte y contener mis lágrimas, yo estaba ahí porque ella quería que yo fuera su roca.

Le pregunté "¿A qué te refieres con eso?"

Comenzó a sollozar, "Si, Laura, he trabajado muy duro para darle todo a mis hijos, ¿qué hice de malo al criarlos? Chiquis ya no es la dulce niña de siempre, ¿has hablado con ella? ¿Te ha llamado como a todos los demás en la familia?" preguntó. "No, Chiquis no me ha llamado", le dije a Jenni. Luego ella me dijo "sé lo que vas a decir, que no deberíamos hablarles a los medios de nuestros asuntos personales, que soy mejor que eso, pero no he dicho nada comprometedor en la televisión". El divorcio y los rumores a su alrededor me preocupaban por muchas razones. Quería asegurarme de que ella no se comprometiera legalmente, en cuanto a los rumores de Esteban y Chiquis ya se había salido de las manos y ahora parecía que Chiquis iba a dar una entrevista en Telemundo. En mi corazón, creía que tanto Jenni? como Chiquis debían calmarse antes de discutir algo con los medios. La última cosa que quería era una guerra entre madre e hija controlada por los tabloides, las redes sociales y los medios de faranduleros, lo cual podía afectar la imagen pública de Jenni.?

En lo que trataba de consolar a Jenni, su teléfono seguía sonando. Miró la pantalla y gritó "¿Ahora qué chingados quiere este tipo?" pensé que era Esteban porque parecía que ella estaba molesta con él, pero me miró y preguntó "¿Para qué me está llamando este idiota? No soy su amiga, y lo que sea que tenga que decir debe decírselo a Chiquis". Jenni me miró de nuevo y dijo, "Es Ángel, el novio de Chiquis, no quiero hablar con él, no tengo nada que decirle, ¿por qué las personas no pueden respetar eso? ¿Qué me va a hacer? ¿Amedrentarme? ¡Estúpido! Él no sabe nada sobre mi ni sobre mis hijos".

Hice lo mejor que pude para calmar a Jenni, "Bueno, te marco en un mal momento, pero quizá solo está preocupado por los rumores. Si te hace sentir mejor, conocí a Ángel en junio, fue una presentación de "hola y adiós" por parte de Chiquis, pero al parecer él se preocupa por ella".

"Vamos Laura, a este hombre no le importa mi hija, algo en mi corazón me dice que solo la está usando. Ah, por cierto, mi hermano Juan ya lo conoció formalmente, ¿sabías? Es su manera de mantenerse al tanto con Chiquis, o al menos eso dice él", Jenni dijo eso levantando una ceja. Luego volvió a preguntarme, "¿Qué es lo que he hecho mal criando a mis hijos, Laura? Estuviste ahí, viste todo por lo que pasé para darles lo mejor, ¿qué fue lo que hice mal?".

"No se trata de que hayas hecho algo mal", contesté. "Haz hecho lo que sabes hacer, lo cual es trabajar para poner el pan en la mesa, tal como te dije en 2007 cuando tenías problemas con Michael. Tus hijos te quieren, te necesitan, no pueden discutir muchos de sus problemas contigo porque estás ausente el 80% del tiempo, recuerda que no hay un padre de tiempo completo".

Entonces me preguntó, "Laura, ¿qué hice mal al criar a Chiquis?"

"Jenni, siempre has querido mucho a todos tus hijos, pero creo que tu familia ha necesitado terapia desde los tiempos del juicio de Trino, ¿te acuerdas cuando te lo dije en 2006?"

"Si" dijo Jenni, "Pero pensé que la iglesia iba a ayudar en el área de crecimiento espiritual".

"Estoy segura que la Iglesia te ha ayudado, pero un profesional sabe cómo llegar a la raíz del problema, además te da ejercicios a seguir, así que reconocen cuando están repitiendo patrones de conducta, como no saber cuándo decir que no, y muchos otros. ¿Sabías que cuando un niño ha sido abusado y manipulado para que mienta como lo fue tu hija, puede llegar a crecer con un patrón de complacencia?" le dije.

"¿Qué es eso?" preguntó Jenni.

"Cuando creen que deben complacer a todo el mundo porque subconscientemente están tratando de ser aceptados". Jenni me dijo que había tenido una consulta con un terapeuta hacía unos días, y esta persona sugirió que necesitaba entender muchas cosas sobre sí misma. Jenni también mencionó que estaba tratando de entender por qué Chiquis la odiaba.

"Jenni, Chiquis no te odia, al contrario, te ama mucho, admira todo lo que eres y lo que haces" dije.

"Escúchame Laura, el terapeuta dijo que cuando un niño es abusado no sabe o no entiendo lo que pasó. Un niño solo sabe y siente placer, así que termina estando de acuerdo con los deseos del abusador porque el placer es divertido y les gusta. Creo que eso fue lo que pasó conmigo. He pisado hasta el infierno para proteger a mi hija y ella me odia por eso", concluyó Jenni.

La miré directo a los ojos y dije, "Jenni, en tu corazón, no crees que tu hija te odia". Jenni empezó a llorar de nuevo. "Han ocurrido muchas cosas de las que no sabes nada, Laura" dijo Jenni con suavidad, "pero de todas formas quiero que esto aparezca en el libro".

"¡Wow! Jenni, tenemos doce capítulos, y hay como otros 10 pendientes. "Mi vida loca" será tan gruesa como una biblia".

Jenni sonrió y dijo, "Laura, te prometo que dedicaré unos días de mi navidad para que nos alejemos, solo tú y yo y terminaremos ese libro, ya decidí que saldrá el año que viene".

"Debemos eliminar capítulos, Jenni, has hablado de muchas cosas públicamente como para seguir discutiéndolas en un libro". La respuesta de Jenni fue, "Laura, en entrevistas que te di, dije cosas de las que mi madre no sabía nada, y no quiero que el libro salga antes de hablar con ella. Ella no sabe de la violación, debo prepararla, sabes que no es bueno para alguien con diabetes ser sorprendida con tales cosas, los puede afectar. También cuando te di entrevistas sobre Juan López, estaba todavía muy dolida, sabes que ya estoy en paz con eso, quiero sacar muchas de las cosas malas, quiero que mis hijos Jenicka y Johnny tengan una imagen pura de su padre". Le dije que no se preocupara, que podíamos trabajar en eso juntas.

"Laura, Chiquis ha llamado a mi madre, a mis hermanos, y a otras personas de la familia para ponerlos en mi contra, les ha dicho que yo dije que estaba teniendo una aventura con Esteban", dijo Jenni.

"¿Así que quién inició ese horrible rumor?", le pregunté.

"Fue una combinación de muchas cosas, pero nunca la acusé directamente de nada".

"No es cosa de Chiquis reaccionar y ya", contesté.

"Exacto, mi hija no se está comportando como mi princesa, es por eso que estoy preocupada", dijo Jenni.

Para mí, Chiquis era incapaz de hacer nada malo. Había sido testigo de primera mano de lo dedicada que estaba a cuidar a sus hermanos y hermanas y mantener la casa organizada para Jenni; ella siempre se encargó de las compras para todo, incluida la ropa de Jenni. Así fue como esta hermosa y adorable niña no tuvo una vida normal como toda chica de su edad. Todo gracias a las responsabilidades que asumió, como supervisar la oficina y al personal de su madre. Muchas veces hablaba con Chiquis sobre diferentes cosas que en ocasiones la molestaban o eran demasiado difíciles de manejar. Jenni siempre sintió que defendía a Chiquis sin importar lo que pasara y, en varias ocasiones, Jenni y yo tuvimos discusiones acaloradas porque pensé que ella era demasiado dura con Chiquis.

Una de esas peleas ocurrió a principios de 2011. Recibí una llamada de una muy triste Chiquis que me dijo que su madre la había echado de la casa. Cuando le pregunté por qué dijo que era porque su madre no quería que ella saliera con Ángel de Del records. Me quedé perpleja y le dije a Chiquis que no podía entender por qué no le gustaba. Él era un empresario, no un vago perezoso. Y agregué: "Ella no puede elegir con quién sales". A eso, Chiquis respondió: "Lo sé, pero ella quiere que yo vaya y viva por mi cuenta para que pueda aprender a valerme por mí misma".

Invité a Chiquis a quedarse en mi departamento hasta que encontrara algo, pero ella ya había arreglado quedarse con una amiga mientras buscaba un lugar. Me sentí terrible; desde mi punto de vista, ella no estaba preparada para vivir sola, y también sabía que Jenni necesitaba a Chiquis. En mis ojos y en mi corazón, creía que si Jenni iba a echar a Chiquis de la casa, también debería tener en cuenta toda la dedicación que Chiquis había puesto para contribuir al éxito de Jenni y de su carrera.

Seamos claros, Jenni era la madre, no Chiquis, y Chiquis recibió las responsabilidades de una madre hasta el punto en que no se le permitió ser independiente, y ahora fue expulsada repentinamente de la casa. Estaba muy preocupada y molesta. La gente piensa que debido a que tienes veintiún años, debes tener la edad suficiente para vivir por tu cuenta. Bueno, algunas circunstancias difieren en cada familia y la familia de Jenni fue algo diferente debido a la decisión de Jenni de convertirse en cantante profesional.

Después de mi conversación con Chiquis, llamé a Jenni y le dije: "Dijiste que querías conseguir una casa donde todos tus hijos pudieran vivir juntos y que pudieras verlos casarse uno por uno, y ahora que Dios te bendice con un hogar increíble, decides echar a Chiquis por una razón muy estúpida. Ahora es cuando tu hija te necesita más si no te gusta el chavo con el que sale, ¿por qué la echas a que este sola, así la mandas directo a sus brazos? Ella no está preparada para vivir sola, recuerda que trabaja para ti, no eres solo su madre, también eres su empleadora y eres injusta".

Jenni respondió: "Laura, no te está diciendo la verdad, ven a verme y podemos hablar de eso aquí, pero no quiero que te molestes conmigo por lo que te contó mi hija".

Días después que había investigado sobre Ángel, el novio de Chiquis, fui a ver a Jenni y me sorprendió lo que escuché. Jenni dijo: "Mira, Laura, si él la ama y la trata bien, no me importa si sale con él; sin embargo, algo en mi corazón me dice que en realidad no la quiere ni la ama. No me preguntes por qué, simplemente lo siento".

Mencioné que sabía que Ángel provenía de una familia muy trabajadora y que lo único con lo que tenía un problema era que parecía que estaba en una relación a largo plazo con otra mujer. Jenni me dijo que eso ya lo sabía y que no iba a juzgarlo si tenía hijos porque le recordaba la época en que pensó que nadie querría salir con ella porque era madre soltera de cinco hijos. "Entonces, déjala ser", le dije a Jenni.

"Lo estoy haciendo, Laura, la estoy dejando ser. Estoy molesta con mi hija porque se fue de compras a Las Vegas y gastó demasiado dinero. Me avergüenza decirte la cantidad; ni siquiera yo gasto esa cantidad de dinero en cosas estúpidas", dijo. "Me rompo el culo subiendo y bajando al escenario sin dormir, cansada, hambrienta, etc., para que mi hija no aprecie todo lo que su mamá hace por ella. No, no voy a aguantar eso. Ella necesita aprender lo que uno pasa para ganar dinero en lugar de simplemente gastar las ganancias de su mamá. Entonces, Sra. Lucio, tu hermosa y dulce Chiquis que no puede hacer nada malo ante tus ojos, te mintió", dijo Jenni.

Me decepcioné de Chiquis y, al mismo tiempo, entendí a Jenni cuando dijo: "Si permito que ocurra este tipo de comportamiento, ella dará un mal ejemplo al resto de mis hijos. Todos necesitan aprender cómo ganar su propio dinero". Chiquis encontró un lugar a unos quince minutos de la casa de su madre. Cuando hablé con ella, estaba emocionada de poder decorar su nuevo hogar y, por primera vez, sintió un alivio de las enormes obligaciones que tenía.

Pero ese día del 2012, Jenni no estaba molesta con su hija, estaba dolida y también muy preocupada.

"Laura, ¿acaso he sido una madre terrible para que mi hija sea tan desleal?"

Preguntó Jenni.

"No, Jenni, no has sido una madre terrible, pero ustedes dos deben hablar".

Jenni empezó a llorar, "Mi princesa piensa que no quiero verla casarse y dejar esta casa vestida de blanco. Por supuesto que quiero, Laura, quiero verla feliz, quiero verla bajar las escaleras con su vestido blanco. Sé que me ha visto muy involucrada con la boda de Jacqie y le dijo a mi hermana que he exagerado de atenciones, pero cada una de mis hijas es especial a su manera. Estoy muy orgullosa de Jacqie y de su esposo, Mike. Veo que se aman mucho desde el primer momento. Sé muy bien que Mike ama a Jacqie y ella a él. Me siento muy afortunada de que me hayan permitido ser parte de la planeación de la boda, quiero que todo sea perfecto para ella también. Pero ahora me odia, odia a su mamá, Laura. Ha estado manipulando a todo el mundo, y me duele discutir lo que siento con el resto de la familia. Rosie es la única con la que he hablado de eso. Rosie dice que está intentando hacer que Chiquis se calme".

En este punto, podía sentir el dolor de Jenni. Sabía que extrañaba a Chiquis y que necesitaba abrazarla. Le dije, "Jenni, ¿quieres que vaya a buscar a Chiquis y la traiga? La traeré si prometes que te sentarás a hablar con ella y no pelearán ni se insultarán. ¿Hablarás con ella?" pregunté.

Jenni contestó, "Si, Laura, hay asuntos pendientes en cuanto a sus negocios que quisiera discutir con ella. Hemos hablado sobre la situación de su auto y todavía no llegamos a nada. ¿Viste el auto blanco ahí afuera? Lo compré para Chiquis. No quiero que mi hija se preocupe por la renta, el auto, la renta del negocio, la amo, es mi princesa, estoy preocupada de los errores estúpidos que puede cometer con su rabia ahora. Creo que la familia está dividida cuando más necesitamos estar unidos".

"Si puedo ayudar, lo haré. Le escribiré a Chiquis y veré cuándo la puedo ver".

Jenni contestó, "Laura, tengo un deseo: quiero que Chiquis vaya a un retiro sola y resuelva las cosas con un terapeuta profesional o un guía espiritual, gente que no esté relacionada con la familia. Tal vez así pueda sentirse segura y abrirse, ¿qué te parece?"

Jenni vio mi cara de confusión y dijo, "Lo siento amiga. Sabes que amo a Chiquis, no quiero que cambies de opinión sobre ella, pero soy su madre, la conozco muy bien, conozco sus necesidades porque sé que no está siendo honesta consigo misma. Estoy tomando decisiones muy importantes en relación a ella y a los niños, y a no ser que ella vaya a ese retiro, no me sentiré bien dejándola a cargo".

Todo parecía fácil entonces. No pensé que Chiquis tendría ningún problema en pasar a ver a su madre y hablar con ella. También entendí las razones de Jenni para querer que Chiquis obtuviera apoyo profesional. Cuando ayudé a Jenni a hacer su *pre-nup* con Esteban, había nombrado a Chiquis ejecutora de su herencia, pero al continuar conversando escuché otras cosas que me sorprendieron.

Capítulo 18

La traición

"Di la verdad así te tomen por insensible en lugar de endulzar una mentira".

Para todos en la familia era aparente que Jenni no quería ver a Chiquis. Tal vez sentía que yo era la única persona en la que podía confiar, así que se abrió hacia mí y me pidió que intentara traer a su hija a la casa para conversar con ella. Había muchas cosas que Jenni tenía en la cabeza en cuanto a decisiones importantes, y parecía que esta reunión iba a ser crucial para Jenni en alma y corazón.

Durante esa conversación en la que compartió sus preocupaciones conmigo, lloró tanto que le dije, "¿Estarás bien?"

"Laura, siento como si las personas en las que más confiaba me han traicionado. Nunca le pedí mucho a Esteban, y con la única cosa que le pedí que hiciera, me falló. Toda la felicidad que viví en la boda de Jacqie, y todo se acabó tan pronto Jacqie y Mike se fueron de luna de miel. Después de despedirnos, Esteban, los niños, Johnny, Jenicka y yo decidimos ir al cine. Mientras nos estábamos alistando, Chiquis y su amigo vinieron a la casa. Chiquis nos preguntó qué íbamos a hacer y le dije que íbamos al cine, así que ella y su amigo decidieron venir también. Estaba feliz de que mi hija estuviese haciendo un esfuerzo por mantenerse cerca de nosotros pues los niños y yo ya extrañábamos a Jacqie y Jaylah".

"La película iba por la mitad cuando recibí un mensaje de Ale que se estaba quedando en casa de Elena, diciendo que era urgente y necesitaba que fuese por ella.

Ale era una amiga que Jenni conoció a través de Elena. Al parecer era el nuevo amor de Elena. Ale también había sido asistente personal de algunas estrellas mexicanas. Elena era la amiga y joyera de Jenni, la persona que diseñó el anillo de compromiso de Jenni y Esteban y de quién Jenni ordenaba joyería especial.

Ale había presenciado una pelea entre Elena y la ama de llaves que se tornó fea y Ale se sintió insegura de quedarse y dejar sola a la ama de llaves. Jenni procedió a contarme la historia.

Ale pidió que fuera por ellas tan pronto como fuera posible. Ale era de la Ciudad de México, así que no tenía muchos amigos en la ciudad de Los Angeles.

"Me sentí comprometida con ella porque yo era tal vez la única persona cercana en la que podía confiar. Esperé a que la película terminara y le dije a Esteban que había un problema y debía irme. Esteban, quien rara vez se molestaba, estaba visiblemente molesto de que me tuviera que ir, ya que el plan era ir a cenar después del cine. Me levantó la voz y sentí que me insultó, no me esperaba eso. Le expliqué que era algo urgente. Me excusé con ellos y les dije que fueran a cenar y que los vería más tarde en la casa. Luego tuve que conducir al otro lado de la ciudad.

Para mi sorpresa, encontré a Ale muy nerviosa y a Chugina, el ama de llaves llorando. Era una mujer mayor y me sentí muy mal al verlas tan nerviosas e inseguras de quedarse en la casa con Elena. Le dije a ambas que podían venir y quedarse en mi casa. Ale estaba muy decepcionada de haber visto un lado de Elena que nunca había visto. Intenté no juzgarla porque Elena había sido mi amiga por mucho más tiempo que Ale y jamás me la habría imaginado como Ale la estaba describiendo. Nos paramos a tomar café y té antes de ir a mi casa. En el restaurant, cuando Ale se sintió un poco más cómoda lejos de la casa de Elena, me dijo 'Jenni, tengo que decirte algo, pero prométeme que te lo tomarás con calma porque no sé qué pensar después de que vi las fotos en este teléfono'. Ale sacó un celular, lo puso en la mesa y dijo 'Es de Elena, quién creo que está enamorada de ti, Jenni'. Ale continuó, 'Si te llama o te escribe y no contestas, pasa todo el día gritándole a todo el mundo'".

Mientras escuchaba a Jenni, ella empezó a llorar otra vez, diciendo, "Laura, lo lamento, perdóname por no haberte escuchado, me advertiste que mantuviera mi casa segura por mis hijos y esta vez solo podré culparme a mí por no prestarte atención. *I'm sorry*, tenías razón".

"¿Qué pasó?" pregunté.

"Miré todas las fotos, eran diferentes fotos mías en las posiciones más raras en diferentes ocasiones en casa, en fiestas, en eventos, mi espalda, mi cabello, mi trasero, solo fotos raras. Pero lo que jamás me hubiese imaginado era encontrar en el teléfono de Elena y que me pareció más ruin, impactante y una total falta de respeto hacia mí, mi casa y mis hijos fueron las fotos de Chiquis desnuda".

El 11 de noviembre de 2012, Jenni escribió en redes sociales (twitter) y a muchas personas de su equipo que Elena (escribiendo también su apellido) era una traidora y una mentirosa, pero muchos no entendían por qué. Ahora todo estaba mas claro. Cuando Jenni reveló la historia, ver su dolor me hizo extremadamente triste.

"¿Qué estás diciendo?" la pregunté incrédula a Jenni.

"Sí, Laura" dijo Jenni, "Mi hermosa hija acostada desnuda en la cama y las fotos en el teléfono de esta vieja. Esta persona que dice ser mi amiga, a quién le permití entrar a mi casa, en quién confiaba con mis hijos, nos traicionó Laura, y eso duele mucho. Pero eso no es todo. Ella tuvo la osadía de venir…" Jenni empezó a llorar, se agarraba el pecho, el corazón, como si necesitara aire.

"Jenni, no tienes que decirme más nada, cálmate, por favor respira profundo, podemos rezar por Elena, por todos, iré a buscar a Chiquis, no te preocupes".

"No, Laura, quiero contarte, quiero que esto esté en el libro de mi vida, mi vida es un libro abierto de todas formas, creo que muchas personas se sentirán identificadas con lo estúpidas que podemos ser cuando dejamos que las personas que creemos nuestros amigos entren a nuestras vidas y a nuestras casas y pueden afectar todo nuestro bienestar. Así que, Laura, llegué a casa muy tarde después de irlas a buscar. Cuando subí las escaleras, Esteban estaba preocupado sobre qué había ocurrido que me había tomado tanto tiempo. Le expliqué que las había traído a casa y por qué. No me sentía muy bien después de haber visto lo que vi, así que como a Esteban también es buen amigo de Elena, le dije lo del teléfono y las fotos. También le dije que quería que se mantuviera callado. Le dije 'No quiero que le digas nada a Elena ni a mi hija. Le pediré a Elena que venga para que se explique".

A la mañana siguiente, Jenni le pidió a Esteban que se llevara a los niños a la escuela y pasara un tiempo fuera de la casa para darle tiempo a ella de hablar con Elena. También quería ver a Chiquis más tarde ese día.

Jenni dijo que Esteban llevó a Johnny y Jenicka a la escuela un poco antes de las ocho de la mañana. "El Mentiroso", había arreglado una reunión con Elena esa mañana en El Mariachi Grill en Encino, un restaurant que a Jenni le gustaba y que usaba para concordar ciertas reuniones. El lugar estaba a unas 6 millas de su casa. De acuerdo con Jenni, cuando Elena llegó, ya estaba con cierta actitud. "Pensé que me había lastimado lo que había hecho, pero cuando vi su actitud y sus respuestas incluso antes de que yo preguntara, hizo que todo mi mundo temblara bajo mis pies. Mi primera pregunta fue '¿Sabes por qué te llamé aquí hoy?' Elena me miraba de una forma fría y asquerosa, con las manos a los lados y moviéndose como si estuviese lista para darme de golpes, y dijo, 'Sí, sí sé por qué me has llamado'".

Jenni estaba asombrada por su respuesta y le preguntó, "Ah, ¿y cómo sabes?"

Elena contestó, "Esteban. Esteban me llamó esta mañana para advertirme, así que por eso lo supe, y por cierto, si lo que quieres saber es si me cogí a tu hija, sí, sí lo hice. Me la cogí, ¿ Y, Qué vas a hacer al respecto?".

Jenni la escuchó fuerte y claro e inmediatamente le pidió a Elena que se alejara de ella y de sus hijos. También le advirtió al equipo que si alguno de ellos guardaba contacto con Elena, sería despedido en el acto.

Esto no solo era una traición por parte de una amiga a quién Jenni trataba como de la familia, sino también una traición de su esposo que no respetó sus deseos de mantener todo en silencio hasta que ella hubiese solventado la situación. Creía que era algo que le competía solo a ella y a su hija.

Las intenciones originales de Jenni eran averiguar por qué ella había fotografiado a su hija desnuda en primer lugar, pero la respuesta la puso furiosa. No solo estaba molesta con Elena y Esteban, sino también con que Chiquis lo hubiese permitido. Todo era un humo de confusión y engaño.

Elena es abiertamente homosexual. Ella y su pareja fueron parte de la boda de Jenni y Esteban. De hecho, Elena y su entonces pareja, Zulema, fueron importantes a la hora de reunir a Esteban y Jenni después de su rompimiento. Al parecer, Esteban le dijo a Elena que planeaba casarse con Jenni y estaba muy triste porque ella no quería volver con él. Así que Elena y Zulema arreglaron una cena en casa y los invitaron a ambos, fue entonces cuando reiniciaron su relación en 2009.

La planificación de la boda de Jenni con Esteban fue el mayor tiempo que pasé con Elena y Zulema; ambas estaban dedicadas la una a la otra para hacer que la boda de Jenni y Esteban fuera un día feliz. Compartí muchas risas mientras buscábamos las flores, el pastel, la comida, las mesas, las sillas, etc.... así que esta noticia de última hora fue una gran sorpresa para mí. Me resultó difícil creer que Elena se había propuesto intencionalmente lastimar a Chiquis o a Jenni.

Rápidamente le pedí a Jenni que pusiera las cosas en perspectiva y que no las exagerara hasta tener todos los hechos. La razón por la que le expresé a Jenni que no se tomara en serio lo que Elena había dicho era que ella misma me había mencionado que Elena le había contado que había tenido relaciones con superestrellas famosas, y Jenni más tarde descubrió que era una exageración por parte de Elena para entretener a Jenni y hacerla reir. Sin embargo, todo este problema con las fotos era demasiado para Jenni. Esta era su hija y no era motivo de risa para Jenni.

Estaba preocupada por su Chiquis, ya que sabía muy bien cómo se sentiría esto si se hiciera público. En 2008, Jenni había pasado por una situación desagradable cuando una cinta de sexo fue lanzada por alguien que le robó el teléfono celular a su ex novio. Ella no quería que su hija tuviera que pasar por nada de eso.

Más tarde, cuando hablé con Chiquis sobre esto, ella dijo: "Laura, mi madre está haciendo una gran cosa de algo que no es tan importante. Ella se olvidó de que todos estábamos en este viaje con Elena cuando se tomó la foto".

La pérdida repentina de esta amiga hizo que Jenni cuestionara sus elecciones cuando se trataba de aquellos que residían en su círculo íntimo. Ella comenzó a preguntarme de cada una de las personas a su alrededor y preguntaba si yo pensaba si le eran leal a ella. ¿Qué crees de esta persona? ¿Y éste? Sabía que su estado mental era triste, inseguro, estaba herida, así que quería tranquilizarla. "Jenni, solo porque una persona te decepcionó no significa que todos te van a decepcionar. Mantente en equilibrio", dije.

Ale y yo hablamos brevemente mientras ella se hospedaba en la casa de Jenni, pero durante los últimos años, seguimos en comunicación, especialmente cuando su nombre era arrastrado por el piso, y se le acusaba de "decirle a Jenni mentiras".

Sentí que necesitaba escuchar de ella para este libro.

LA NUEVA AMIGA DE JENNI

Ale era la asistente personal de una estrella del pop muy exitosa. Jenni nos presentó en una de nuestras reuniones en casa de Jenni cuando insistió en que discutiéramos la preparación de su testamento en octubre de 2012. El día que conocí a Ale, parecía triste, pero no hablamos mucho ese día, después de la muerte de Jenni, ella inmediatamente me extendió la mano. A lo largo de este tiempo, nos hemos mantenido en contacto, y esta es su historia basada en mis entrevistas con ella: Ale estaba absolutamente dedicada a su trabajo, y su vida giraba en torno al calendario de su jefa y su desempeño. Jenni coincidió con la estrella pop en un evento, y fue entonces cuando Ale se encontró con Jenni y varios miembros del personal de Jenni. Ale ya había conocido a Elena, la joyera durante su visita a presentarle joyas a la estrella del pop para la que Ale trabajaba.

En un funeral familiar, Ale comprende que se ha perdido a sí misma y su carrera como educadora cuando su hermana le recuerda que no está pasando tiempo con la familia. Su hermana le dice que cuando se apaguen todas las luces, y su jefe estrella del pop deje los escenarios, todo lo que Ale tendría realmente era a su familia inmediata, pero si seguía ignorándolos, ni siquiera tendría eso.

Una noche durante un concierto muy importante en el Auditorio Nacional de México, las palabras de la hermana de Ale sonaron fuertes y claras en sus oídos. Dio la casualidad de que su jefe, 'la estrella del pop' estaba teniendo una mala noche y le gritó a Ale usando palabras despectivas frente a otras personas porque uno de sus trajes no estaba listo. Ale dice que sintió que no podía soportar esto, así que en medio del caos del concierto, tomó su bolso y salió del evento. Después de ocho años, había decidido que era el momento adecuado para renunciar a su trabajo.

Pasaron los días y Ale cayó en una depresión terrible después de un procedimiento quirúrgico. Se sentía débil, y ahora estaba sin trabajo. Su amiga Elena de Los Ángeles la llamaba regularmente para saber cómo estaba. Fue en una de estas llamadas que Elena y Jenni, que también entró en la conversación telefónica, la invitaron a visitar Los Ángeles. Elena la había invitado a quedarse en su casa. Ale relata que sus primeros días en Los Ángeles, se olvidó por completo de su depresión y problemas de salud. Sus días en la casa de Elena le trajeron paz hasta que se dio cuenta de que se había sumergido en una relación que no estaba preparada o cómoda para iniciar.

Según Ale, sus días fueron algo así; todas las tardes, después de la cena, a Elena le gustaba abrir botellas de vino e invitarla a beber con ella. Una noche, Ale se despierta y está desnuda en la cama de Elena. Ella se levanta de repente y comienza a llorar y pregunta qué le pasó, no podía recordar nada. Elena la consoló y prometió cuidarla aún más ahora que se dio cuenta de que Ale nunca tuvo relaciones con personas del mismo sexo. Ale lloró hasta quedarse dormida, pero al despertarse estaba molesta y confundida. Ale dice que nunca había tenido relaciones íntimas con mujeres y que el incidente trajo conflicto a su mente. El patrón de bebida de la tarde continuó, hasta que unos días después del incidente, una de las parientes de Elena invitó a Ale al centro comercial. En el centro comercial, le dijeron a Ale que necesitaba tener cuidado con Elena porque todas sus relaciones habían terminado en abuso físico. A Ale también se le dijo que Elena tenía una fijación con Jenni Rivera, que estaba enamorada de ella y que sostenia una relación con la hija de Jenni, Chiquis. Esta persona también le dijo a Ale que Elena tenía mensajes de texto y fotos de su supuesta relación con Chiquis en su teléfono. Esta advertencia que venía del lado de la familia de Elena, preocupó a Ale. "¿Por qué me cuentas todo esto?" Preguntó Ale. La persona le dijo porque eres una buena persona para todos nosotros, eres educada y no mereces ser maltratada. Ale ya había presenciado a Elena siendo abusiva verbal y físicamente con la que era su prima y ama de llaves.

Ale había presenciado que Elena se irritaba si Jenni no contestaba sus llamadas o mensajes de texto. Ale pensó: "Realmente no sé nada de ella, ¿qué estoy haciendo aquí?" Ese día, en septiembre de 2012, Ale decide que es hora de regresar a su hogar en la Ciudad de México. Estaba lista para enfrentar a Elena, le agradecería por tenerla en su casa y se iría. Pero Primero, debía poner sus cosas en orden, empacar sus pertenencias y dejar la casa de Elena y eso no sería tan fácil como pensaba porque cuando llegó a casa de Elena, había invitados disfrutando de la cena. Ella fue a su habitación y comenzó a empacar. Ale se dio cuenta de que le faltaba el pasaporte y es cuando empieza a entrar en pánico. Su mente iba bastante rápido. "Elena tiene mi pasaporte, ¿cómo voy a salir de aquí?" Decidió salir de la casa y, cuando sale a vagar por las calles, llama a Jenni. Jenni está en el cine con sus hijos y Esteban; ella le dice que la espere en una cafetería cercana. Cuando Jenni llega, Ale le cuenta la historia sobre su pasaporte perdido y su razón para querer irse de Los Ángeles. También menciona al familiar de Elena, los supuestos textos y fotografías en el teléfono de Elena, y que Elena podría estar usando a Chiquis, pero que la que realmente le interesa es Jenni. Jenni le pregunta a Ale sobre lo que ha presenciado todo el tiempo que ha vivido en casa de Elena y le dice que debe salir de allí de inmediato. Le dijo a Ale que quiere que ella regrese y busque sus cosas y a la empleada ama de llaves que recientemente recibió una paliza y que ella se las llevaría a su casa.

 Jenni le dijo a Ale: "Si le pregunto a mi hija y a Elena, van a negar esto, así que necesitaré una prueba". Jenni le dijo a Ale: "¡Quiero ver el teléfono de Elena!" Es pasada la medianoche, todos los invitados se han ido, y Elena está en la cama cuando Ale entra a la casa. Despierta a Elena para pedirle su pasaporte, y también comienza a pelear diciéndole a Elena que ha estado mintiendo mientras finge tener una relación con ella. La lucha es una excusa para obtener la prueba que Jenni quiere. Ale le dice a Elena que si no tiene nada que ocultar, entonces debería permitirle ver su teléfono, para que pueda estar segura de que no se está comunicando con nadie más. Elena le tira el teléfono. Ale dice que corrió al baño, se encerró y esperó un rato hasta que ella y el ama de llaves pudieron salir corriendo para encontrarse con Jenni.

Cuando Jenni comenzó a ver los mensajes y las fotos, estaba furiosa. Lee los mensajes cariñosos entre Elena y Chiquis y también ve fotos desnudas de su hija y las muchas fotos que tomó Elena de Jenni cuando no estaba posando. Eso es lo que ella necesitaba para enfrentarlas a ambas, a Elena y a Chiquis, pensó Jenni. Ale y el ama de llaves llegan a casa con Jenni aproximadamente entre 2:30 a 3:00 a.m. Jenni le dice a Ale que puede volar con ella a México en su próximo viaje. Ale se había sentido enferma, así que una vez en México, Jenni le dice a Ale que van al médico para un chequeo general. Jenni estuvo pasando un tiempo en México durante la grabación de La Voz y la acompañó a una clínica en la Ciudad de México donde revisaron el estado físico de Ale.

En los resultados del análisis de sangre en la clínica, se le informa acerca de una sustancia química en su cuerpo que proviene de un medicamento que es tan fuerte que hace que el sistema se ralentice y en muchos casos noquea a alguien por completo. Ale explica que nunca ha tomado ninguna droga voluntariamente, lo único que recordaba era el hecho de haber bebido vino y perder la conciencia en la casa de la joyera. El doctor ordenó ponerla en un tratamiento de desintoxicación para limpiar su sistema. Los resultados de laboratorio de Ale hicieron pensar a Jenni, y en lugar de estar enojada con Chiquis, se preocupó mucho por ella. Por esta razón, Jenni me insistió en que convenciera a Chiquis de que se fuera a un spa para limpiar el cuerpo y el alma. Jenni sintió que si a Ale le habían dado algo en su vino, tal vez a su hija también. Obviamente yo no creía que Chiquis estuviera tomando drogas de manera voluntaria, tampoco Jenni, pero ella sentía que necesitaba desintoxicarse por si acaso. Jenni se sintió traicionada por una "amiga" en quien confiaba y se preocupaba mucho por su hija. La desconfianza y el odio de Jenni por Elena se hicieron muy evidentes en las redes sociales. Pero, también les dijo a todos en su personal que no quería que nadie se comunicara con Elena por ningún motivo. Elena llamaba a personas alrededor de Jenni para averiguar el paradero de Jenni al no recibir respuestas de ella. Esto era algo que Jenni sentía que tenía que parar. "El Mentiroso / Engañador" no escuchó, y esto enojó mucho a Jenni, ¡tanto que se estaba preparando para despedirlo de una buena vez!

Al prepararme para este libro, y para ser justa, intenté conectarme con Elena varias veces para interpretar su lado de la historia . Sin embargo, todos mis mensajes quedaron sin respuesta.

Por otro lado, Jenni estaba lidiando con un sentido más íntimo de la traición. No podía aceptar ni entender el hecho de que Esteban había llamado a Elena y Chiquis para advertirles de lo que estaba sucediendo. Esas acciones no habían mostrado lealtad hacia ella. Jenni sintió que su marido había roto su confianza. Con eso vinieron otras situaciones que la tomaron por sorpresa, pero también contribuyeron a su decisión de pedirle a Esteban el divorcio.

Sueños rotos

Después de la reunión con Elena, el corazón de Jenni se sentía pesado cuando se sentó sola en su oficina, no podía creer que Esteban la hubiese traicionado en cuestión de horas. Cuando él llegó a casa, le pidió su teléfono. Jenni quería ver sus mensajes o llamadas entre él, Elena y Chiquis, pero el teléfono estaba aparentemente limpio, sin historial de llamadas ni textos. Así que Jenni lo enfrentó y le preguntó si había eliminado la evidencia de su contacto con Elena y Chiquis. Luego le preguntó por qué sintió la necesidad de llamarlas para informarles que estaba molesta por los desnudos. ¿Por qué traicionaría la confianza de su esposa?

Caminaron fuera de la casa, cerca del área de la piscina, y en medio de su dolor, se mantuvo en calma. Cuando se sentaron afuera, Esteban le pidió a Jenni que lo perdonara, que no quería molestarla, que solo intentaba mantener una amistad y no quería lastimar a nadie. "Era mucho para mí, Laura, era muy difícil para mí mantenerme en calma cuando todo lo que quería era abofetearlo por traicionar a su esposa", dijo Jenni.

Esteban hizo todo lo que pudo para mejorar las cosas, pero Jenni creía que lo mejor que podía hacer era darle un tiempo. Jenni le pidió a Esteban que se fuera, que se alejara de ella y de los niños, le pidió que se fuera a San Diego y que ella lo llamaría cuando estuviese lista para verlo. En la mente de Esteban, todo lo que Jenni necesitaba era un tiempo para pensar. Inicialmente, eso era todo lo que Jenni tenía en mente, pero mientras más pensaba, más preguntas resaltaban ¿si este tipo ya me ha mostrado deslealtad, qué más estará escondiendo?

Alguien del personal de Jenni había ido a buscar unas llaves porque Esteban tenía sus autos deportivos en el garaje y ahí, en su lado del closet, en una esquina donde guardaba joyería y llaves, había un papel que convirtió el amor y la lealtad en desconfianza y rabia.

Este documento que acababa de salir a la luz le hizo preguntarse por qué él tendría instrucciones sobre cómo entrar a su caja fuerte.

Jenni empezó a dudar sobre todo lo que ocurría en su casa, en especial debido a estas instrucciones de cómo abrir la caja fuerte que estaban en las cosas de Esteban. Es entonces cuando Jenni decidió revisar la caja fuerte. Ella y un miembro del personal terminaron de contar lo que se suponía que debía haber en la caja fuerte y se dieron cuenta de que faltaban miles de dólares.

Jenni no quería sacar conclusiones aún. Quería creer que no estaba pasando lo que ella creía. Pidió todos los videos de las cámaras de seguridad de los últimos meses para revisarlos.

Cuando Jenni compró la casa, mandó a instalar un sofisticado sistema de seguridad. En la anterior residencia de Jenni en Corona, California, había sido víctima de robos, lo cual era muy accesible para las personas de la calle de entrar. Jenni no quería que esto volviese a ocurrir, así que se protegió con lo que ella pensaba que era lo último en tecnología de seguridad.

En su casa en Encino, a solo unas millas de la casa de la familia de Michael Jackson, Jenni tenía total privacidad. La casa es parte de cuatro lotes, con tres hermosas mansiones contemporáneas en la cima de la montaña sobre el valle de San Fernando. Cada lote tiene una vista especial, donde le gustaba ir a caminar cada mañana antes de llevar a los niños a la escuela. La montaña estaba a la izquierda de su casa detrás del jardín, la piscina, una cascada, que también daba al valle. El lote estaba justo encima del viejo palacio inglés de ladrillos rojos que Jenni llamaba hogar, un lugar donde, como ella me dijo, encontraba mucha paz.

Cada entrada de la casa y ciertas áreas internas habían sido aseguradas con cámaras. En el pasillo, frente a la puerta de la oficina de Jenni, había una sala especial donde se había instalado todo el sistema de seguridad. Esta habitación debía mantenerse cerrada en todo momento. Nadie debía tocar nada adentro. No es que alguien lo haría, pero era un sistema complicado que solo una o dos personas sabían cómo manejar. Ella sabía que estaba allí, pero nunca lo tocó. Sabiendo que la grabación la mantenía a gusto, y si ella lo deseaba, sabía que podía ver lo que estaba sucediendo en su casa con el toque de un dedo en su teléfono o computadora, sin importar dónde estuviera. Sin embargo, ella siempre confiaba en todos los que la rodeaban; no había necesidad de que ella los revisara.

Pero ahora que Jenni estaba segura de que faltaba dinero, quería estar completamente segura de que tenía pruebas sustanciales de todos los que habían entrado en la casa en el último mes. Jenni tenía tanta confianza en su sistema de seguridad que estaba segura de que esta "intrusión profesional" en su caja fuerte había quedado grabada en una cinta.

Pero a Jenni le esperaba otra gran sorpresa: en las cintas de seguridad faltaban casi un mes entero de imágenes. De repente, todo el fiasco parecía sacado de una película de terror. ¿Quién podría haberlo hecho? Profesionales, ¿quién sabía dónde estaba la caja fuerte? ¿Quién sabía que Jenni guardaba dinero en la caja fuerte? Muchas personas solo conservan joyas y las llaves de sus cajas de seguridad bancarias. Un detective amigo mío me dijo que cuando alguien comete tales actos, hay un 85% de probabilidades de que sea alguien que conoce la casa y a la persona que roban. Es cuestionable que alguien viniera de la calle para irrumpir. Jenni sintió que el robo de su caja fuerte se había producido durante la despedida de soltera de Jacqie o el día de la boda cuando no había nadie cerca.

Se borraron quince o veinte días completos de imágenes de seguridad. "¿Recuerdas lo feliz que estaba el 8 de septiembre en la despedida de soltera de mi hija? Bueno, parece que esto fue planeado porque las cintas de las cámaras de seguridad se borraron desde ese día hasta el día de la boda de Jacqie" Explicó Jenni.

Lo único que quedaba era el final de una de las cintas, según Jenni, era un clip corto que hacía llorar a Jenni cada vez que hablaba de lo que había allí. Mostraba a Esteban y Chiquis saliendo de la habitación donde se guardaba la caja fuerte. Esto enfureció a Jenni, de repente sintió que había demasiada camaradería entre Esteban y su hija. Jenni comenzó a sentirse insegura, ya que sentía que la lealtad de Esteban definitivamente no estaba con ella. Jenni pensó que Esteban había traicionado su confianza yendo con Elena y Chiquis cuando le había pedido que no lo hiciera. Ahora, con el video borrado y el dinero perdido, la ira de Jenni aumentó, ella quería sacárselo en cara a alguien.

Como cualquier otra mujer traicionada, Jenni comenzó a enviar mensajes de texto a Esteban con furia. Sin embargo, en este caso, Jenni estaba lanzando un alboroto porque la otra mujer con la que sentía enojo y celos era su propia hija, su princesa, su primogénita: su hermosa Chiquis.

Jenni escribió un mensaje de texto que me dijo que no estaba orgullosa de enviar, pero que NUNCA tenía la intención de que llegara a su hija. En su indignación, ella le envió un mensaje de texto a Esteban, "Nos parecemos, solo que ella es más puta". De acuerdo con la información que luego le llegó a Jenni, Esteban había estado enviando la pelea de texto directo al teléfono de Chiquis.

Las respuestas de Esteban a Jenni mostraron preocupación, remordimiento y tal vez incluso vergüenza. Todo lo que siguió escribiendo fue: "Lo siento. ¿Qué puedo hacer para mejorar todo? Quiero recuperar a mi esposa".

Mientras escuchaba a Jenni contar lo que había ocurrido, no pude evitar preguntarle: "¿Por qué acusas a Chiquis de cosas tan horribles?"

"No acusé a mi hija", explicó Jenni, "estaba furiosa con Esteban, pero como él seguía comunicándose con mi hija, así es como Chiquis obtuvo detalles sobre mi ira con Esteban".

Chiquis quedó devastada. Su madre se había referido a ella como una puta y la acusó indirectamente de tener un romance con el hombre al que llamaba "Pops".

Según Jenni, esos textos, especialmente ese específico, incitaron a Chiquis a informar a algunos miembros de la familia que su madre se estaba volviendo loca haciendo tales acusaciones. Muchos sabemos que Chiquis refutaría absolutamente los pensamientos de Jenni, pero en un momento de ira, uno no se detiene ante nada para intentar herir y ofender y, como dijo Jenni, su corazón estaba roto y su dolor era insoportable. Sin embargo, ese texto estaba destinado a ser entre una esposa y su esposo. No estaba destinado a llegar a su hija. Jenni luego me dijo que su estado de ánimo, su furia y su ira habían llegado a un punto sin retorno. Dejó salir toda su ira.

Desafortunadamente, a medida que la historia se desarrollaba, dado la relación de Elena y Chiquis que había ocurrido antes, a Jenni le resultaba difícil confiar en lo que su hija tenía que decirle. Los mensajes telefónicos y las fotos le bastaron para no creer que no había habido nada entre ellos.

En un momento dado, Jenni me dijo que un familiar que estaba hablando con Chiquis le hizo pensar que él o ella estaban del lado de Chiquis, pero luego volvería e informaría a Jenni de las cosas que Chiquis había dicho. Esto se prolongó durante varias semanas. Según este individuo y las conversaciones de esta persona con Chiquis, ella tuvo la culpa y no fue sincera. Esto añade sal a la herida.

Otro miembro de la familia le dijo a Jenni que había una fotografía comprometedora de Chiquis y Esteban que no querían que Jenni la viera y que fue tomada después de una cena, esto hizo que la mente de Jenni se volviera loca y enfurecida.

Le insistí a Jenni que ella y Chiquis necesitaban hablar cara a cara. Mi sentimiento con toda esta situación que vivía Jenni con respecto a Esteban, Elena y Chiquis era una confusión total y absoluta. No me gustaba que Jenni dependiera de otras personas para comunicarse con su hija. Los llamé "intérpretes" o "intermediarios". Le dijeron a Chiquis lo que ella quería escuchar, luego corrieron hacia Jenni y compartieron lo que era conveniente para ellos, no necesariamente para la situación o para mejorar las cosas. Era evidente que Jenni estaba muy molesta con Chiquis. Era como si sintiera que tenía suficientes razones para creer que este incidente con Esteban había ocurrido. En mi frustración, le dije: "Mira, Jenni, una cosa es mantener un secreto del flujo de efectivo con Esteban, y otra es dormir con él. ¡Son dos cosas diferentes! Al volver a casa, lo último que querrás hacer es molestarte con tu hija, por lo que ha aprendido a encontrar soluciones a las muchas responsabilidades que le has dado, para que puedas salir sin preocuparte". Jenni se prendió." ¡Mira, Laura, me oculta las cosas! No es leal a su madre". "Jenni, eres muy dura con ella, tal vez tenga miedo y tal vez por eso se siente más a gusto con Esteban. ¿Él tiene que protegerla?" "Oh, no, Laura", dijo Jenni, "ella quería un negocio, y yo la ayudé a empezar al darle el capital inicial, y hay un auto nuevo afuera esperándola. No soy dura con ella; simplemente no ha aprendido a apreciar a su mamá".

Unos meses antes, tuve una conversación muy privada con Chiquis, y nunca tuve la intención de soltar lo que hablamos con su madre porque no era asunto mío. Y porque sabía que toda la responsabilidad que Chiquis tenía sobre sus hombros era demasiado difícil de soportar. No creo que Jenni fuera consciente de ello. Chiquis era asistente, contadora, estilista de moda, supervisora de oficina, conductor, mamá, confidente, ama de llaves, y la lista no termina ahí. Los tiempos desesperados exigen medidas desesperadas, así que le dije a Jenni que cuando Chiquis y yo hablamos, ella mencionó que no sabía si debía decirle a su madre porque a veces Esteban se saltaba los pagos mensuales de la casa porque él no tenía el dinero disponible. Su dinero estaba invertido, y solo podía sacarlo en fechas específicas durante el mes, por lo que a veces se lo daba a ella más tarde. Me había olvidado de esa conversación. Le dije a Chiquis que debería decirle a su madre de todos modos, tal vez ayudaría a abrir las líneas de comunicación sobre el dinero entre su madre y Esteban. Sin embargo, Chiquis nunca lo hizo. Entonces, cuando Jenni le pidió que se fuera de la casa, le pregunté si alguna vez le había contado sobre los problemas de flujo de efectivo y dijo que no, pero al menos ahora no tendría que lidiar con nada de eso. Chiquis me dijo que de alguna manera se sentía aliviada. Después de escuchar esto, Jenni dijo: "¿Por qué no me lo dijiste, Laura?" "Habría estado completamente fuera de lugar hacer eso", le dije. Cuando noté que la ira de Jenni aumentaba, agregué: "Lo siento. No fue mi intención añadir sal a la herida, pero quiero que equilibres tus pensamientos sobre Esteban y Chiquis y que tuvieron algo que ver". "Mira, Laura. Sé lo que sé y vi lo que vi", respondió Jenni. Entonces le pregunté:" ¿Qué viste, con tus propios ojos, no lo que alguien dijo, no lo que piensas, sino lo que realmente viste? "Los ojos de Jenni se llenaron de lágrimas, respiró hondo y me contó una historia en la que su dolor y su ira parecían confundir su objetividad. "Un día, cuando teníamos nuestra reunión diaria con los productores del programa I Love Jenni, mientras nos sentábamos en mi oficina, escuché a alguien entrar por la puerta principal. Esto fue en agosto, solo unas pocas semanas antes de la boda de Jacqie. Caminé hacia la entrada principal para ver quién había entrado y vi a Chiquis abrazando a Esteban, y vi su mano como si estuviera tocándole un pecho. Me quedé allí, y Esteban se acercó a mí, pero volví a entrar en la reunión. No me gustó lo que vi, pero decidí no hacer un problema. Más tarde, le pregunté a cada uno de ellos, por separado, de qué se trataba esa mano. Esteban me dijo: 'Oh, es porque cuando la abracé, pensé que le rompí las gafas y la estaba revisando. Cuando le pregunté a Chiquis, ella dijo que Esteban la había abrazado con tanta fuerza que el teléfono le cayó en su bolso y que él estaba tratando de sacarlo de su bolso. Sus historias no coincidieron. No me pareció bien, pero me lo guardé. Hoy, todas esas cosas están regresando a mi mente. "¡No soy estúpida!", sollozó Jenni.

El divorcio

Cuando Jenni decidió seguir adelante con el divorcio, no se lo contó a Esteban. Todavía pensaba que solo estaban tomándose un tiempo hasta que Jenni estuviera lista para sentarse y hablar con él y que eventualmente, volverían a estar juntos. Sin embargo, Jenni estaba pensando lo contrario. Ella fue con su abogado y comenzó a planear la documentación para sentar el divorcio. Todo esto tuvo lugar entre el 21 de septiembre y el 1 de octubre de 2012.

Cuando volví a sentarme con Jenni durante la última semana de octubre, todo estaba en movimiento. Una vez que los documentos estuvieron listos, alguien tenía que servir a Esteban, por lo que Jenni planificó una visita a su casa en San Diego. Durante muchos meses, Esteban había pedido a Jenni que le mostrara a su familia el álbum de bodas. Quería que su mamá lo viera. Así que Jenni usó eso como una excusa para ir de visita. Ella no le informó a Esteban que lo iba a ver hasta que ya estuviera en San Diego.

Jenni me dijo que llegó a la casa de Esteban y entró directamente. Su madre estaba en la cocina, así que entró para saludarla. Jenni, su mamá y su papá estaban sentados alrededor de la mesa de la cocina mirando el álbum cuando llegó Esteban. Según Jenni, él estaba feliz de verla, la abrazó, la besó y se sentó donde Jenni estaba sentada apoyada parcialmente en su pierna. Todo parecía bien. La familia estaba hojeando el álbum cuando "el Mentiroso, Mensajero" de Jenni y su abogado aparecieron con los documentos de divorcio de Esteban.

Jenni dice que su madre y su padre querían saber por qué. Jenni no quiso decirles y dijo que su hijo debería ser el que les explicara lo que había hecho. "Parecía que su madre siempre era demasiado protectora del dinero de su hijo, y cuando dije que había un problema de dinero, el comentario de su madre fue que eso era lo único que me importaba, pero ya sabes, Laura, él era mi marido, y no tenía por qué comportarse de esa manera", dijo Jenni. A los ojos de Jenni, ya no podía confiar en Esteban.

Sintiendo la pérdida

"No puedo ni empezar a describirte cuánto duele, Laura, no confío en nadie, debo hacer cambios", dijo Jenni. Abrió un sobre, sacó un documento y dijo algo como: "Mira esto, ¿cómo cree Esteban que vamos a arreglar las cosas?" Jenni me pidió que leyera el documento que tenía en la mano, pero primero le pregunté qué era. "Bueno, es una carta de los abogados de Esteban que cuestionan todos mis bienes. Dicen que no revelé todos mis bienes cuando firmamos el acuerdo prenupcial. ¿Qué diferencia hay ahora? Mis hijos son los beneficiarios de todos modos; no es como si Esteban no lo supiera", dijo Jenni, en un tono de voz agitado. Lo único que le preocupaba a Jenni eran sus hijos. Ella continuó: "Laura, no me sacrifiqué para tener que darle dinero a ningún imbécil. Este hombre afirmó tener mucho más dinero que yo, ¿por qué está peleando por dinero ahora?"

Como tengo amigos que eran atletas profesionales, ella me preguntó qué hacen con los millones de dólares que ganan por año. Expliqué que la mayoría de estos atletas no necesariamente saben cómo invertir su dinero. Muchas veces, se rodean de personas que no tienen en mente su mejor interés. La mayoría comienza comprando juguetes, como automóviles, barcos, aviones, pensando que su dinero va a durar toda la vida. Salen de viaje, sacan a fiestas y a cenas caras a mujeres, pagan sus cirugías plásticas y también les compran joyas caras. Jenni se echó a reír a carcajadas. Ella se rio y se rio, sus ojos llorosos ahora se arrugaron con una sonrisa y dijo: "¿Sabes el drama que todos hicieron con el anillo que Esteban me compró? ¿Los quilates en mi dedo, la cantidad que gastó y mucho más? Bueno, hace solo unas semanas, tuve que pagarle a Elena una cantidad considerable que aún se debía por los regalos que Esteban supuestamente me compró. Entonces, ¿por qué era tan estúpida de no verlo venir, Laura?

Esteban y Elena eran amigos. En los últimos meses, tanto Esteban como Jenni habían estado con Elena mirando las joyas y los relojes más caros, Jenni se probó uno y Esteban se lo regaló dándole a Elena un pago parcial. Quizá es por eso que Esteban se sintió obligado a decirle a su amiga lo que Jenni estaba pensando; temía que si las cosas se ponían feas, Jenni se enteraría de que le debía dinero a Elena por estos regalos. Lo cual es exactamente lo que sucedió porque Elena llegaría a cobrarle a Jenni por esas joyas.

El orgullo domina al amor (cambiando el Testamento)

"Entre más enojados, más amor debemos dar".

"Laura, ¿Sabes por qué es tan importante que Chiquis venga a verme?" preguntó Jenni.

"Si, ustedes necesitan convertirse en una familia como antes y asegurarse de que Johnny y Jenicka estén bien". Johnny jugaba sus videojuegos como siempre, pero Jenni decía que estaba triste. Tanto él como Jenicka extrañaban a Chiquis.

En lo que nos sentamos en su oficina para hablar, Jenni me preguntó si quería algo de comer. Le dije que podía comer después, a lo que respondió "Sí, podemos hacer quesadillas". Mi querida amiga siempre se aseguraba de que había comido. Era uno de esos entrañables rasgos que la hacían única.

Mientras continuábamos nuestra conversación, Jenni sacó otro documento, tomó su bolígrafo y comenzó a escribir, y dijo, "Laura, estoy cambiando mi testamento, quiero asegurarme de que estoy haciendo lo correcto. Es por eso que quiero ver a mi hija".

Jenni empezó a leerme un documento que planeaba legalizar. No lo había llevado antes a notaría alguna ni se lo había mostrado a ningún abogado. Dijo, "Este documento es algo que estoy preparando para proteger a mis hijos en caso de que muera, y quiero que sepas lo que hay en él porque si alguien se mete con mis hijos, quiero que seas mis ojos, mis oídos y mi boca si yo no estoy." Dije, "Jenni, ya hemos hablado de esto antes y siempre hemos acordado que Chiquis será la ejecutora, pero no creo que sea el momento para hablar de eso. No es como si fueses a morir mañana".

"Laura, mi hija le dijo a mi hermana que le valía madres mi dinero, así que la voy a sacar del testamento" dijo Jenni.

"Jenni, las personas dicen muchas cosas cuando están molestas", le recordé. "Déjame ir a verla y hablar con ella, luego puedes tomar una decisión con esto del testamento".

Jenni insistió en discutir el documento. Dijo: "Mira, he pensado en cada una de las personas de mi familia para llevar a cabo esa tarea, ya que Chiquis no lo hará, pero no puedo decidirme. Cuando decidí divorciarme de Esteban, llevé a mi hermana al banco para darle el poder de firma porque realmente no puedo confiar en que Chiquis vaya a estar disponible. Pero pienso qué pasaría con mis hijos si no estoy. ¿Quién sería el mejor para cuidarlos?" Jenni procedió a mencionar en orden a cada uno de los miembros de su familia. Dijo: "Mi mamá y mi papá, no creo que tendrán la energía para lidiar con mis hijos, si estuvieran juntos tal vez, pero sabes lo que pasó. Además, la salud de mi mamá me preocupa. Mi hermano Pedro y Mona, su esposa tienen mucho sobre sus hombros con la iglesia. Mi hermano Gus y su esposa siempre han sido buenos con mis hijos, pero nunca han estado realmente cerca. Mi hermano Lupillo sería el mejor para manejar los negocios porque él sabe de todo esto, pero a su esposa (ahora su ex esposa) no le gusta tratar con nadie a menos que sean sus hijos, y yo no le haría eso a ella ni a mis hijos. Mi hermano Juan, bueno, él es de alguna manera, como otro hijo más, siempre tengo que estar al tanto de él. Laura, estoy un poco decepcionada con él porque no hay coherencia en sus acciones ni en sus decisiones". En la situación de Jenni y Chiquis, Jenni no sintió el apoyo de Juan. "Mi hermana Rosie es la única que creo que puede lidiar con todo, pero está recién casada, me preocupa su marido y si él va a sentirse bien integrándose a la familia".

"Ya has pensado en todo, ¿cuál es tu preocupación?" le dije.

"Laura, ¿crees que mi hermana Rosie me mentiría acerca de mi hija?" preguntó Jenni.

"¿Por qué me preguntas eso?"

"Me preocupa formalizar todo porque Rosie es una chinga quedito". Esto significa que Jenni sentía que su hermana no era tan genuina y leal como quería aparentar ante los ojos de Jenni.

A eso, le dije: "Jenni, parece que no confías en nadie en este momento. ¿Recuerdas cuando me llamaste el año pasado y me dijiste: 'Laura, quiero que contrates a Rosie en la producción', cuando estaba produciendo el *talk show* de Jenni?" Jenni se rio y dijo que sí. Me refería al día en que Jenni me pidió que contratara a Rosie y le enseñara todo lo que sabía. Ella dijo que quería que Rosie comenzara a aprender y entender el negocio. "Quiero que ella sea como tú", dijo Jenni, y yo me reí y respondí que tendría que haber nacido tejana. Me trajo el currículum de Rosie y estaba dispuesta a contratarla como investigadora del programa, pero la producción no duró el tiempo suficiente para lograr hacerlo.

Jenni continuó con sus preocupaciones, "Laura, necesito saber si estoy haciendo lo correcto".

Le dije: "Recuerda que Rosie es una persona de Dios, estudió para convertirse en pastora, si sentías que podías confiar en ella para firmar en las cuentas del banco, ¿por qué no en esto? Pero, no habrá necesidad de que hagas cualquiera de las cosas que estás pensando porque estoy segura de que todo va a funcionar con Chiquis. Ustedes van a hablar y sacar todo a la luz". También le recordé a Jenni que ya había preparado a Chiquis para manejar muchos aspectos del negocio desde el momento en que la envió a Hong Kong para investigar sobre productos de comercio.

Jenni me miró y me preguntó: "¿Crees realmente que va a venir?"

Dije sí. Sabía que en el corazón de Jenni eso es lo que ella quería. Quería aclarar todas las dudas que tenía sobre Chiquis antes de tomar una decisión importante como legalizar el documento. Recuerdo que le dije que esperara en notariar "la carta", al menos hasta que ella y Chiquis hablaran. Jenni esperó para formalizarlo porque esperaba reunirse con Chiquis. Ambas sabíamos porque hablamos sobre eso y de los otros documentos relacionados con la casa y lo que ella planeaba hacer. Jenni también me pidió que me mudara a su casa mientras esperaba el divorcio, tenía planes de comprar otra propiedad en otro lugar. Le dije: "Jenni, no me sentiría cómoda después de la violación de la seguridad con las cámaras y la caja fuerte".

Desde 2002, cuando conocí a Jenni por primera vez, ella y sus hijos habían vivido lejos del resto de la familia. Fueron criados en una atmósfera diferente, lejos del drama de la familia Rivera. No hubo ni una sola vez que yo recuerde que alguno de sus hermanos o sus padres se encargaran de los niños o ayudaran a Chiquis con la casa. Las dudas de Jenni, como ella me dijo, venían de ese hecho.

Ese día le dije a Jenni, "Ni Dios quiera, algo te pasara, pero tienes que estar clara que la persona con la que se sienten más cercanos tus hijos es con Chiquis". Como si hubiese caído del cielo, el pequeño Johnny entra y le dice a Jenni: "Mamá, extraño a mi hermana, quiero verla". A lo que ella contesta, "Si, papá, veremos a tu hermana muy pronto". Jenni me mira y dice "Bueno, entonces tengo que incluirla en esto".

"No hablemos de cosas tristes" le dije, "vamos a vivir hasta los cien años y no hay necesidad de hacer testamentos ni de preocuparse por quién estará a cargo de qué".

Jenni se levantó y miro hacia el jardín. Luego Jenni preguntó, "Laura, ¿has visto alguno de los episodios de La Voz?"

Jenni estaba grabando la versión en español de The Voice para Televisa en México, y la estaba pasando muy bien. Unos meses antes, recibí una llamada de Arturo Velasco, VP de talento de Televisa. Quería a Jenni. Jenni estaba divirtiéndose mucho en Tengo Talento de Estrella TV, pero ahora, era Televisa quién la quería. Al parecer, en Televisa pensaban que Jenni era la persona correcta para representar la música regional mexicana en La Voz . Jenni aceptó, y desde que empezó a grabar amó cada segundo de su participación.

"No, no he visto el programa, está bloqueado en los Estados Unidos. Tengo que leer todo en Twitter", le contesté. Jenni se rio y dijo, "Ven conmigo, lo vas a disfrutar. Me ha traído momentos muy hermosos. Me ha hecho más popular en México. Me aman".

"Escuché que hacen fila para ir a verte. Eso es increíble", le dije. Me parecía bien que Jenni participara, sus conciertos se vendían más rápido y miles de personas literalmente esperaban horas para verla. Mi amiga era la sensación, y por eso, yo estaba muy feliz y orgullosa.

Luego Jenni me miró y me preguntó, "¿Pensaste que yo llegaría a alcanzar este éxito cuando empezaste a ayudarme?".

"Sí", contesté. "Sí lo pensé, y hay muchas cosas más grandes y mejores por venir".

Jenni me abrazó y dijo "Gracias amiga, espero no defraudarte ni a ti ni a nadie".

Así que solté: "¡Tengo hambre, mucha plática, mucha plática!". Nos reímos en voz alta. Fuimos a la cocina, y el ama de llaves había hecho arroz, carne y papas, pero como Jenni ya había mencionado que haríamos quesadillas, tenía eso en mente. Entonces Jenni sacó el queso y las tortillas de la nevera, y empezamos a hacer quesadillas con arroz y un poco de la salsa de la carne y las papas. Era más como un burrito, pero lo estábamos pasando bien. Me sentí muy bien al ver que Jenni parecía más feliz, no como la había visto cuando llegué. Había nuevas esperanzas de que todo fuera a estar bien.

Mientras estaba parada junto a la isla en la cocina comiendo mi quesadilla, Jenni dijo: "Laurita, quiero hacer muchos cambios ahora que Esteban ya no es parte de mi vida".

"Hagas lo que hagas, Jenni, hazlo tranquila y pacíficamente por él, por ti y por los niños", contesté. Continuamos comiendo y hablando con Ale, la amiga de Jenni que se alojó con Jenni por unos días.

Mientras estábamos comiendo, Jenni tenía la mirada en blanco en su rostro, mientras miraba por la ventana de la cocina, la luz del sol golpeaba su rostro. Con una mirada muy seria, mientras tocaba mi brazo derecho, Jenni dijo: "¿Qué voy a hacer ahora?"

La miré a los ojos y dije: "A triunfar, amiga, ¡no hay de otra!"

Terminé mi quesadilla y salí a buscar a Chiquis. Para mí, era muy importante que resolvieran las cosas, especialmente debido a los documentos legales sobre el testamento de Jenni que estaban pendientes por finalizar. Le dije a Jenni que la llamaría en cuanto viera a su hija. Sin embargo, cuando fui a la oficina de Jenni a recoger mis cosas, noté algo muy extraño. Mi celular, que no había usado desde esa mañana, estaba muy caliente y la batería agotada. Eso fue muy extraño porque estaba completamente cargado cuando llegué allí. Era como si alguien lo hubiera estado usando. Conduje por la colina hasta mi casa para recoger el cargador.

Mientras tanto, con la poca batería que me quedaba, le había enviado un mensaje de texto a Chiquis preguntándole si estaba bien y si podía venir a verla. Ella respondió: "Sí, estoy en casa". Le pregunté si tenía hambre, dijo un poco, así que me detuve y le compré una ensalada de pollo en El Pollo Loco.

El dolor de una hija

Cuando llegué a su casa eran alrededor de las 4 p.m. Chiquis todavía estaba en pijamas, sin maquillaje, sentada en su cama. Dos de sus amigas se sentaron en los sillones cercanos para acompañarla. Era claro que había estado llorando. Le pregunté si estaba bien y me dijo que no.

Procedí a contarle que era muy importante que fuera a ver a su madre, que tenían asuntos muy importantes que discutir. Chiquis dijo, "mi mamá no quiere verme".

"Acabo de venir de allá, y dice que quiere verte" le aseguré.

A eso Chiquis respondió, "¿así que tú también le estás besando el culo a mi madre?" Me escandalicé, Chiquis no solía hablar así.

"No necesito hacerlo, me conoces mejor que eso, estoy preocupada por ustedes dos", contesté.

Chiquis sabe sobre el mutuo respeto entre su madre y yo, incluso aún después de que ciertas personas intentaron interferir en nuestra amistad y no lo lograron.

Ella estaba encerrada en si misma. Chiquis no me miró mientras hablábamos. Ella se quedó en la cama respondiendo, pero mirando hacia abajo o lejos. La única petición que hice fue pedirle que le dijera a su amigo, novio o lo que fuera Ángel en ese momento, que no llamara a su mamá, que no era el momento adecuado. Pude ver claramente que Chiquis estaba irritada al escuchar que había llamado a su madre. No fue fácil tener esa conversación con Chiquis, pero lo que pude deducir fue que los intermediarios no estaban haciendo un buen trabajo al darle a ella o a su madre PAZ. Eso me puso muy triste.

Digo "los intermediarios" porque varias personas del lado de Jenni le contaban las cosas que decía Chiquis y viceversa. Esto continuó durante semanas antes de que Jenni y yo nos sentáramos a hablar. Esperaba que Chiquis entendiera que yo estando ahí era algo serio. Cuando Jenni me pidió que le pidiera a Chiquis que viniera, supe que Jenni estaba lista para verla, que confiaba en el hecho de que tenía una relación con Chiquis y por eso estaba allí. Desafortunadamente, no había nada que pudiera decirle a Chiquis para convencerla de que fuera a ver a su madre. Cuando traté de contarle sobre lo del testamento, su respuesta fue: "No me importa, ella puede quedarse con su dinero".

Le hice algunas recomendaciones a Chiquis y me excusé para irme. "Antes de que hagas algo o hables con alguien, ve a ver a tu madre". Otra cosa que sugerí fue que dejara de comunicarse con Esteban. Le dije: "La pelea de tu madre con Esteban es su problema, sé que muchas veces Esteban puede haber pedido de tu compasión, pero con todo lo que está sucediendo ahora, no hagas cosas buenas que se vean malas". Chiquis dijo que ella no se estaba comunicando con él.

Cuando llegué a lo de Chiquis, no tenía batería en mi teléfono, así que le pregunté si podía ponerlo a cargar en su casa mientras hablábamos. Cuando tomé el teléfono antes de irme, me di cuenta de que estaba muy caliente nuevamente, y cuando lo encendí, había muchos e-mails abiertos, e-mails que debían llegarle a Jenni, no a mí. Estaba muy confundida.

Los hackers estaban haciéndolo otra vez, pero de alguna forma, cuando hackearon nuestros teléfonos, y tal vez también el de

Chiquis, se habían equivocado y ahora yo estaba recibiendo todos los correos de Jenni. La llamé y le dije, "Jenni, ¿estás cambiando tu seguro de vida?"

Jenni dijo, "Sí, ¿por qué?"

"¿Pediste que me llegaran copias de tus e-mails?" le pregunté.

"No, ¿por qué?"

"Estoy recibiendo las respuestas de tu agente de seguros en mi correo. Claramente tienen tu dirección de correo, pero soy yo quién los está recibiendo".

Jenni dijo, "nos están hackeando y tiene que ser alguien que nos conoce a ambas". Luego me dijo, no me importa que veas mis documentos, solo quiero proteger a mis hijos.

Le dije a Jenni que ya me había ido del apartamento de Chiquis y rápidamente me preguntó si iba a ir a verla, le dije que no sabía, que no se sentía muy bien, pero que tal vez lo haría.

Más tarde ese día, Jenni me llamó otra vez, eran como las siete de la noche. Dijo, "Laura, mi hija no se apareció y de verdad necesito hablar con ella". Le recordé que el auto de Chiquis estaba en el taller y tal vez no tenía cómo llegar hasta Encino.

"Chiquis mencionó que su tía Rosie había dicho que tu no querías verla, así que cuando fui para intentar que fuera a tu casa se confundió aún más", le expliqué. Jenni insistió en hablar sobre Chiquis porque alguien le había dicho algo relacionado con una conversación que habían tenido con Chiquis. Jenni estaba enojada. Mi sugerencia a Jenni fue que no hubiese tantas personas involucradas entre ellas. Le dije: "Dale tiempo, luego llámala. Por lo que veo, Chiquis no está lista ahora, pero luego ustedes deben reunirse para almorzar como madre-hija y dejar las cosas claras".

No había terminado mi oración cuando Jenni la interrumpió con tono de voz enojada y dijo: "Oh, sí, ¿no quiere ver a su madre?"

"Jenni", dije, "ella no está lista".

"Si ella no está lista, entonces también me tomaré mi tiempo y la veré cuando decida yo que estoy lista" respondió. Jenni se puso furiosa. Le dije que esperaba a mi sobrino para cenar y colgamos.

A la mañana siguiente, Jenni me envió un mensaje de texto nuevamente: "¿Hablaste con mi hija desde ayer?" No había hablado con Chiquis, pero le había enviado un correo electrónico. Jenni quería asegurarse de que yo le hubiera mencionado a Chiquis acerca de irse al retiro o a encontrarse con ella misma, Jenni insistía que lo debería hacer, así que le envié una copia de un correo electrónico que le había enviado a Chiquis la noche anterior. Yo intentando de tranquilizar a Jenni, pero parecía que este correo electrónico en particular se usó en contra de Chiquis. Jenni compartió el correo electrónico con aquellas personas que parecían convencidas de que Chiquis había hecho algo malo. Y el mencionarle ciertas cosas en mi correo a Chiquis, lo tomaron personal y fue como agregarle combustible al fuego.

Octubre de 2012

Señorita Chiquis, espero que te estés sintiendo mejor hoy. Anoche fui a caminar y oré mucho por ti y por todo lo que está pasando. Para mí, siempre has sido la persona más dulce y adorable que he conocido. Creo que tu madre tiene a los más maravillosos hijos. No bromea cuando dice que hace hijos muy hermosos. Todos ustedes se ven muy unidos y cariñosos entre sí. Me siento comprometida a escribirte porque me importas y creo que necesitas algo de espacio, para escuchar a tu voz interna, para que los ángeles a tu alrededor te rodeen de amor, luz y verdad. Cada situación que enfrentamos en la vida nos ayuda a mejorar. Siempre has sido un ejemplo para tus hermanos y eso no debe cambiar. Ayudaste a tu mamá a criarlos y veo lo dedicada que eres con ellos. Yo sé que tu sabes que nunca debes "juzgar ni sentir envidia de nadie"... Ayer, me entristeció mucho que después de que vieras el amor que Jacqie y su esposo se tienen, sigas diciendo que "Jacqie no cuenta, porque se está acostando con el novio de tu tía"... Debes bendecirlos, pues ya son marido y mujer. Chiquis, no lances lodo ni con el más mínimo de los malos pensamientos. Su amor es una bendición. Me di cuenta cuando te oí decir eso, que la Chiquis que conocí ha sido muy mal influenciada o de alguna manera ha perdido su hermosa alma sin prejuicios en alguna parte. De alguna manera le pareció correcto ser crítica y grosera. Tú no eres así. Cuando Dios nos da "bendiciones" debemos estar preparados para recibirlas. Siento que has estado tan distraída por las cosas superficiales, que no agradeces lo que gracias a tu madre has logrado, tienes tu propio programa de televisión, tienes tu propio negocio, tienes una familia amorosa, una madre cariñosa. Chiquis, dices que tu madre te ha hecho más daño, incluso más que tu Papá. Esto solo me dice que en algún lugar a lo largo de tu vida has sentido rencor contra tu madre. Debes dejarlo ir y para eso, debes obtener ayuda profesional. Realmente siento que no has curado todo el dolor que has sufrido desde que eras una niña. No es el consciente lo que debes sanar, sino el subconsciente. Solo un profesional puede ayudarte en eso. Recuerda que has tenido TODO debido al amor de tu madre por ti. La imagen de ti debería ser tan impecable en la mente y los ojos de tu madre que ella NO debería PENSAR que podrías ser capaz de hacer algo tan horrible como lo que se te acusa. Pero como te dije ayer, tu madre por encima de todo es una mujer y justo cuando se estaba "ajustando" con su esposo, su instinto le decía: "Presta atención". Ella es una mujer muy inteligente con un gran corazón. Ella cree, confía, cae, se levanta. Con o sin marido.

En una ocasión yo estaba tan molesta porque mi madre estaba saliendo con un hombre que a mi no me gustaba. Estábamos discutiendo, o debería decir que me estaba "quejando". . . Mi madre me dijo: "¿Alguna vez has pasado hambre? ¿Alguna vez no has tenido dinero para los uniformes escolares o para gastar? ¿Alguna vez has tenido que caminar bajo la lluvia porque no tenías transporte? ¿Has usado alguna vez zapatos desgastados? "No respondí, porque sabía que no lo había hecho. Así que ella dijo: "NO TIENES DERECHO A JUZGARME A MÍ O mis acciones". Entonces me di cuenta de que tenía que mirar hacia arriba y estar orgullosa, que mi madre sola nos había sacado adelante. Tuve que aceptar mis propias derrotas con la gracia de un adulto y no con el dolor de un niño. Hoy, no me arrepiento ni un poco de no comprarme ropa o zapatos o un auto nuevo porque quiero que mi mamá lo tenga todo, que viva en paz y esté en el lugar que quiere y que viva feliz hasta que Dios lo permita. Estoy agradecida por mi mamá. Para llegar allí, no fue fácil, tuve que trabajar en mí misma.

Si sientes que tu madre te está acusando terriblemente, es mejor que te tranquilices, mires dentro y encuentres la manera más pacífica y apropiada de perdonarte, perdonar a tu madre y liberar toda esa "Mala Energía" que dices que ha caído en la casa de tu madre. La única manera de luchar contra el mal es con el bien. La única forma de adquirir la paz es a través del amor. Dios te bendiga. Tal vez puedes irte a un retiro vacacional. Compra el Libro " La magia de Rhonda Byrne". Quédate sola, tratar de disfrutar. Respira profundamente. Toca música suave. Si tu madre se equivoca acerca de ti, Dios encontrará una manera de hacer que ella entienda. Si de alguna manera has traicionado su confianza, Dios encontrará una manera de redimirlas a ambas. Te quiero, niña y, por favor entiende que quiero verte tener éxito. Estoy consciente de que la vida es un proceso y hasta que nos enfrentemos a nuestros propios demonios, se nos acercarán una y otra vez. Al mismo tiempo que criticas a tu madre por rodearse de AMIGOS "equivocados", sabes que en tu CORAZÓN eres culpable de lo mismo. Un amigo muy cariñoso me dijo una vez que somos un reflejo de nuestras relaciones, así que comencé a prestar más atención a quién me rodeaba o incluso con quién salía. A veces estamos tan enamoradas del amor que nos enamoramos DEL POTENCIAL de quién puede llegar a ser la persona, NO de lo que realmente es.

Un beso,

Hazme saber si necesitas algo.

Laura Lucio.

Este correo electrónico se envió a personas a las que no estaba dirigido y las cosas se sacaron de contexto. Según Jenni, su hermana Rosie y Mike (ahora ex marido de Jacqie) habían estado en una relación, y desde que Jacqie y Mike anunciaron su compromiso, Jenni dijo que su hermana Rosie había estado tratando de hacer que pareciera que Jacqie estaba haciendo lo incorrecto. Como resultado, buscó a Chiquis en busca de simpatía, y ahora Chiquis, que siempre fue amorosa y dulce, se estaba volviendo crítica con su hermana Jacqie . Esto molestó mucho a Jenni. Eran preocupaciones que Jenni tenía con respecto a su hermana e hijas. Ella no quería que se pelearan entre sí. Este correo electrónico destinado a Chiquis, se convirtió en un tormento para ella, que ahora estaba catalogada como en un estado mental de locura. Fue juzgada como alguien que podría haber cometido todas esas horribles cosas que su mamá estaba pensando. ¡Qué desgracia tan horrible!

Chiquis no iba a ponerse en una mala posición para ser insultada y más aún con el coraje en aumento de su madre, por eso no quería verla, aunque sé a ciencia cierta que Jenni estaba más preocupada que enojada con Chiquis. Sin embargo, Chiquis pensó que era mejor resistir la tormenta. Cuando Jenni mencionó que quería que su hija fuera a un retiro, estaba claramente convencida de que Chiquis había cambiado y que había razones para que ella creyera que necesitaba ayuda profesional. Tenía muchas preocupaciones, especialmente después de haber llevado a Ale para que la examinara el médico, desde entonces aumentaron sus preocupaciones por Chiquis.

Me sentí impotente. Quería arreglar las cosas, pero parecía que este no iba a ser el día, así que hice lo que siempre hago cuando las cosas están fuera de mi control. Le entregué las cosas a Dios.

Jenni quería hacer cambios debido al dolor que sentía. En los documentos bancarios y de seguros los hizo, pero con la "carta oficial" que muchos tomaron como su testamento, ella jamás recurrió a un notario para sellar y legalizar formalmente esa "carta" porque tal como lo discutimos ella y yo, Jenni esperaba reunirse con Chiquis. Esto era solo algo que ella y yo sabíamos y habíamos acordado. Por eso cuando me avisó esa persona a la que nunca conocí a través de una llamada telefónica de México el día que Jenni desapareció aconsejándome que llamara a una conferencia de prensa diciéndome que presentara mis acuerdos con Jenni y dijera lo que sabía de esa última carta, a eso se refería, según el mensaje espiritual que recibió esta persona de Jenni. Algo que 'solo ella y yo sabíamos'. Después del fallecimiento de Jenni, las personas de su familia declararon públicamente que Jenni no estaba en su "sano juicio", que Jenni "estaba confundida" los últimos días de su vida. Mi Pregunta es ¿Por qué no dejar las cosas de su testamento como las tenía antes de tanta "confusión?" Me consta que su hija mayor fue escogida por Jenni a liderar todo en los negocios, la casa y sus hijos cuando ella no estuviera. Y si "se confundió", como dicen ciertas personas al juzgar mal los acontecimientos a su alrededor, entonces habría que también cuestionar el estado mental en el que estaba al hacer cambios en su testamento a solo días antes de su partida." Claramente, el orgullo estaba gobernando sobre el amor cuando ella escribió aquella "carta" que usaron como "SU TESTAMENTO".

Capítulo 20

La despedida y los mejores deseos de J-Units

"El adiós no es eterno; El adiós no es el final del ser, El adiós solo significa te extrañaré hasta que te vuelva a ver".

El terrible sueño que me despertó el 9 de diciembre de 2012 se convirtió en una pesadilla. El asunto del hackeo se volvió un problema verdadero, pero antes de que pudiera hacer algo, estaba esperando por el reporte de expertos que estaban revisando el tipo de *spyware* que había sido instalado en mis computadoras. También quería que Jenni mandara a revisar su computadora. Una cosa es pensar que te han hackeado y otra es tener las pruebas en tus manos de que en efecto fue así. Le expliqué a Jenni, "hackear computadoras es un crimen federal, tendremos que contactar al FBI".

Cuando recibí los reportes de mis dos computadoras, tenía pruebas sólidas de que habían sido utilizados siete tipos diferentes de *spyware* para extraer cientos de documentos de un tiro. El material extraído eran todos mis documentos incluyendo todos los contratos que Jenni me enviaba para revisar y obtener mi opinión sobre las ofertas de contratos hacia Jenni u otros artistas a los que también asesoraba.

Los documentos específicos extraídos fueron la última oferta para Jenni de Universal Music; el contrato con Telemundo para la transmisión de la boda; los once capítulos escritos y revisados de su libro, Mi vida loca; la última oferta que hizo Azteca América para un programa de entrevistas de Jenni;

la demanda que Jenni presentó contra LBI y el acuerdo de conciliación que LBI presentó a Jenni; la oferta realizada en 2010 por Brothers Merchandising para producir y distribuir productos de Jenni; el contrato formal enviado por Lionsgate en 2011 para una película de Jenni; las notas de Jenni sobre el acuerdo de su programa de radio; y más, mucho más.

Recibí el informe y estaba tratando de digerir la información. En lugar de llamar a Jenni o ir a la policía, fui directamente a la casa de Jenni. Fue la primera semana de noviembre, la semana de su presentación en El Auditorio Nacional.

Jenni no me esperaba, pero no quería llamar porque no confiaba en mi teléfono ni en el de ella. Ese día, el pequeño Johnny estaba usando el dinero de su mesada para llevar a su madre a una cita. Le había pedido que fueran a cenar, solo él y Jenni. Cuando llegué allí, Jenni estaba vestida y lista para salir con él. Me sentí mal por llegar tarde, pero Jenni tenía que saberlo para poder actuar en sus computadoras antes de solicitar la investigación del FBI. Jenni y Johnny tenían reservación en un restaurante, pero Jenni y yo tardamos más de dos horas en analizar los informes del hackeo y los próximos pasos a seguir. Una cosa que le dije a Jenni fue que no debía twittear al respecto. Jenni tenía la tendencia a escribir sobre todo en Twitter. Triste, feliz, enojada, ella escribiría sobre eso, pero esto era serio. Si decíamos algo, estaríamos informándoles a los piratas y a quienquiera que les pagaba para hacer su trabajito. Cualquier persona que tenga la paciencia de revisar los archivos personales y de negocios de otra persona es una persona enferma con problemas mentales serios o se le pagan mucho dinero para espiar.

Cuando le mostré el informe a Jenni, sacó un documento de su escritorio. Ella dijo: "¿No es interesante que falten muchas cosas relacionadas conmigo cuando en esta carta los abogados de Esteban me están cuestionando si le estaba ocultando cosas a

Esteban durante la firma de nuestro acuerdo prenupcial?" Jenni estaba dando a entender que podría venir de esa dirección.

Le dije a Jenni: "Por favor, no me muestres eso, pero honestamente y no para defender al Sr. Loaiza, el hackeo de compus empezó antes de que presentaste el divorcio. Comencé a notar una actividad muy inusual con mis computadoras hace como cinco meses, y tú solicitaste el divorcio hace apenas un mes".

"Bueno, entonces", dijo Jenni, "quien sea, es alguien que te conoce y me conoce a mí".

"Sí, ¡alguien que no tiene vida y quiere vivir a través de la nuestra!"

Nos reímos. Ni Jenni ni yo teníamos nada que ocultar. Todos sabían cómo se ganaba la vida, y querer obtener información sobre cuánto ganaba por presentación no era tan difícil. Había un agente de fechas y luego un agente / abogado que vendía las fechas que tenía las cosas debidamente documentadas si alguien preguntaba.

Jenni cambió su expresión, muy molesta; me dijo: "Laura, estoy harta de no tener privacidad en mi propia casa, mis cosas y ahora mi computadora. No sé en quién confiar en esta casa. Quiero despedir a todos y llevar a mis hijos lejos para vivir en un lugar más seguro. Por favor, ve al FBI, ¡informa de todo!

"Jenni, si voy al FBI, ellos investigarán todo, ¿y todos están preparados para eso?"

"Hazlo, Laura, no tengo nada que ocultar", dijo Jenni.

Ella no tenía nada que ocultar, y siempre lo supe. Es por eso que cuando todos estaban especulando si Jenni tenía lazos con la mafia, hablé. "¡Absolutamente no!" Si las personas que estaban involucradas en el crimen organizado asistieron a sus conciertos, ni Jenni ni ninguna promotora solicitarían una verificación de antecedentes para que la gente pudiera asistir a sus conciertos, eso es absurdo. Cuando desapareció el avión, dije abiertamente: "Ella no tiene enemigos que ella sepa". Jenni no consideraba a nadie un enemigo.

Jenni había contratado a un profesional independiente para configurar el sistema de iluminación de sus conciertos en México y luego fue secuestrado, querían una suma considerable por el rescate. Jenni me dijo que había estado involucrada por teléfono para negociar su liberación. El grupo de personas que supuestamente ordenó su secuestro estaban cerca del escenario disfrutando del concierto de Jenni en Guadalajara en junio de 2011. No eran sus enemigos. Su pronto ex marido no era tampoco su enemigo. Las cosas no funcionaron porque ella sentía que él no estaba cuidando de su bienestar ni el de sus hijos. Sí, se enviaron mensajes de enojo entre ellos, Jenni me los mostró, pero ella no lo consideraba un enemigo. Sé que la comunicación entre ellos nunca se detuvo, incluso después de que se archivaron los documentos para el divorcio. Jenni quería una relación estable en su vida, e incluso si estaban separados, continuaban comunicándose.

Johnny, el apuesto príncipe y el bebé de Jenni, entró, bien vestido, con pantalones, una chaqueta y su gorra francesa. "Mamá, ¿todavía vamos a la cita?" Le preguntó a Jenni, mientras terminábamos nuestra conversación." Sí, hijo, pero hemos perdido la reservación. Laura, ¿quieres venir con nosotros a cenar? ", Preguntó Jenni." No, chicos ", dije. Entonces Jenni le dijo a Johnny:" ¿Tienes dinero para pagar por tu hermana y a todas las amigas de mamá? Ella estaba bromeando. Jenicka, Julie, su asistente, y Vanessa, su peluquera en ese momento, también fueron invitadas a cenar. "Laura, vendrás con nosotros". Así que acepté y los seguí en mi auto hasta el lugar, así no tendría que volver a subir la colina después de la cena. Fuimos a un restaurante italiano en Encino, California.

Cuando entramos, el dueño nos saludó cordialmente y Jenni dijo: "Laura, me gusta este tipo para ti. Él es guapo; es italiano ¿Te gustan los italianos? "" Jenni, no empieces con eso otra vez ", le contesté. Jenni siempre me escogía al chico perfecto". ¡Laura, creo que deberías casarte con ____________! Él es perfecto. Es inteligente, se viste bien y me gusta para ti "." Laura, ¿por qué no te casaste con nuestro amigo Santini? Es guapo, es inteligente, y podríamos hacer más negocios con él si ustedes estuvieran casados ".

"Laura, ¿por qué no eres mi cuñada? ", preguntaba. Y yo le diría, "Jenni, ya no tienes más hermanos solteros". Luego respondía: "¡Ah, sí, pequeño detalle!" y se reía.

Mientras cenábamos bastante tarde esa noche, el restaurante seguía abierto solo para nosotros. -Jenni y yo comenzamos a planear una fiesta en la que todos sus fanáticos serían invitados. Sería una celebración de su libertad y se llevaría a cabo en marzo de 2013, el mes en que esperaba que se finalizara el divorcio. Todos estábamos felices. Bromeando y planeando la fiesta. A Johnny no le importó que todas llegáramos a su cita. Hablamos de hacerla en Los Ángeles y de personas que viajaban desde México. Pensamos que un parque sería bueno para que todos sus fanáticos pudieran venir. Jenni sintió que aquellos fans que la amaron tanto merecían ser parte de esta celebración. Al final de la noche, cuando nos despedimos, Jenni me acompañó a mi auto y me recordó que informara a las autoridades sobre los *hackers*, agregando: "Cambiemos nuestros números de teléfono. Sabremos de inmediato quién se está burlando si solo les damos nuestros números a personas contadas. "Vamos a hacer muchas más cosas en mis vacaciones, te necesito, amiga, " dijo Jenni. Nos abrazamos y luego ella dijo: "Deberías venir conmigo a México", es decir, el fin de semana siguiente. Luego dijo: "Creo que mi madre y mi tía quieren ir. Dime cuándo quieres viajar con nosotros". Le dije que le haría saber a Julie, su asistente. Jenni sabía que ya no quería que viajara en el avión privado. Jenni finalmente dijo:" Si te hace sentir mejor, podemos discutir todo eso durante mis vacaciones para que el próximo año pueda volver a volar en aviones comerciales. No necesito un jet privado; ya sabes que me encanta llegar tarde a los vuelos". Nos reímos de nuevo. Es difícil llegar a tiempo a los vuelos comerciales cuando sales de la ciudad todos los fines de semana, y tienes que llevar toneladas de equipaje como ella hizo para los cambios de vestuario en sus presentaciones. El aeropuerto de Van Nuys, donde Jenni tenía que conducir para volar por avión privado, está a solo diez minutos de su casa. Jenni disfrutaba tomar vuelos privados porque controlaba la hora. Aunque siempre estábamos en contacto por mensaje de texto o por teléfono esta sería la última vez que cenaríamos. La última vez que bromeamos y reímos juntas. La última vez que nos besamos en la mejilla. Recuerdo que Jenni me acompañó hasta mi auto, me abrazó y me dijo: "Te amo, niña, ... adiós."

El 7 de enero de 2013, uno de los soldados de Jenni, que era como ella llamaba a sus fans, me envió un mensaje directo en Twitter: "Laura, aquí en México hay un reportero en el programa de las mañanas de Televisa que dice que Jenni tiene lazos con la mafia". Estaba tratando de lidiar con el fallecimiento de Jenni, y ahora alguien estaba ensuciando su nombre. Llamé a algunas personas y les pregunté si no tenían pruebas directas de estas declaraciones, no deberían hacer correr una historia tan ambigua y destructiva para el legado de una persona.

Mi amiga, Jenni, nunca me mencionó que había actuado para ninguna fiesta de ningún cartel. Ella me mencionó que, mientras volaba en un avión comercial desde Mazatlán a la Ciudad de México en 2009, un tipo que estaba sentado a su lado le había ofrecido una cantidad sustancial para presentarse en una fiesta privada. Jenni tenía mucho que perder si era asociada con algún grupo del crimen organizado, por lo que no actuaba en fiestas privadas. La Jenni que yo conocí nunca pondría en peligro a sus hijos para ganar dinero fácil.

Como cualquier intérprete profesional, Jenni tenía agentes de fechas en México, Gabriel Vázquez primero y luego Mario Macías. Si un tal Charly llamó para reservar a Jenni y estuvo de acuerdo con los términos de su contratación con sus agentes de fechas, ¿cómo relaciona eso a Jenni con alguien de algún cártel?

Por loca que pudiera parecer su vida, Jenni era una chica de familia con un gran corazón. Ella cuidaba a sus hijos ante todo. Ella luchó en contra del abuso infantil y por las causas de las mujeres. Había sido invitada a actuar en la Casa Blanca dos veces para el mes de la Herencia Hispana en el 2008. Después con lo del video sexual, a Jenni le preocupaba que se burlaran de sus hijos en la escuela. Esas eran las preocupaciones de Jenni, y no los problemas que la rodeaban a los carteles de México. ¿Puede que alguien la asoció erróneamente con ellos? Es posible. Después de su muerte, entrevisté a Gabriel Vázquez, su gerente de giras. Le pregunté directamente si Jenni había actuado en fiestas de narcos y él lo negó rotundamente. "No, nunca", dijo. Entonces, como buena periodista que trata de llegar al fondo de las cosas, le pregunté: "¿por qué Arturo Rivera me llamó un día molesto porque no le dieron su porcentaje en una supuesta presentación privada que Jenni tuvo y él recibió la llamada solicitando a Jenni directamente?" Gabo respondió: "esa fue una llamada de un actor, y fuimos porque creíamos que la fiesta era para él. Cuando eso sucedió, Jenni le dijo a Arturo que recibía un salario como publicista, pero no por fijar fechas de sus conciertos". Mi respuesta "¿entonces hiciste que Jenni actuara en fiestas privadas?" "Fue solo en ese evento porque nos llamó este famoso actor", respondió Gabo.

EL NACIMIENTO DE J-UNIT

Después del fiasco en el aeropuerto, cuando Jenni y yo fuimos detenidas por llevar dinero en efectivo, varios medios de comunicación informaron que Jenni tenía vínculos con la mafia en 2009. Jenni, la inteligente niña de Long Beach, decidió jugar. Fue entonces cuando decidió que se convertiría en la General de su cartel; lo llamaría J-Unit. Son guerreros luchadores unidos en la defensa de los deseos de su general. Cuando comenzó esta idea, le mencioné que la palabra "guerrera" traía "guerra" y que se estaba desviando demasiado de lo que habíamos elegido para ser el título de su fundación, la Fundación de Amor Jenni Rivera. "Amor, Jenni, el amor es lo que todos deberíamos promover", le dije, "No la guerra".

"Sólo estoy jugando, niña, son mis fans, las amo y me quieren, y así es como también puedo saber quién está realmente conmigo en todas mis batallas", explicó Jenni. "Jenni, no quiero que nadie te confunda con una narco solo porque estás promoviendo un cartel inventado y sus miembros, incluso si para ti es solo un juego y una jugada con palabras", le dije.

Jenni se rio, "Ay, Laurita, la gente no sería tan estúpida".

Poco sabíamos que después de su muerte, las personas que decían amarla (El mentiroso) venderían series que permitían que su nombre quedara empañado y asociado con gente del Narco por motivos de sensacionalismo y solo por ganarse unos pesos.

Unas pocas semanas después del accidente del avión, el programa de noticias Aquí y ahora de Univisión investigó a fondo sobre quiénes estaban en el avión y los vínculos que tenían con el crimen organizado. La compañía, Starwood Management LLC, operaba desde Las Vegas y una vez fue registrada por Eduardo Esquino-Núñez de Monterrey, quien en un tiempo también era dueño de Air Siesta fuera de Fort Worth

Texas. Sirvió dos años en la Penitenciaría Federal en Lompoc por fraude de aviones. Fue acusado formalmente en Florida por proporcionar aviones a traficantes que fueron arrestados por el contrabando de cocaína. Después de cumplir una sentencia de dos años, Eduardo Esquino fue deportado a México. La compañía Starwood Management se declaró en quiebra, y su único oficial en la lista era la cuñada de Núñez, Norma González. Parece que después de la declaración de quiebra, los aviones de Starwood salían del aeropuerto de Toluca, México

Estos hechos acerca de a quién le pertenecía el avión no hacían a Jenni Rivera una narcotraficante. Todos los otros artistas, celebridades o atletas profesionales que recibieron los servicios de un avión alquilado contratan a la aerolínea sin hacer investigaciones profundas sobre quién es el dueño, cómo obtuvo su dinero. ¿Por qué debía hacerlo Jenni? Hay muchas declaraciones, pero nada de pruebas que conecten a Jenni con asuntos de carteles.

Los otros reportes de noticias sobre las luchas entre los carteles mexicanos en cuanto a quién controlaba los diferentes aeropuertos, como los de Toluca y Cancún, no tienen nada que ver con Jenni Rivera.

Jenni era una intérprete cuya principal fuente de ingresos eran sus conciertos en las principales ciudades de México. Confiaba en las personas que trabajaban para ella y en las que contrataron a Lear jet para transportarla hacia y desde México, la que usó en ese fatídico día. La compañía en realidad le había ofrecido venderle ese jet, y ella lo estaba considerando. Hablamos de los detalles, incluyendo dónde lo guardaría. Le dije: "Una vez quise tener un caballo, y un amigo en Seattle me lo regaló. Cuando miré el alojamiento del caballo, alimentarlo y quién lo pasearía cuando yo no estaba, los costos para mantener al caballo en el hermoso rancho de Burbank eran más altos que el pago de una hipoteca. Tú comprarás un avión que no te costará mucho, pero luego tendrás que contratar a un piloto y copiloto como personal, pagar por el almacenamiento del avión y el mantenimiento, y así sucesivamente".

"Tienes razón", dijo Jenni, "No necesito otro dolor de cabeza. Ni siquiera puedo lidiar con los perros de Michael y Johnny, y quién los cuida, los alimenta y los vigila, ¡mucho menos un avión!"

A medida que se imprime este manuscrito, todavía quedan preguntas sin responder sobre el accidente que cobró la vida de mi amiga. Sí bien hubo un informe oficial que lo declaró un accidente, nunca se encontró una caja negra, no hay explicación de cómo el control de tráfico aéreo perdió el contacto con Lear Jet tan solo 7 minutos después del despegue. Estaba a solo 61 millas del aeropuerto Mariano Escobedo cuando el avión experimentó una fuerte inmersión de unos 35,000 a 9,000 pies, según la información proporcionada por Alejandro Argudín, director de Aviación Civil del Ministerio de Comunicaciones y Transportes de México en el momento del accidente. El avión se estrelló cerca de El Tejocote, en el municipio de Iturbide, Nuevo León, México. A las autoridades les llevó aproximadamente doce horas encontrar los restos.

Nunca podré ver a mi amiga físicamente, pero ella me ha demostrado en muchos aspectos que está conmigo. Lo que me mantiene motivada es que ahora estoy más consciente que nunca de que cuando las personas nos dejan físicamente, todavía están con nosotros en espíritu y energía.

No sé si mi sueño tuvo algo que ver con la verdad; las palabras que dijo pueden o no haber significado algo, pero lo que sí sé es lo que he vivido desde su fallecimiento.

Lo que sí, es que me enviaron mucha mala energía y fui acosada debido a las mentiras y manipulaciones utilizadas por el "Mentiroso " para posicionarse como una figura importante en la inmobiliaria de Jenni. Me quedé callada hasta ahora, pero este es el hombre que Jenni quería fuera de su vida, la vida de sus hijos y su carrera, a quién quería despedir en 2011. No la dejé porque era Navidad. El mismo que ella estuvo a punto de despedir antes del accidente porque se negó a cumplir su petición de dejar de comunicarse con las personas que le habían traicionado. El "Engañador" le dice a todo el mundo que fue "él" quien hizo de JENNI RIVERA una estrella, y no podía estar más lejos de la verdad. A petición de Jenni, él no participó en las decisiones de carrera de Jenni desde finales de 2004 hasta 2010. El tiempo en que trabajamos diligentemente para hacerla brillar.

Si bien aún no se habían encontrado los restos del avión y la familia Rivera y yo estábamos en un estado de dolor y confusión, también logró inventar otra historia contándole a la hija de Jenni, Chiquis, que yo había dado una entrevista en la que yo la había criticado públicamente. ¡Otra mentira despreciable! En medio de mi dolor por perder a mis amigos y muy preocupada por todas las familias afectadas, no podía creer lo absolutamente malvadas que algunas personas podían ser. Hasta este día mi corazón y mi mente no pueden comprender por qué. Fui ultrajada públicamente gracias a lo mal que algunas personas decidieron actuar. Como ser humano, no discutiré estos eventos, pero como periodista, estoy comprometida a decir la verdad. No hay odio en mi corazón para nadie, le he perdonado a él y a todos los pre juicios, errores y mentiras injustas en mi contra. Ayudé a Jenni en su carrera y en muchas instancias en su vida personal; fue mi decisión hacerlo. Dios lo sabe, y eso es todo lo que importa. He hecho una regla en mi vida que **no peleo contra el mal, solo dejo que DIOS se encargue.**

El AMOR DE LOS FANS DE JENNI

Muchos de los fans de Jenni que se conviriteron en una familia extendida me ofrecieron su apoyo. Ellos también se quedaron con el corazón roto y los recuerdos de su conexión con ella y su música. El dicho: **"No sabía qué tan fuerte era hasta que la fortaleza era mi única opción"**, realmente se aplicó a mí en los últimos años. Conocí a muchos de los fanáticos de Jenni cara a cara, a otros por vía telefónica. Me fascina su conexión con Jenni y sus historias. Algunos miembros de la familia de Jenni me dieron la espalda con excepción de su padre y Lupillo, pero saludar y conversar de vez en cuando con los fans de Jenni me ayudó a sanar.

Mientras escribía el libro, también les pedí a algunos de los amados admiradores de Jenni que escribieran una carta sobre su conexión con Jenni y cómo se conocieron. El Divino, Cachanilla, María Gómez, su fan y amiga de la aerolínea que nos ayudó tanto y Héctor de Los Argüenderos de Chiapas escribieron una carta sobre sus experiencias con Jenni. Dejé una página en blanco al final, para que tú también puedas escribirle una nota a Jenni y compartas conmigo cuando te vea.

CARTAS A JENNI

El Divino, uno de los primeros fans que Jenni tuvo. El y su compañero siguen dedicados a Jenni de corazón respetando su memoria y el hecho que fueron ellos quienes primero organizaron los clubs de fans para Jenni.

Carta de "EL DIVINO" J-Unit a Jenni

Son muchas cosas las que en vida te dije y entre ellas te decía que eras mi ángel de la guarda. Tú siempre estabas cuando te necesité y yo igual contigo. Recuerdo que un día me llamaste muy temprano y estabas llorando, ese día me preguntaste por Serio, querías hablar con él, pero Serio no estaba. Dijiste que venías manejando por la autopista y al escuchar que llorabas te pregunté qué te pasaba y tú me contestaste que venías del cementerio de visitar la tumba de Juan López. Me dijiste que no sabías qué hacer, que te sentías muy confundida y que no querías casarte. Recuerdo que te pedí que te calmaras y que salieras de la autopista después de hablar contigo poco a poco sentí que todo pasó Gracias a Dios.

Ese día nos hiciste una petición, ese día querías que te ayudáramos a buscar a Fernando en las redes sociales pero la búsqueda fue en vano. No encontramos a Fernando. Ese fue el único día que no pudimos ayudar a calmar tu dolor bebé, vienen a mi mente tantos recuerdos como el primer día que escuché tu música recuerdo que fue en La Sierra Night Club donde se presentaron tú y Lupillo. Después escuché un sencillo "Que me entierren con la banda, con Lupillo y en ese tiempo yo escuchaba mucho corridos. Lo que me llamó la atención de ti es que tu cantaras corridos, pero bebé, te seguí escuchando y toda tu música me fue gustando y me sigue gustando.

Tú siempre sabías que podías contar con nosotros para apoyarte en las redes sociales pues que locuras cuando en los foros de Univisión entraba gente a atacarte y nosotros te defendíamos como también lo hicimos en MySpace. Qué tiempos y qué momentos tan bonitos y memorables fueron aquellos. Quiero que sepas que así como estuvimos contigo desde el principio así seguiremos hasta el final nuestro bebé porque aún te sentimos con nosotros y no queremos que muera nunca tu memoria.

¿Qué te diría hoy? Creo que lo primero sería abrazarte muy fuerte y no te soltaría por un largo rato, te dijera que me has hecho mucha falta y que aquí estamos para lo que "La Diva de La Banda" diga y mande. Te quiero mucho bebé, divino.

Muchas gracias por los recuerdos.

Claudia, es madre soltera y las canciones de Jenni la hacían vibrar dándole fuerzas para enfrentar la vida y sus retos.

Claudia Cachanilla

Carta dirigida a J-1

La que después de ser una oruga, por fin se convirtió en mariposa para volar libre, la que vivió el amor más puro y limpio sin ningún interés, allá en los escenarios...

Jenni Rivera como ella lo decía, no era una ARTISTA, simplemente era una mujer que le cantaba a su público. Que se convirtió en amiga, consejera, la que rebasó más haya con su público. Dejó de ser la artista para convertirse en algo más profundo, una persona que admiré y admiro, que amo y que amaré. El amor que nos unió a ella fue y es único y especial, esa conexión que parecía una magia y que con solo verla olvidábamos nuestros malos momentos. Ella es la vitamina que alimentaba mi alma, no miraba en ella solo a la artista famosa, miraba en ella a un mujer completa capaz de salir adelante de cualquier problema, miraba a una mujer fuerte y a la vez muy sensible, una mujer tan imperfecta que eso me hacía que la amara de la manera como la amo, porque ella era y es como nosotros, no era la clásica artista fabricada, esas artistas que en un escenario dan una cara y que en realidad son más falsas que un billete de 8 pesos, eso es lo que a ella la hacía y la sigue haciendo tan especial, esa magia que solo ella tiene que nos envolvía y nos entregábamos a ella dentro y fuera de un escenario. Pocos o nadie sabe de la conexión tan especial que teníamos con ella, que podíamos sentir su estado de ánimo con solo leerla en su cuenta de Twitter, cuando se desaparecía por días de las redes sociales sabíamos que algo no andaba bien, sabíamos que algo le pasaba, esa conexión tan especial que teníamos con ella algunos de sus fieles fanáticos, sus J-UNIT, ella nos puso apodos a sus FANS más cercanos, decía que por cariño a nosotros, una vez empezó a decirme "**PRIETA**" era tanta la confianza que había entre nosotros sus J-UNIT que ella hacía estas cosas con nosotros y así me quedé, así me bautizó, es una de las muchas bendiciones que tuve con ella, la cercanía, su amor y que me identificara, nos citaba en otro lugar para una foto después de una presentación con ella. Jenni siempre será ÚNICA, ella dejó de ser la artista para nosotros para convertirse en una guerrera inquebrantable.

Diva … Dios nos mandó una prueba muy pero muy difícil de superar, se te olvidó enseñarnos cómo vivir sin ti, leo a mis amigos que conocí por ti en las redes sociales que están igual que yo, que esperamos ese milagro, que vivimos con una esperanza de que todo sea un mal sueño, no me importa nada de lo que digan de ti, yo solo te creo a ti, siempre he creído en ti porque siempre fuiste sincera, honesta y transparente con nosotros. Mi sentir nunca ha cambiado y ni con el pensamiento he dudado de ti, solo soy tu fan y así será por el resto de mi vida., solo quiero que regreses, nos haces mucha falta mi Reina, si tú supieras cuánto dolor nos causaste, cuánto dolor tenemos aún, quisiera que pudieras leer mi carta y que sepas cuánto te amo, y que sigo esperándote para seguir defendiéndote como siempre, quisiera poder abrazarte una vez más, volver a ver tu dulce sonrisa, volver a ser feliz como cuando estabas tú, escuchar de tus labios que me digas otra vez, TE AMO PRIETA.

A Dios le sigo pidiendo una respuesta, le pido que me ayude aliviar esta pena, pero pasa el tiempo y solo crece el dolor, sé que somos muy egoístas porque queremos tenerte aquí con nosotros, porque sabemos que estás en un lugar mejor, pero cómo le digo y cómo le explico eso a mi corazón, ya no somos los mismos, ya nada es igual, todos cambiamos Diva. Te llevaste todo contigo, te amo tanto y te extraño más, Dios te cuide y te bendiga en donde quiera que te encuentres y por favor apártanos un lugar VIP junto a ti para cuando nos toque partir.

Tu más fiel fanática que te ama y te sigue esperando.

@CachanillaJ16 alias TU PRIETA

Hector y Bekejo, son fans de corazón, Jenni vivía sorprendida y emocionada del amor que le demostraron viajando días para llegar a verla, ella los bautizo como los argüenderos de Chiapas emocionada porque la veian y era todo amor y emoción.

Carta a Jenni de Héctor y Bekejo Zapata

Este amor, cariño y admiración que nos nació por Jenni Rivera, tuvo lugar en el 2009 después de ver el DVD de En Vivo desde Hollywood versión pirata, en Chiapas la música de ella no era muy sonada y era difícil encontrar discografía de ella. Fue hasta finales de noviembre de ese mismo año que anuncian por primera vez a Jenni como parte de la Cartelera del Palenque de la Feria Chiapas y se llegó la noche del 11 de diciembre del 2009, la primera vez que Jenni venía a Chiapas, la primera vez que la veríamos en vivo, para conocerla y saber más de su música... Desde el momento que se apagaron las luces, la gente ya gritaba Jenni, Jenni, Jenni... ya pintaba ser una noche única: nosotros y La Diva de la Banda. Después de esa noche iniciamos una búsqueda insaciable por conseguir sus CD, DVD, fotos, etc. Para nuestra fortuna y gracias a Dios esa no sería la única vez que la veríamos, son muchas las anécdotas de cada concierto, pero solo dejaré las fechas en que la vimos. Durante el 2010 volvimos a verla en: Tapachula, Chiapas en marzo, Comitán, Chiapas en agosto y nuevamente en Tuxtla, el 10 de diciembre. Para esa presentación, Jenni ya había formado su Cartel de la Diva del cual ya éramos parte con los números J64 y J65... Gracias a Twitter y después de saturarla tanto aceptó concedernos una foto después de cantar siempre y cuando los empresarios lo permitieran y gracias a Dios así fue. Al terminar de cantar La Mentada Contestada, agradeció al público Chiapaneco por recibirla con amor, solo una seña bastó para que ordenara a sus anteriores representantes para que fueran por nosotros. Al entrar al camerino, los nervios ya se habían apoderado de nosotros, estábamos frente a JENNI RIVERA, lo único que pudimos hacer fue abrazarla, besarla y agradecer que nos haya brindado esa oportunidad de estar con ella... Después de esa noche, comenzaron las #JenniAventuras. Durante el 2011 ya habían transcurrido varios meses y ninguna fecha para verla hasta que llegó junio y la anunciaron para cantar en Xoxocotlán, Oaxaca. Y ahí emprendimos la primer #JenniAventura fuera de Chiapas. 10 horas de camino, sin mucho dinero más que lo suficiente para Boletos Vip, (Jenni merecía que pagáramos un boleto Vip) y comida. Gracias a Dios Jenni ya nos identificaba más al igual que su hermano Juan Rivera. Esa noche Chícharo mandó a gente por nosotros para pasar detrás del escenario y cuando terminara la pudiéramos saludar y tomar la foto del recuerdo. Esa noche Jenni solo atendió a sus fans de Chiapas. Esa misma noche tuvimos la dicha de conocer a grandes personas, a Julie, a Jacob y a ti Laura. Fue una noche inolvidable, después de eso, otras 10 horas nos esperaban, pero todo había valido la pena por ver a Jenni. Para nuestra gran sorpresa anuncian a Jenni para los días 9 y 10 de diciembre del 2011... Una noche en Tapachula y otra dentro del Palenque de la Feria Chiapas, las dos noches Jenni nos recibió como si fuera la primera vez, dos noches INOLVIDABLES lo mejor era que Jenni ya nos conocía como #LosArguenderosDeChiapas o #LosHermanosDesmoder. Ese 10 de diciembre le obsequiamos una almohada para que se la llevara al hospital para el día de su cirugía y supiera que sus Soldados de Chiapas estábamos con ella SIEMPRE. Llegando el 2012 anuncian nuevamente a Jenni en Frontera Comalapa, Chiapas. Ese 26 de febrero a primera ahora agarramos camión para llegar temprano toda vez que sería un concierto gratuito y no podíamos quedarnos hasta las últimas 6 horas de camino hacia un lugar que no conocíamos, desde las 4pm sentados en medio del teatro del pueblo a esperar que dieran las 12 de la noche para ver a Jenni y esa ocasión, Juan su hermano también la acompañaba, fue otro concierto inolvidable porque igual solo a nosotros nos atendió al terminar esa presentación gracias a la gente de su equipo de seguridad y de Vaquero. Esa noche los besos y sonrisas que Jenni nos enviaba desde el escenario hacía que todo cansancio se nos olvidara. El 28 de abril del 2012, La Gran Señora se presentaba en el Palenque de la Expo Tabasco y no podíamos faltar otra gran aventura y creo que fue el Mejor Palenque al que fuimos. Jenni nos abrazó y platicó con nosotros como nunca, prometió que cambiaría, pero le dijimos que no, que así desmadrosa como es la AMAMOS, le entregamos un pequeño cuadro donde decía que el mejor premio que pudiera tener ella, eran sus fans y ese AMOR INCONDICIONAL. Llegó el 02 de noviembre del 2012 en el Auditorio Nacional, una noche definitivamente ÚNICA y MAJESTUOSA. Jenni había triunfado en uno de los escenarios más importantes de México, su gente no la pensaba dejar en los momentos más difíciles para ella y ahí estábamos sus Soldados de Chiapas, Tabasco, Monterrey, Xalapa y México. Jenni nos atendió a más de 10 Soldados, no hizo caso a empresarios ni a otras personas, solo nosotros su J-UNIT. Nunca imaginamos que esa noche sería la última en que veríamos, besaríamos y abrazaríamos a Jenni. La última de escuchar un "Gracias por venir a verme" "¿Les gustó el concierto?" "Dios los Bendiga" "Se reportan llegando a casa".... y para mi ese "Te Amo Papito" que tanto extraño.

Jenni para nosotros es más que una artista, es una mujer que luchaba día y noche hasta lograr su objetivo. Si caía se volvía a levantar y seguía adelante a pesar de las adversidades que la vida le presentaba, pero nunca se rajó, siempre siguió de pie. Es un ejemplo a seguir, de perseverancia, amor, humildad, y lealtad. Y lo más importante con Dios en nuestro corazón nada ni nadie podrá con nosotros.

Nosotros sabemos que tú, Jenni, si lees estas palabras no físicamente si no, desde nuestro corazón porque es ahí donde estás, haberte conocido y tus recuerdos son y siempre serán de las mejores cosas que nos ha pasado durante nuestra misión en esta vida. Son los que durante una adversidad te recordamos y decimos si tú pudiste... Yo también. Gracias Jenni, por tanto amor hacia tus ARGUENDEROS DE CHIAPAS, gracias por que nos dejaste una gran familia, tus #J-Unit tanto en México como en los Estados Unidos. GRACIAS A DIOS por esas 10 veces que nos permitió estar contigo. Besos y abrazo argüendero.

Siempre estarás en nuestro corazón, porque para nosotros aún vives. We Love You Argüendera ♥

Te aman, los Hermanos Desmoder @BEKEJ0_J65 y @ hzapatapJ64

Carta a Jenni

Maria es una de las fans mas dedicadas que conozco de Jenni. Ella trabajaba para Mexicana de Aviacion cuando llegábamos corriendo a tomar los vuelos, asi es como se gano la confianza de Jenni:

María Gómez

¡Jenni significó mucho para mí! No solamente estuvo conmigo en los buenos momentos, sino también en los peores. ¿Qué artista te espera en su despedida de soltera? Apoyarla en la corte cuando su hijo estaba pasando por momentos difíciles. Que te tenga la CONFIANZA de guardarle algo MUY valioso y delicado significó mucho para mí. Desde esa vez intercambiamos números de teléfono para estar en comunicación.

La primera vez que yo la conocí fue en el aeropuerto de Los Ángeles. Me tocó a mí atenderla, y para variar y había llegado tarde jajaja, pero aun así subió al avión. Como siempre, siempre la ayudé para que ella abordara su vuelo y llegara siempre a su destino a tiempo.

Si le viera hoy le diría que la quiero muchísimo. Ella lo sabe. Agradezco a Dios por su vida por ser tan buena persona con todos por ayudar a los más necesitados. Y que amo su música. Y le agradecería por toda la confianza que me tuvo. ADIOS JENNI, TE EXTRAÑAMOS....

DIOS TRABAJA DE MANERAS MISTERIOSAS

Después del accidente estuve aturdida durante muchas semanas y meses, había algo en lo que siempre pensaba día y noche. Me preocupaba qué pudieron haber sufrido sabiendo que el avión estaba fallando. Cada que recordaba la tragedia no podía contener mis lágrimas. Creo que Dios estaba tratando de llamar mi atención cuando sucedió algo inesperado: estaba en un centro comercial en el área de Los Ángeles, y entré en un lugar de terapia de salud y bienestar, una mujer asiática muy amable me dio la bienvenida. Me llevó dentro de su tienda y me pidió que me sentara en el suelo en lo que parecía ser un pequeño estudio de baile. Ella me enseñó un ejercicio de respiración y me pidió que lo repitiera, pero cuando se acercó a mí para comprobar si lo estaba haciendo bien, me miró a los ojos y dijo: "estás preocupada por tus amigos, ¿verdad?" No dije una palabra. Ella continuó: "te preocupa que ella y las personas que se fueron con ella sufrieron, bueno, déjame decirte, DIOS, tomó sus almas antes del impacto, así que ella no sufrió, ahora, sigue, vive, vive tu vida en paz, porque has venido aquí para recibir este mensaje". Esa fue una de las cosas más increíbles que me sucedieron semanas después del accidente. Otro incidente increíble ocurrió a fines de enero de 2013. Caminaba por la playa de Malibú y me senté en una roca y miré hacia el inmenso océano Pacífico, observando las olas del océano mientras el sol se ponía. Me imaginé una luz hermosa, brillante, como una gran esfera, y con mi amiga sonriéndome desde ahí. Cuando vi que el sol se debilitaba, saqué mi teléfono y tomé un par de fotos de la puesta de sol. Cuando llegué a casa, noté una foto de un lado que no recordaba haber tomado. En el reflejo de mis gafas, claramente ves la cara de mi amiga Jenni, con lo que parece ser un vestido blanco, sonriéndome.

Otra de las formas en las que Jenni me dijo: estoy aquí contigo.

Epílogo

El Final...

Una última carta para mi amiga Jenni que escribí meses después de que falleciera.

Querida Jenni,

Es tiempo de que te deje ir a sumergirte en el universo con amor y alegría. Cuando vea una mariposa, una estrella brillante, una hermosa flor, sonreiré porque sé que no te has ido. También me alegra saber que estás cumpliendo tu deseo más grande, cantarle a Dios tal como me dijiste muchas veces, "Me iré de aquí y le cantaré a Dios". Refiriendote a que dejarías de cantar canciones populares para cantar alabanzas.

El legado de Jenni Rivera continúa...

A lo largo de los años que trabajamos juntas tuvimos la opción de alejarnos y no interactuar más, pero nos elegimos como amigas. La intención de tu padre era que nos asociaramos en el negocio de la musica, pero eso es lo especial sobre los amigos, tenemos la libertad de elegir a quiénes queremos en nuestras vidas, y nos elegimos a nosotras.

El respeto hizo florecer nuestra amistad, y sin importar lo que la gente dijera, nos mantuvimos leales a nosotras mismas.

Celebré tus triunfos y por cada duda que tenías, te recordé que teníamos que tener fe, que no debíamos perder la esperanza.

El mundo podía estarse cayendo y tu y yo bromearíamos y nos reiríamos cuando más necesitábamos llorar.

Nadie nos entendía realmente, pero nadie tenía que hacerlo, nos entendíamos a nosotras mismas. Siempre te dije que las personas juzgarán de acuerdo a lo que sus mentes son capaces de entender, así que habría que ser más inteligente para solo tener pensamientos buenos, positivos y exitosos.

En mi cumpleaños en septiembre de 2012, fuiste y me buscaste un regalo que sabías que me haría feliz tal como lo había hecho yo antes cuando me veías puesto algo que te gustaba y yo iba y te buscaba uno igual. Sonrío cada vez que te recuerdo diciendo: "Laurita, cuando vi estas botas, supe que eran para ti, tenía que comprarlas". Doy pasos firmes con esas botas, quiero que me duren para siempre porque tu las escogiste y tomaste el tiempo para regalármelas.

En cada momento triste en tu vida me decías, "quiero contarles a mis fans lo que está pasando" y yo te dije "espera, hay más tiempo que vida". Mi consejo venía de la preocupación de cómo te afectaría contar ciertas cosas legalmente, cuando el accidente ocurrió, me di cuenta de que debemos decir lo que queramos porque tal vez ya no haya otro momento.

Tus palabras fueron:

"Siempre atesoraré el amor de mis fans, Laura.

Me aman con todos mis defectos, es la más hermosa forma de amor que una persona como yo puede recibir, es por eso que siempre estarán en mi corazón".

-   Jenni Rivera, octubre de 2011.

Jenni, estás en los corazones de aquellos cuyas vidas tocaste con tu música así como en el mío.

Te Quiero Mucho, Amiga.

Que Dios te tenga en su gloria.

Con amor, luz y bendiciones, tu nota privada a Jenni Rivera:

Reconocimientos

Todo lo que he hecho sin temor en mi vida ha sido con la convicción y la seguridad de que Dios está a mi lado. También pasé mucho tiempo al lado de mi bisabuelo, Feliciano Herrera Quintanilla, quien me enseñó pacientemente sobre eventos mundiales, cultura, política, astronomía, relaciones humanas y la importancia de defender mis derechos. Sus lecturas diarias me influenciaron para aprender a amar la profesión del periodismo. Su ayuda desinteresada al prójimo, me enorgullece de llevar su sangre y emularlo en dar aún sin recibir. Mi abuelita, Benedicta, me enseñó a confiar en DIOS en todo lo que hago y por eso, estoy eternamente agradecida. Mi mamá, me permitió seguir mis sueños. Mi tío Camerino, quien fue mi padre en esta vida, me enseñó sobre el amor y la paciencia incondicionales.

En mi profesión, he tenido la oportunidad de conocer a personas maravillosas que han tocado positivamente mi vida. Gracias, Don Pedro Rivera, por insistir en la asociación de Jenni y mía. Gracias a todos mis ángeles, especialmente a Jenni Rivera por tu vida, tu confianza, tu amistad. Gracias a los muchos amigos periodistas y admiradores de Jenni que insistieron en que completara estos escritos. Su aliento y amor en esos momentos tan difíciles de pena y tristeza son lo que me dieron el impulso para hacer todo esto posible. Su amor me ayudó a recordar quién SOY YO. Hasta la próxima, DIOS LOS BENDIGA.